Histoire De Nancy: Ville Vieille Et Ville-neuve...

Henri Lepage

HISTOIRE
DE NANCY,
VILLE - VIEILLE ET VILLE - NEUVE,

PAR HENRI LEPAGE.

PRIX: 3 FR. 50 C.

NANCY,

M.me GONET, LIBRAIRE, RUE DES DOMINICAINS, 14,

1838.

Nancy, Imprimerie de LEPAGE.

TABLE DES MATIÈRES.

VILLE-VIEILLE.

Deux erreurs ont été commises à la pagination de ce volume : la feuille 4 porte les mêmes folios que la feuille 3, et les pages en sont indiquées sur la table accompagnées du mot bis; la 20.e feuille, par l'erreur contraire, porte le folio 325 au lieu de 309, quoiqu'il n'y ait entre elle et la feuille 19 aucune interruption.

VILLE-NEUVE.

HISTOIRE DE NANCY.

PREMIÈRE PARTIE

LA VILLE - VIEILLE.

Non inultus premor.
Qui s'y frotte s'y pique.

———

Nancy, la cité ducale, au front de laquelle brilla jadis une couronne, et qui s'assit sur un trône ; Nancy, la métropole guerrière, qui serrait ses flancs d'une redoutable ceinture de fossés, de bastions, de tours et de remparts ; Nancy, dont l'étendard suzerain flottait dans les combats avec son orgueilleuse devise ; Nancy, l'antique forteresse, qui soutint tant de siéges, repoussa de si terribles assauts, et vit périr au pied de ses murs un prince qui faisait trembler des royaumes ; Nancy la vieille n'est plus : ses remparts sont renversés, sa puissance évanouie ; la superbe a trouvé son vainqueur. Sur les ruines noircies de la capitale de la Lorraine, à la place qu'occupèrent ses premiers monuments, s'est élevée une ville nouvelle, élégante et gracieuse, peuplée par une nouvelle génération ; sous les travaux de la

1.

renaissance disparaissent chaque jour ses dernières traces de vétusté.

Nancy n'est pas une de ces villes dont l'origine se perd dans une antiquité lointaine ; comme Toul et Metz, ses rivales, elle n'a pas vu les aigles romaines, et le grand peuple, en s'abattant sur les Gaules qu'il venait conquérir, n'a pu lui laisser de vestiges de son passage. Nancy n'existait pas encore. Aussi, c'est en vain que l'antiquaire fouillerait ses ruines, il n'y trouvera ni tombeaux, ni statues, ni aucun débris de ces monuments grandioses dus à l'architecture romaine ; il n'y découvrira pas même de précieux restes de la puissance des rois d'Austrasie ou des premiers ducs qui régnèrent sur la Lorraine.

Cependant, quoique notre ville ne date pas d'une époque très-reculée, son histoire n'en n'est pas moins curieuse ; des souvenirs qui doivent être chers à chacun de nous sont écrits sur ses ruines, de vieilles annales sont enfouies sous la pierre des tombeaux et pendent aux débris que le temps et la main des hommes ont respectés. C'est au poëte à ranimer ces ossements épars, c'est à l'historien à rattacher les anneaux brisés de la chaîne qui unit les siècles et les générations.

L'histoire des monuments d'une ville est en même temps l'histoire de ses mœurs et de sa civilisation, de son esclavage et de sa liberté. Nous aimons à comparer ce que nos pères furent autrefois à ce que nous sommes aujourd'hui, et les faits se gravent bien plus facilement dans la mémoire, lorsqu'ils nous apparaissent vivants et palpables dans les lieux où ils se sont accomplis. Combien ignoreraient la gloire dont se sont couverts ses aïeux, si le tombeau du duc de Bourgogne ne leur rappelait l'éclatante victoire qui fut remportée sur lui; combien douteraient de l'antique puissance de Nancy, s'ils ne voyaient les restes du vieux palais ducal; combien enfin ne pourraient peut-être pas dire le nom du bienfaiteur de la Lorraine, s'ils ne s'arrêtaient devant la statue de Stanislas!...

La tradition ne fait pas remonter l'origine de Nancy au-delà du XI.e siècle, sous les premiers ducs héréditaires, Gérard d'Alsace et Thierry-le-Vaillant; elle n'était alors qu'une forteresse ou château entouré de murs, située sur le territoire du village de Saint-Dizier, aujourd'hui les Trois-Maisons. Dom Calmet et quelques historiens rapportent, d'après des titres apocryphes, que le duc Mathieu I.er acquit ce château, par échange, en 1155, d'un seigneur nommé Odelric, qui serait, suivant eux, la tige de la maison de Lenoncourt. D'autres historiens portent le titre de cet échange, avec Drogon de Nancy, en 1115, époque à laquelle, s'il existait déjà, Mathieu ne pouvait être duc de Lorraine, puisque son père, Simon 1.er, régna depuis 1115 jusqu'en 1139. Du reste, il paraît que Nancy était déjà une forteresse importante, car Simon, vainqueur au combat de Makeren des troupes confédérées de l'archevêque de Trèves, de l'évêque de Metz et du comte de Bar, se retira dans son château de Nancy, où ses ennemis, après avoir rompu la paix et lui avoir fait essuyer une défaite, étaient venus l'assiéger; mais la forteresse leur résista, et Simon, qui avait réparé ses pertes, put bientôt s'avancer jusqu'aux portes de Trèves et faire trembler l'archevêque sur son siége.

Dom Calmet, dans sa longue histoire de Lorraine, s'exprime ainsi au sujet de l'origine de Nancy : « Nancy n'est point du tout connue aux anciens géographes, et ceux qui ont prétendu que c'était *Nasium*, la ville de Nais, située sur l'Orney près de Ligny en Barrois, ne méritent aucune attention. L'historien Benoît, dans sa vie de saint Gérard, dit qu'il y a dans les archives de Lorraine, un titre de l'an 960, qui nomme Nancy la ville d'Eve sur la Meurthe, *Villa Evæ super Murtham*, et que ce fut la comtesse Eve, fondatrice de Lay, qui y bâtit un château et quelques maisons autour, et qui lui donna son nom de ville d'Eve. On trouve, à plusieurs reprises, que les ducs de Lorraine sont de la ville d'Eve, ou d'Yve, auprès des empereurs qui leur accordent le droit de frapper monnaie dans cette ville d'Eve. Il est certain que nos ducs n'ont communément frappé leur monnaie qu'à Nancy. Avec tout cela, je doute beaucoup que Nancy soit la ville d'Eve ; et le titre dont on parle, de l'an 960, n'a jamais été produit et n'a peut-être jamais existé.

» Quelques savants ont cru que le comte Nanceius, fondateur de l'abbaye de Moirmont au diocèse de Rheims, avait donné son nom à la ville de Nancy. Ce comte est rappelé dans un titre de l'an 1074, et il en est parlé comme ayant vécu long-temps auparavant. Suivant cette conjecture, Nancy pourrait être du commencement du 11.e siècle ou de la fin du 10.e. Mais cette étymologie du nom de Nancy et cette prétendue époque de sa fondation, ne sont appuyées que sur une faute de copiste.

» Les monuments dignes de foi de l'abbaye de Moirmont lisent constamment Nanterus et non pas Nanceius.

» Ce qui est certain, c'est que le prince Odelric, frère du duc Gérard d'Alsace, porte le surnom de Nancy, dans des titres de l'an 1069.

Il transmet ce nom à sa postérité. Gertrude, duchesse de Lorraine, est qualifiée duchesse de Nancy en 1060. Thierry-le-Vaillant, son époux, duc de Lorraine, fonda, vers l'an 1080, le prieuré de Notre-Dame près Nancy. Le duc Simon, en 1130, avait son palais près de la même ville.

» On croit que la ville ou le bourg de Nancy appartenait en propre aux descendants d'Odelric ; car Drogon de Nancy, en 1155, ou 1153 selon d'autres, échangea son château de Nancy et la ville contiguë, contre le château et la châtellenie de Rosières, Lenoncourt, le ban de Moyen et Haussonville, se réservant néanmoins pour lui et ses successeurs, le nom de Nancy et la charge de sénéchal de Lorraine.

» La duchesse Agnès, femme du duc Ferry I.ᵉʳ, avait reçu la ville de Nancy pour son douaire. Elle s'en dépouilla en faveur du duc Mathieu II, son fils, au mois de juin 1220.

» Lorsque le duc Mathieu II, en 1249, maria son fils Ferry avec Marguerite, fille du comte de Bar, parmi les domaines qu'il lui donna en apanage, se trouve Nancy, que le duc Ferry affranchit seize ans plus tard. »

Quoiqu'il en soit des dissidences qui partagent les historiens au sujet de l'origine de Nancy, nous ne croyons pas que quelques années de plus d'existence soient un assez grand titre de gloire pour qu'on perde son temps à déchiffrer des hiéro-glyphes à moitié effacés, ou à compiler des ma-nuscrits qui, eux aussi, pourraient peut-être bien nous induire en erreur.

Peu de villes ont passé par des phases aussi étranges et aussi nombreuses que Nancy; à chaque nouveau règne, elle s'étend et s'embellit, et, arrivée à Stanislas, la ville primitive n'est plus en quelque sorte qu'un point dans l'espace.

Les temps qui suivirent sa naissance furent tristes et orageux pour elle. Les empereurs d'Al-lemagne et les évêques de Metz ne voient pas sans inquiétude la forteresse de Nancy s'agrandir; Metz surtout pressent en elle une rivale dangereuse. De 1219, date l'époque des premières persécutions qu'elle eut à souffrir : Frideric, empereur d'Al-lemagne, allant assiéger Thiébaut I.er dans son château d'Amance, brûle Nancy ; ce qui signifie sans doute les maisons qui s'étaient élevées autour du château.

A la mort de Mathieu II (1251), Nancy ne s'étend pas au-delà de la place Saint-Epvre.

Ferry III monte sur le trône (1298), sa capitale qui ne porte encore que le nom de forteresse, prend ses premiers accroissements. Il fait don du vieux château qu'il habitait aux Dames-Prêcheresses qui

y fondent un monastère et une église, et il transporte sa demeure dans son palais (*Palatium antiquum*), construit à la place où fut depuis
l'hôtel des Monnaies. Une aile de ce palais est
réservée à un atelier monétaire, et il s'y frappe de
petites médailles d'argent.

Ferry IV (1312), vainqueur des comtes de
Dasbourg et de Réchicourt, les force à venir à
Nancy lui rendre l'hommage qu'ils lui refusaient.

A l'avènement du duc Raoul (1328), Nancy
comprenait déjà les rues de la Source et des Maréchaux ; ce prince l'entoure de murailles, la fait
paver et embellir ; il y élève un palais, l'un des
plus beaux et des plus somptueux de l'époque, et
fonde, sous l'invocation de Dieu, de la Vierge
Marie et de saint Georges, une collégiale qui fut
long-temps une église princière.

Jean I.er (1346), inquiété par les Messins et
menacé d'un siége, fait élever les tours de la Craffe
au-dessus de la porte de ce nom, et renferme les
Bourgets dans l'intérieur de la ville. Sous son
règne, Saint-Epvre n'était encore qu'un oratoire ;
l'hôpital Saint-Julien et la petite collégiale Saint-
Michel étaient fondés.

Le duc Charles II (1390) étend Nancy jusqu'aux rues Derrière, de la Monnaie et Saint-Michel. L'enceinte de la ville se composait alors

de la place du Châtel, de Saint-Epvre, des rues de la Boudière (Grande-Rue), des Comptes et de tout ce que ces rues enveloppaient ; les rues du Moulin, Derrière Saint-Epvre, de la Cour, de la Grenouillère, de Roubonneau, de la Boucherie, des Etuves et des ruelles Saint-Jean, et de l'Etang. Les marais infects qui environnaient la ville commencent à se déssécher, et Charles, après la victoire de Champigneulles, remportée sur le duc d'Orléans, le duc de Bar, l'évêque de Verdun, les comtes de Nassau, de Salm et de Saarwerden, le damoiseau de Commercy et quelques autres seigneurs, renferme ses prisonniers dans les tours de la Craffe, et fonde à Nancy, près la porte nommée alors Saint-Nicolas (Dom Calmet), l'hôpital Saint-Julien, auquel il assure par son testament 200 francs de rente annuelle en fonds de terre. C'est Charles II qui fit conduire au roi Charles VI, la fameuse Jeanne-d'Arc.

Les règnes suivants furent une époque de stagnation pour Nancy.

Réné I.er (1431), occupé à disputer l'héritage de Charles à l'audacieux comte Antoine de Vaudémont, n'a pas le temps de s'occuper de sa capitale.

Jean II (1452), prince entreprenant et guerrier, porte ses armes en Italie, et, couvert de gloire, mais sans avoir rien fait pour le bonheur de ses sujets, il va mourir sous les murs de Barcelone.

Nicolas (1470) ne fait que passer sur le trône, et ne laisse aucun monument de son règne.

Ce n'est, à proprement parler, que du règne de Réné II (1473) que Nancy commence à prendre rang parmi les villes importantes, et que son nom s'écrit glorieux dans l'histoire. A l'avènement de ce prince, elle n'osait encore s'appeler que forte-resse (*urbis habent si forsitan oppida nomen*); mais bientôt elle s'environne de forts remparts, de terrasses, de murs et de boulevards, et elle est en état de résister aux terribles attaques du duc de Bourgogne, qui, tour-à-tour vainqueur et vaincu, n'entre pour la seconde fois dans la capitale de la Lorraine que pour y recevoir les honneurs funèbres. Nancy est à l'apogée de ses triomphes; elle se ceint le front de lauriers, et sa renommée va jusqu'aux astres.

Nanceium vocat hanc vetus incola, nomine quondam
Obscuro, verùm gestis jam rebus et armis
Percelebri, et quod nunc argentea transvolat astra.

Réné crée à Nancy le premier corps municipal qu'il compose d'un prévôt et de quatre clercs; il fonde les cordeliers, les religieuses hospitalières de Sainte-Elisabeth, attachées à l'hôpital Saint-Julien, relève les fortifications démolies par deux siéges, fait bâtir sur les fondements du château ducal un magnifique palais, et perpétue le souvenir de sa victoire sur Charles, en construisant la chapelle des Bourguignons, que devait remplacer plus tard l'élégante église de Bonsecours. Il accorde de nombreux priviléges aux habitants de sa fidèle capitale, et, sous sa protection, l'imprimerie, ce grand mobile de la civilisation, établit ses premières presses et répand ses premières productions en Lorraine.

Antoine, son fils et son successeur (1508), après avoir vaincu les Luthériens qui s'étaient jetés sur l'Alsace, s'occupe à continuer à Nancy les œuvres d'embellissement et d'agrandissement commencées par Réné; il augmente le palais ducal de l'aile dont les débris se voient encore aujourd'hui sur la Grande-Rue.

Un an de règne ne laissa pas aux Nancéïens le temps de jouir des douceurs de la paix que leur promettait le duc François 1.er (1544).

Autant Réné avait rendu glorieuse par la guerre la capitale de ses états, autant Charles III, surnommé le Grand (1545), travailla à la rendre célèbre dans les arts. Prenant en main les rênes du gouvernement aussitôt que l'âge lui perme de se passer de la régence de sa mère et de la tutelle de son oncle, le jeune duc s'occupe du bonheur de Nancy. De nouvelles fortifications s'ajoutent aux anciennes, un arsenal se remplit d'armes de toute espèce, et auprès s'élève la munitionnaire. Les mares qui environnaient la ville sont tout-à-fait désséchées et se transforment en une superbe rue qui sert d'arène aux chevaliers lorrains; le palais ducal s'embellit encore; Saint-Epvre est érigée en cure, et la Chapelle Ronde est commencée. Et pendant qu'il rend sa capitale digne de sa puissance, il y fait fleurir les sciences et les arts : Orphée de Gallian met à exécution ses plans gigantesques; Blaise André et Jean Garnich donnent un nouvel essor à l'imprimerie, et Callot immortalise son burin. Mais c'était peu pour Charles d'avoir agrandi et fortifié Nancy, il fait bâtir tout auprès une nouvelle ville qui devait rivaliser de magnificence avec les plus belles villes de l'Europe, et veut y fonder une puissance religieuse qui lui donne plus d'éclat. Son dessein d'y établir un évêque ne se réalise pas. Ne pouvant surmonter les obstacles qu'opposent à son projet la cour de France et l'archevêque de Trèves, il se contente d'y ériger une collégiale sous le titre de Primatiale. Il y incorpore les bénéfices qu'il voulait unir à la nouvelle cathédrale, et en augmente les revenus des fonds de son épargne. — Catherine, troisième fille de Charles III, fonde à Nancy une abbaye de Bénédictines qui eurent dans la suite le nom de Dames du Saint-Sacrement.

Nancy resta stationnaire sous le règne de Henri II (1608), et de son successeur, François II (1625). La porte de la Craffe prend le nom de porte Notre-Dame, et l'on construit, pour la commodité du commerce, le petit port du Crosne, sur la Meurthe.

Les belles fortifications qu'avait fait élever Charles III, devaient être démolies sous le règne de Charles IV (1624). Ce prince, pour avoir prêté des secours au duc d'Orléans, attire sur lui la colère de Louis XIII, et l'armée française envahit la capitale de la Lorraine, qui lui ouvre ses portes et passe sous une domination étrangère. L'usurpation de Louis XIII ne laisse d'autres monuments que la Citadelle, entre les deux portes Notre-Dame. En 1670, Louis XIV, pour se délivrer des inquiétudes que lui donnait un voisin en qui le génie et l'habileté suppléaient à ce qui lui manquait du côté de la puissance, conçoit le projet de faire enlever le duc qu'un traité onéreux avait rendu à sa capitale, et de le dépouiller sans retour de ses états. Le marquis de Fourille se saisit de Nancy ;

Charles est assez heureux pour lui échapper ; mais la ville est dévastée, le palais est pillé, on enlève les papiers et les titres du Trésor et de la chambre des Comptes, et on transporte à Metz les munitions de guerre qui remplissaient l'arsenal.

Charles V (1675), hérita d'un trône qui ne lui appartint pas en réalité, et d'une province dont le traité de Montmartre avait fait le roi de France le véritable souverain.

Léopold 1.er, son fils (1697), rentra dans le duché que venait de lui rendre le traité de Riswick. Pendant le séjour qu'il fait à Nancy, avant d'aller habiter Lunéville, la Ville-Vieille se peuple de jolis hôtels, s'enrichit d'une belle salle de spectacle et d'un superbe palais, et il dote la Ville-Neuve de trois églises et de plusieurs maisons religieuses.

François III (1730) s'occupe peu des états que lui avait légués son père ; son mariage avec Marie-Thérèse le porte à l'empire ; il échange la Lorraine contre le grand-duché de Toscane, et avec lui finit cette illustre maison dont les princes occupèrent le trône durant un espace de sept cents ans.

Enfin, en 1738, Stanislas, appelé à gouverner la Lorraine, fait régner avec lui le bonheur, et Nancy devient, par ses bienfaits, une ville

opulente et belle. Il fait achever la Chapelle-
Ronde, change la Rue Neuve en une élégante
promenade, sous le nom de Carrière ; la Pépinière s'élève sur les ruines des remparts et le
comblement des fossés ; la collégiale Saint-Georges
disparaît, incorporée à la Primatiale ; les rues
s'élargissent, s'alignent, se parent de belles
maisons et de riches hôtels ; la porte Royale devient un superbe arc-de-triomphe qui ouvre le
passage de la ville ancienne à la ville nouvelle,
dont les limites s'étendent et dont le faubourg
se prolonge jusqu'à l'église de Bonsecours.

Sous Louis XVI, Nancy s'agrandit encore d'une
nouvelle place et d'une nouvelle promenade qui se
termine par la Porte-Neuve élevée en 1783.

Quelques années plus tard, la révolution vint
renverser une partie des édifices que Nancy devait
à ses ducs, et des monuments précieux par leur
antiquité, par les souvenirs qui se rattachaient à leur
existence, furent impitoyablement mutilés ou détruits de fond en comble. Aussi, maintenant notre
ville ne peut guère montrer de traces du moyen-
âge; à part l'église Saint-Epvre , ce qui reste du
Palais Ducal, et quelques débris d'architecture
gothique, rien ne révèle l'ancienneté de son
origine.

La Ville-Vieille est pour Nancy ce qu'est

pour Paris la Cité ; le noyau de la ville qui devait s'étendre autour d'elle, et l'éclipser par sa richesse et sa grandeur. Les rues de ce qui, à proprement parler, formait l'ancienne ville, sont
étroites et mal alignées ; on y voit peu de belles
maisons ; quelques-unes de ces rues sont devenues des cloaques impurs où s'agite la misère et
la prostitution, ces deux plaies hideuses de la
société. Presque toutes aboutissent à la place
Saint-Epvre, et, le soir, si quelque spectacle
extraordinaire fait sortir de ses demeures cette population qui vient s'agiter devant le portail de
l'église, sale et déguenillée, poussant ses excla-
mations étranges et cyniques, si le ciel était plus
sombre, et que la poésie échauffât l'imagination,
on se croirait pour un instant transporté dans une
cour des miracles, au milieu de ses malingres, de
ses Bohémiens et de ses filles de joie.

Après avoir retracé en quelques mots l'histoire
de la Ville-Vieille de Nancy, nous allons maintenant l'étudier en détail, parcourir chaque rue,
pénétrer dans chaque édifice, interroger chaque
inscription gravée sur la pierre des tombeaux ou
sur le fronton des palais, et essayer de peindre les
révolutions par lesquelles ces monuments ont passé
depuis le jour de leur naissance, jusqu'à l'heure
de leur mort ou de leur régénération. Qu'on nous

pardonne la sécheresse d'un récit où l'exactitude
entraine nécessairement l'aridité, et dans lequel
il est si difficile de jeter quelques fleurs de style,
ou quelques inspirations poétiques. En regard
des noms que portent aujourd'hui les rues, les
places ou les édifices dont nous allons parler,
nous mettrons ceux qu'ils avaient au moyen-
âge et ceux dont la révolution les a baptisés.

LA GRANDE-RUE (*De la Convention*).

La Grande-Rue, qui s'étend depuis la rue des
Maréchaux jusqu'à la porte Notre-Dame, formait
autrefois quatre rues différentes placées sur le
prolongement l'une de l'autre, et dont chacune
avait un nom particulier : c'étaient la rue de
la Boudière, depuis celle des Maréchaux jusqu'à
la petite place Carrière; la rue *Devant-Saint-
Georges*, tout le long de cette place, à cause de
la collégiale qui l'occupait autrefois; la rue
Devant-le-Châtel, prenait ce nom devant le Palais
Ducal, et s'appelait rue *des Bourgets*, depuis les
Cordeliers jusqu'à la porte Notre-Dame. C'est dans
une maison de la rue de la Boudière, maison qui
fut depuis l'hôtel de Rennel et qui perçait sur la
Carrière, que le corps du duc de Bourgogne fut
posé sur son lit de mort, non loin de l'endroit où
quelques années auparavant il s'était arrêté en

2

triomphateur, venant, après sa première conquête
de Nancy, prêter serment sur l'autel de Saint-
Georges comme les légitimes ducs de Lorraine.

La Grande-Rue fut long-temps la plus belle de
la Ville-Vieille de Nancy, lorsque le Palais Ducal subsistait encore, que les Cordeliers n'avaient
pas été dévastés, que l'hôpital Saint-Julien n'a-
vait pas été transféré à la Ville-Neuve, et que
la collégiale Saint-Georges la décorait de sa belle
architecture. Elle possède aujourd'hui la Chapelle
Ronde, dont le voyageur vient admirer la richesse,
et que nous lui montrons comme un des plus curieux monuments de notre ville.

COLLÉGIALE SAINT-GEORGES.

La collégiale Saint-Georges fut fondée en 1339
et richement dotée par le duc Raoul, qui la fit
élever en l'honneur de Dieu, de la Vierge Marie et de Saint-Georges. Vingt chanoines y furent
attachés, et le duc se réserva l'honneur d'être le
premier d'entre eux, honneur que briguèrent tous
les ducs de Lorraine, et que, plus tard, Louis XV
et Louis XVI sollicitèrent et obtinrent en l'é-
glise Primatiale, qui ne jouit de cette faveur
que par suite de l'incorporation qui lui fut faite
de la collégiale Saint-Georges. Les ducs officiaient
en tête des autres chanoines, et c'était un spec-

tacle assez étrange, que de les voir, vêtus des habits sacerdotaux, et portant par-dessus leur baudrier et leur épée.

A leur avènement au trône, les ducs de Lorraine venaient y prêter serment, sur le corps de Jésus-Christ, de conserver sous leur protection et d'exempter de toute juridiction, le prévôt, les chanoines, les chapelains et les clercs de Saint-Georges, et de tenir et garder leurs libertés et franchises; et ils laissaient en présent à cette église le cheval qui les y avait conduits. Charles-le-Téméraire, lorsqu'il entra dans Nancy (1475), voulut se soumettre à cet usage, quoique sa conquête ne lui en donnât pas le droit.

Le chapitre de Saint-Georges, qui devint très-nombreux, compta dans son sein des gentils-hommes des premières maisons de Lorraine, plus fiers du titre de chanoine que de celui de comte. Léopold l'annoblit en 1698, et, quarante-quatre ans plus tard, Stanislas le supprima pour le réunir au chapitre de la Primatiale.

Jean I.er, fils de Raoul, embellit l'église élevée par son père; il fit bâtir le cloître, édifier les tours et consacra dans la chapelle un autel magnifique.

Charles II fit faire la chapelle Notre-Dame à l'entrée du chœur.

La collégiale Saint-Georges, dont l'intérieur était peu spacieux, mais qui ne manquait pas de grâce, et dont le portail gothique supportait deux jolies colonnes, renfermait un grand nombre de tombeaux dont quelques-uns servaient de sépulture à des ducs de Lorraine. On y voyait les monuments élevés à la mémoire du duc Raoul et d'Isabelle d'Autriche, sa mère; du duc Jean, de Nicolas d'Anjou, du duc Charles II, de Marguerite de Bavière, son épouse; de Marie de Bourbon, de Jean, bâtard de Calabre, fils naturel du duc d'Anjou; de Nicolas d'Anjou, successeur du duc Jean; du duc Henri, de Marguerite de Gonzague, son épouse, et de quantité de nobles Lorrains, entr'autres d'un chevalier de l'antique maison de Ludres (*), de M. de Bièvre et du maître-d'hôtel Chiffron. Le duc Réné y avait fait élever au duc de Bourgogne un superbe monument, remarquable par sa grandeur et sa richesse, et l'avait enrichie d'un os de la cuisse de saint Georges, enchassé en argent dans un carreau de pareil métal.

Tous les historiens qui ont parlé de Saint-Georges ont décrit la magnificence de la pompe funèbre de nos ducs; la richesse des obsèques de

(*) Voir l'histoire de la Ville-Neuve, à l'article de la Cathédrale.

Charles III, racontées par Claude de la Ruelle
dans un volume de 400 pages, surpasse tout ce
que nous pouvons imaginer, et réalise ce vieux
proverbe lorrain que le couronnement d'un empereur à Francfort, le sacre d'un roi de France
et l'enterrement d'un duc de Lorraine sont les
trois cérémonies les plus magnifiques qui se voient
en Europe. Voici quelques passages abrégés de
Dom Calmet, et qui pourront donner une idée
du cérémonial usité à la mort de nos ducs.

« La Salle d'honneur ayant été préparée avec la
magnificence convenable, on y plaça le lit
d'honneur sur lequel fut mise l'effigie du duc.
Elle était vêtue d'une chemise avec un grand
rabat, et des revers aux bras; ses chausses et
son pourpoint étaient de satin cramoisi, avec
une riche broderie d'or; les boutons étaient d'or,
chargés de diamants. Il avait aux jambes des
bottines de satin cramoisi ornées de broderies
d'or et semellées de velours rouge. Sur cet habit
il avait une tunique de drap d'or frisé, descendant
au-dessous du genou, doublée de satin cramoisi,
avec des franges d'or à l'entour, et fendue des
deux côtés, les manches retroussées près des
coudes. Sur la tunique était le manteau à la
royale, de drap d'or frisé, enrichi d'un bord
de perles de trois quarts de pied de largeur,

partout fourré d'hermines mouchetées , et ten-
dues aux deux côtés, le devant descendant
sur les bottines, et arrondi par le bas ; le derrière
ayant queue de sept aunes de Paris, aussi ar-
rondie en bas ; laquelle, avec sa fourrure,
était agencée par réplis sur les pieds du lit
d'honneur. Le devant et le derrière du manteau
s'attachaient ensemble, sur les deux épaules
et aux deux côtés, par le moyen de quatre
grandes agraffes d'or, de la hauteur et de la
largeur d'une grande main , toutes chargées de
diamants de diverses formes et grandeurs. Le
collet du manteau était rond , renversé d'environ
cinq quarts de pied de long , fourré d'hermines mouchetées , sur lesquelles on voyait
l'ordre de Saint-Michel, du roi très-chrétien.
Sur la tête de l'effigie était un petit bonnet
rond de velours cramoisi, et sur ce bonnet la
couronne ducale à huit fleurons de trefle, entre
lesquels étaient huit boutons à fleurons naissants.
La couronne, les fleurons et boutons étaient enrichis de vingt-quatre gros diamants du poids
de dix-huit, de quatorze, de dix, de huit et de
six carats ; plus de huit grosses perles en poire ,
pareilles et parfaites, sur les huit gros fleurons ,
du poids de dix-huit carats l'un, et de huit grosses
perles rondes, du poids de huit carats, sur les

huit boutons à fleurons ; sans compter un grand nombre de moyens et de petits diamants, et de grosses perles rondes, dont le tour de la couronne et les fleurons étaient enrichis. L'effigie avait les mains jointes, et à chaque main, au quatrième doigt, elle avait un anneau d'un beau diamant en table. Celui de la main droite pesait treize carats, et celui de la main gauche onze et demi. Tous les joyaux d'or et enrichis de pierreries employés pour cette pompe funèbre, étaient estimés cinq cent trente-deux mille écus.

» La salle d'honneur demeura ouverte pendant plus d'un mois, et on y célébra quotidiennement la messe, qui, chaque trois jours, était chantée par un prélat mitré, assisté de deux autres prélats mitrés. La table du prince était servie comme de son vivant, et tous les mets en étaient distribués aux pauvres.

» La salle funèbre étant préparée, on y mit le cercueil couvert d'un grand drap de très-fine toile, et par-dessus d'un autre, de velours noir croisé de satin blanc ; à l'endroit de la tête ; on mit un carreau de drap d'or frisé, sur lequel étaient posés la couronne, le sceptre et la main de justice. Auprès de ce carreau on en mit un autre sur lequel fut étendu le grand ordre de Saint-Michel, d'or massif.

» Ensuite le corps fut transporté dans la collégiale : trois évêques et plusieurs prélats, la mitre
en tête, firent les cérémonies des obsèques. Le
grand aumônier, maître des cérémonies, marchait le premier, puis le prévôt des chanoines
de Saint-Georges, avec son bâton pastoral d'argent, surmonté d'un aigle d'or, que suivaient
deux à deux un grand nombre d'abbés et de
chanoines de différents ordres et de différentes
dignités, puis le primat de Nancy et le grand-
prévôt de Saint-Dié.

» Derrière marchaient les princes et les seigneurs :
le duc Henri et le duc de Mantoue ; François
de Lorraine, comte de Vaudémont et Conrad de
Bemelberg, ambassadeur du duc de Bavière ;
Eric de Lorraine, évêque de Verdun, et le
comte Jean-Gérard de Mandrescheit, ambassadeur du duc de Clèves ; Charles de Lorraine,
comte de Chaligny, et le colonel Rudolf Psiffer,
ambassadeur des cantons catholiques de la Suisse ;
Henri de Lorraine, marquis de Mouy, et Emmanuel de Lorraine, comte de Somme-Rive, etc.

» Les princes allèrent à l'offrande, portant un
cierge de deux livres, garni à la poignée de
velours noir au milieu de doubles armoiries, et
ayant à la pointe un écu. Après eux vinrent cin-
quante-sept seigneurs portant les pièces de souve-

raineté et d'honneur , puis les quatre chevaux de
la pompe. Après l'enterrement, le seigneur de
Neuviller descendit dans le tombeau , reprit l'é-
pée de souveraineté qui y avait été mise, et,
l'ayant tirée du fourreau, s'avança au milieu
du chœur, et cria par trois fois : Vive , vive ,
vive le duc Henri II du nom, notre souverain seigneur ! La même formalité se fit avec le
grand étendard , et les hérauts et les poursuivants,
vêtus de leurs cottes d'armes , proclamèrent à
leur tour et pour la troisième fois , le nouveau duc
de Lorraine.»

Lors de la réunion de son chapitre à celui de
la Primatiale , quelques-uns des mausolées qui
décoraient Saint-Georges furent transportés dans
différentes églises , les autres furent détruits ou
disparurent à l'époque de la démolition générale
de la collégiale , sur les fondements de laquelle
fut nivelée la petite place Carrière.

Palais Ducal.

De l'ancien Palais Ducal , que la magnificence
de nos ducs avait enrichi, il reste à peine quelques
débris qui donnent à penser ce qu'il dut être autrefois. Le premier palais qu'habitèrent les princes
de Lorraine à Nancy, n'était pas situé dans la
Grande-Rue, il s'éleva d'abord à la place qu'oc-

cupèrent les Dames Prêcheresses; puis les ducs prirent l'hôtel de la Monnaie (*antiquum Palatium*). Ce fut le duc Raoul qui jeta les fondements du château que Réné acheva et habita en 1501; les ducs Antoine et Charles III l'agrandirent en l'embellissant, et Charles IV l'abandonna à Louis XIV, qui y logea en 1673. Léopold voulut en faire un palais plus moderne, qui ne fut pas achevé, et Stanislas le fit démolir, à l'exception de la salle des Cerfs, construite par le duc Antoine, et de la face qui donne sur la Grande-Rue.

Cette salle, ainsi nommée parce qu'on y suspendait le bois des cerfs que les ducs avaient tués à la chasse, communiquait à la cour du palais par un escalier magnifique et d'une pente si douce que les chevaux et les voitures même pouvaient y monter.

Le Palais Ducal sert aujourd'hui de caserne à la gendarmerie.

La seule porte de ce palais qui ait encore un reste de l'architecture du moyen-âge est celle qui est située non loin de la petite place Carrière. Le peuple l'appelait porte Masco, parce que sous cette porte était la huche de l'ours du duc Léopold, nommé Masco. Depuis Réné II, les ducs de Lorraine se soumirent à l'usage

tant soit peu bizarre, d'avoir un ours à leur cour,
en reconnaissance, dit-on, du service que le can-
ton de Berne, qui porte l'effigie de cet animal
dans ses armes, rendit à ce prince en enga-
geant les Suisses à lui fournir des secours contre
le duc de Bourgogne.

Tout le monde connaît l'anecdote qui a donné
lieu à la figure originale du singe habillé en
moine, dont la statue mutilée se voit encore au-
dessus de cette porte, vêtue du capuce et du
scapulaire, et tenant un livre d'une main sur
son genou. Le sculpteur qui travaillait au portail,
voulant se venger d'un cordelier qui plaisantait
son ouvrage, le métamorphosa ainsi en singe.

L'Académie des Sciences et Belles-Lettres, fondée par Stanislas, la Bibliothèque publique et le
trésor des chartres, autrement les Archives, furent,
à leur origine, placés dans la salle des Cerfs.

Il se pratiquait autrefois dans la cour du château une vieille cérémonie, fête consacrée alors,
et que la tradition a conservée dans quelques villes
et bourgades de notre province. « Le premier
» dimanche de carême, les nouveaux mariés de
» l'année étaient obligés d'aller faire un petit
» fagot dans le bois de Haie. Vers les trois heures,
» tous rentraient en ordre dans la ville, au son
» des instruments, les uns à cheval, les autres

» à pied, selon leur condition et leur pouvoir.
» Ils se rendaient au palais avec leur fagot orné
» de rubans et attaché à leur boutonnière. Toute
» la cour s'amusait à les voir caracoler autour des
» fontaines de vin où chacun buvait à volonté.
» On jetait des cornets de papier remplis de pois
» grillés avec du beurre et du sel, que le peuple
» appelait *pois dépechis* (épicés), lesquels, en
» remplissant la cour, faisaient tomber la plu-
» part des danseurs et occasionnaient des éclats
» de rire. Sur le soir, les nouveaux mariés al-
» laient en procession (la procession des féche-
» nates ou des petits fagots) au milieu de la place
» de la Ville-Neuve, où, après avoir fait plu-
» sieurs tours en dansant, chacun jetait son fagot
» en tas, et on en dressait un bûcher, pendant
» que la danse se continuait au son des violons.
» Vers les sept heures, toute la cour se rendait
» à l'Hôtel-de-Ville où était préparé un magni-
» fique souper, pendant lequel chacun dansait
» au son de divers instruments. Après le souper
» et un feu d'artifice, on mettait le feu au bû-
» cher, et on tirait au sort, devant le prince,
» les Valentins et les Valentines. On les procla-
» mait sur le balcon de l'Hôtel-de-Ville, ce qui
» se répétait dans toutes les rues.
» Les jours suivants, les Valentins envoyaient

» à leurs Valentines de riches présents et de beaux
» bouquets, avec lesquels elles paraissaient à
» la toilette de la duchesse. On allumait un
» feu de paille, le dimanche suivant, devant
» la maison de ceux qui avaient manqué à cette
» attention ; ce qui s'appelait les brûler. » Telle
est l'origine des Brandons en Lorraine, qui,
selon l'intention du prince, étaient suivis de ma-
riages convenables, mais qui, par l'abus qu'on
en a fait depuis, ont dégénéré en un usage qu'on
pourrait nommer plus que ridicule.

L'ÉGLISE DES CORDELIERS ET LA CHAPELLE DUCALE.

L'église des Cordeliers, avec la chapelle ducale, est le Panthéon où dorment nos grands
hommes ; c'est sur la pierre de leurs tombeaux
qu'est gravée tout entière l'histoire de la Lorraine. Hélas ! peut-être ne la reconnaîtrez-vous
pas, la vieille église des Cordeliers, aujourd'hui
qu'elle a perdu presque toutes ses traces d'antiquité, que le temps a mutilé ses tombeaux, que
la renaissance a rajeuni ses vieilles murailles
grises, que le vandalisme a brisé ses vitraux historiques, les sculptures qui ornaient son portail,
les tableaux qui décoraient son enceinte, et qu'il
a profané sa nef et son sanctuaire ! Comme elle
est triste maintenant cette tribune poudreuse où

venaient prier nos ducs, comme elles sont solitaires ces stalles où s'agenouillèrent des princes de
l'église, comme elles sont muettes ces voûtes qui
retentissaient des chants solennels ! Voyez-la, la
pauvre église où ne se célèbrent plus guère que
des services funèbres, ne dirait-on pas qu'elle
pleure sa gloire et sa splendeur passées ? Ne voyez-
vous pas couler ses larmes à travers la couche de
blanc dont l'a salie la brosse du badigeonneur ?....

A la place où s'élève l'église des Cordeliers était
une hôtellerie appelée la *Licorne*, que Réné
acheta en 1477, voulant avoir près de son palais
un monument qui perpétuât le souvenir de la
mémorable victoire qu'il venait de remporter sur
Charles-le-Téméraire. Le couvent attenait à la
chapelle. Enrichie par Réné II, agrandie par
Charles III, embellie par Léopold, cette église
devint une des plus belles de Nancy ; des tableaux
représentant l'histoire de tous les papes de l'ordre
de Saint-François décoraient ses murailles, et,
dans le réfectoire du monastère, était une Cène,
d'un travail magnifique, peinte à fresque par le
fameux Léonard de Vinci. Ce tableau existe encore aujourd'hui, mais les restaurateurs qui y
ont porté leur pinceau ont dégradé le chef-
d'œuvre du grand maître. Lors de l'abolition des
ordres religieux en France, le couvent et la cha-

pelle furent spoliés et fermés ; rouverts par Louis XVIII, l'église reprit sa destination, et le monastère devint une école des frères de la Doctrine Chrétienne ; il appartient aujourd'hui à l'école Normale.

L'église renferme encore quelques tombeaux placés dans des chapelles latérales, et qui ont été restaurés il n'y a pas long-temps. Le premier mausolée qui, à gauche en entrant, frappe les regards, est celui de Jacques Callot ; Callot, nom populaire auquel se rattache tant de gloire ! Artiste pour ainsi dire en naissant, euthousiaste de l'art auquel il a dû sa renommée, à douze ans il s'enfuit de la maison paternelle, gagnant Florence avec une troupe de Bohémiens. Bientôt, protégé par le grand-duc de Toscane, l'élève de Remigio-Canta-Gallina arrive à Rome. Ramené dans sa famille, il n'y reste que pour embrasser son père qui le laisse enfin se livrer à sa vocation. Dès lors sa réputation grandit. De Rome à Florence, de Florence en Lorraine, puis à Bruxelles, puis à Paris, il est le protégé des grands, l'ami d'un prince, le favori d'un roi, dont il refuse les honneurs pour venir mourir dans sa patrie à qui il lègue sa gloire, et dont la reconnaissance lui élève un monument à côté de ceux de ses souverains.

Plus loin, encore à gauche, sont étendus sur la pierre du même tombeau, Antoine de Vaudémont et Marie d'Harcourt, son épouse ; Antoine, le brave et ambitieux comte, qui disputa si long-temps avec tant d'audace et de courage, le trône à Réné I.er, et qui ne se soumit qu'aux armes de la France. Marie d'Harcourt, femme guerrière, qui n'avait de son sexe que le nom, qui vécut au milieu des camps, et, mourante, défendit les armes à la main et à la tête de ses soldats, le château dont son époux lui avait confié la défense.

A côté d'eux, c'est Philippe de Gueldres, la compagne de Réné, qui alla oublier les grandeurs dans le couvent des Claristes à Pont-à-Mousson, où elle mourut en odeur de sainteté.

Vis-à-vis, ce guerrier armé de toutes pièces, qui porte à sa ceinture une large épée, à la garde de laquelle pendent ses gantelets, c'est Thiébaut, le fils de Ferry, qui apprit le métier des armes avec Philippe-Auguste, dont il fut l'émule et le compagnon d'armes.

Près de lui, dans une autre chapelle, c'est Isabelle et Henri III, son époux, un comte de cette nombreuse famille des Vaudémont, dont la puissance fut presque égale à celle de nos ducs.

Arrêtons-nous devant ce tombeau gothique,

monument précieux du moyen-âge, aussi admirable par la variété de ses détails que par la richesse de son ensemble, c'est celui de Réné II, nom glorieux à jamais dans les fastes chevaleresques de notre province; c'est celui du prince qui, enfant encore, disputa sa couronne au terrible Charles-le-Téméraire, dont il tailla l'armée en pièces sous les murs de Nancy. Réné, roi de Jérusalem, de Sicile et d'Aragon, pour qui la gloire n'eut pas assez de lauriers et son peuple assez d'amour. Il est à genoux, couvert du manteau ducal, priant la Vierge qui tient dans ses bras l'enfant Jésus. Ces grands écussons, peints et sculptés avec leurs émaux, qui surmontent le mausolée, ce sont ceux de Hongrie, de Naples, de Jérusalem et d'Aragon; ces armes, supportant un casque avec ses lambrequins et un aigle couronné aux ailes déployées, ce sont les armes de Lorraine; à droite et à gauche, les écussons de Lorraine et d'Anjou; puis au-dessus cette devise: *Fecit potentiam in brachio suo*, c'est celle du duc qui conquit, les armes à la main, l'héritage de ses pères.

Plus loin, au-delà de la grille placée devant le sanctuaire, ce magnifique mausolée en marbre blanc, chef-d'œuvre du ciseau de Drouin, c'est

5.

celui de Charles , cardinal de Vaudémont, évêque de Toul et de Verdun. Les évangélistes, dont les statues décoraient les quatre angles de ce tombeau, ont été transportés dans les deux dernières chapelles latérales de la Cathédrale.

Voilà tout ce qui reste, dans l'église des Cordeliers, des nombreux monuments qu'elle possédait autrefois; voilà les seuls noms que le temps ait respectés. Et cependant combien d'autres noms célèbres, et que peu d'entre nous connaissent, se lisaient aux murs de la vieille église. Ici, c'était Nicolas de Lorraine, comte de Vaudémont et de Mercœur, dont les descendants furent si illustres; Philippe-Emmanuel, duc de Mercœur, son fils. Vis-à-vis on voyait l'épitaphe de la baronne de Traudish, épouse du comte de Carlinford, chevalier de la Toison-d'Or, feld-maréchal des armées de l'empereur Léopold I.er, son chambellan et son secrétaire intime; — celle de Charles-Ferdinand , comte de Custine et de Vuiltz, baron d'Auflance et de Meisembourg, seigneur de Malandry, Alomont, Vitery-le-Rond et autres lieux; — de Louis de Millet, seigneur d'Arry et de Vittonville; — de Cachet, conseiller et premier médecin des ducs Charles III, Henri II, François II et Charles IV; — d'Antoine de Chabanay, seigneur de Saint-Mars, Fléville et Ruethe; — de

Jean de Florainville, seigneur de Cousance, Charpentrey et Charmois.

Je passe sous silence bien d'autres familles dont les noms se rattachent d'une manière plus ou moins intime à l'histoire de Lorraine : les Rennel, les Bressey, les La Ruelle, les Baillivy, les Perrin, les Janin, les Fontaine, les Artigotty et les Guilbert, qui servirent noblement leur pays de leur plume et de leur épée.

L'autel en marbre, qui est placé dans le sanctuaire, est simple et sans ornements ; les stalles, rangées à l'entour et surmontées d'anges sculptés en bois et jouant de divers instruments, paraissent avoir une couleur d'ancienneté. Du haut de l'église, jetez les yeux sur la nef ; elle est longue et son architecture est sans grâce. A la place des ornements qui la décorèrent, elle n'a plus qu'une mesquine chaire en bois, et trois toiles de peu de prix couvrent seules une partie de ses murailles. Le tombeau du cardinal de Vaudémont est, à coup sûr, le monument qui s'harmonie le mieux aux teintes de l'église ; celui du duc Réné, empreint d'un cachet moyen-âge, semble placé là comme un anachronisme.

Regardez à droite maintenant, ce portail en marbre sans enjolivures, dont le fronton porte gravées en lettres d'or sur un marbre noir ces

paroles' qui vous initient aux mystères que vous
allez interroger :

Siste mirans, viator,
Quot Lotharingiæ duces hic sepulti,
Tot heroes,
Quot ducissæ, tot mulieres fortes,
Quot eorum liberi,
Tot principes imperio nati,
Cœlo digniores.

Recueillons - nous et rappelons nos souvenirs
avant de franchir le seuil de la chapelle ducale;
et d'abord inclinons-nous devant cette momie qui
est à gauche, debout sur une espèce de tombeau ;
car, cette momie, c'est Gérard d'Alsace, le fondateur de la maison de Lorraine, le tronc puissant
de cet arbre immense dont les rejetons poussèrent jusque sur le trône impérial, et dont les
rameaux ombragèrent la couronne de France.
Cet autre bloc informe qu'il semble tenir dans ses
bras, c'est Hadvide de Flandres, son épouse, une
descendante de Charlemagne.

Nous voici dans la chapelle ducale, si improprement nommée la Chapelle Ronde. Prosternons-
nous sur les marches de ce magnifique autel en
marbre blanc qui supporte une Vierge et deux
anges adorateurs, et sur le devant duquel est un
curieux bas - relief représentant un Christ au
linceul.

Le jour ne pénètre dans l'enceinte qu'après s'être nuancé de différentes couleurs aux vitraux peints qui ornent le dôme, et ce clair-obscur vient ajouter encore à l'émotion que l'on éprouve dans ce sanctuaire des morts. Ce ne sont pas des sensations aussi grandes que celles qui vous saisissent dans les caveaux de Saint-Denis ou sous les arceaux du Panthéon, c'est quelque chose de moins sublime, mais de plus mélancolique, qui parle à l'âme. Cette chapelle entière est un élégant tombeau, auquel la régularité et la coquetterie enlèvent une partie de sa majesté. L'imagination n'y enfanterait pas de chefs-d'œuvre, la voix d'un grand poëte serait étouffée sous les échos de cette voûte si délicatement sculptée ; mais les femmes peuvent y pénétrer sans crainte, parce que leur esprit s'arrête à la riche enveloppe et ne découvre pas les cendres qu'elle renferme. Si j'osais m'exprimer ainsi, je dirais que c'est un boudoir religieux, un de ces élégants oratoires dans lesquels venaient prier les anciennes châtelaines.

La chapelle ducale, dédiée à Notre-Dame-de-Lorette, et destinée à servir de sépulture aux princes de la maison de Lorraine, avait été commencée par le grand duc Charles, dans les dernières années de sa vie, et ne fut reprise et continuée avec une magnificence vraiment royale qu'en 1733, par l'empereur François IV, dernier duc héréditaire de Lorraine ; Stanislas mit la dernière main à ce superbe monument. On déposa dans le caveau en 1744, avec les honneurs dus à leur rang et à leurs vertus, les princes morts depuis 1390, et depuis on ne l'ouvrit que pour y descendre, en 1773, la princesse Charlotte, abbesse de Remiremont ; et, en 1780, le prince Charles, son frère, gouverneur des Pays-Bas, tous deux enfants de Léopold. La Chapelle Ronde, comme tous les édifices religieux que possédait Nancy, a été victime des fureurs révolutionnaires. On a restauré depuis, à grand'peine, ce que le fanatisme avait mutilé.

Sur l'entablement qui fait le tour de la chapelle, s'élèvent sept différents cénotaphes en marbre noir, séparés par des colonnes qui sont aussi de marbre ; près de chacun d'eux sont des statues représentant des génies qui portent tous une pièce de l'armure de la vieille chevalerie ; au-dessous de cet entablement sont les portraits des princes enterrés dans les caveaux des Cordeliers.

Mais c'est assez vous parler de cette richesse extérieure, de ce luxe qui s'étale devant l'image du néant ; l'histoire à la main, interrogeons les souvenirs qui se rattachent à ceux qui ne sont plus.

Ici, c'est Charles II , le filleul de Charles-le-
Sage, le disciple de du Guesclin, l'ami de Philippe-
le-Hardi ; c'est ce duc qui lutta si long-temps avec
gloire contre le sultan des Turcs, Bajazet ; qui
vainquit le roi de Prusse à Vilna, tailla en pièces,
dans les plaines de Champigneulles et de Pont-à-
Mousson , les armées confédérées de ses ennemis ;
qui combattit vaillamment à la funeste journée
d'Azincourt , et sortit vainqueur de la guerre
longue et acharnée qu'il eut à soutenir contre
les Messins et les Toulois réunis. — C'est Marguerite de Bavière, son épouse, dont le père
fut empereur d'Allemagne ; — c'est Marie de
Bourbon , fille de Charles, duc de Bourbon ,
l'épouse de Jean II, duc de Lorraine et de Bar.

Dans le second mausolée, sont les cendres d'Antoine, fils de Réné II et de Philippe de Gueldres.
A dix-huit ans , il fait ses premières armes sous
Louis XII contre les Gênois révoltés, et combat
côte à côte avec le roi dans les champs d'Agna-
del. Au sacre de François I.er, il représente le duc
de Normandie, le plus puissant des seigneurs ;
il devient l'ami de Bayard , suit le roi de France
en Milanais , dort avec lui sur l'affût d'un canon
le soir de la bataille de Marignan, et reçoit de ce
prince le surnom de brave et de franc chevalier ;
de retour dans ses états , il défait, près de Sa-

verne, plus de quarante mille Luthériens qui avaient envahi l'Alsace; il réconcilie le roi de France et l'empereur d'Allemagne, fait déclarer son duché libre et indépendant de l'empire, et revient dans ses états où son peuple l'appelle le bon duc. — De Réné de Bourbon, son épouse, fille du comte de Montpensier,

> Dame triomphante, magnifique;
> Vaisseau rempli de prudence,
> De Bourbon maison authentique,
> Issue de couronne de France.

— De François I.er, leur fils, que la mort enleva après un an de règne; — de son épouse, Christine de Danemarck, fille de Christiern, roi de Danemarck, régente de Lorraine pendant la minorité de son fils, et qui mourut avec la réputation d'une des plus grandes et des plus habiles princesses de son siècle.

Voici le monument élevé à la gloire de Charles III dit le Grand, qui fonda la Ville-Neuve de Nancy, établit l'université de Pont-à-Mousson, fut médiateur entre le roi de France et la ligue, fixa le commencement de l'année au 1.er janvier et fit rédiger les mœurs et coutumes de ses états. Il ne prit les armes que pour défendre ses droits, et devint le protecteur des sciences, des lettres et des arts. Si son règne n'eut pas autant de retentissement que celui de quelques-uns des ducs qui occupèrent le trône de Lorraine, du moins ses états lui durent le bonheur, et la gloire des grands hommes dont il encouragea les talents, rejaillit sur son nom. — Près de lui est son épouse, Claude de France, fille du roi Henri II et de Catherine de Médicis ; — et ses enfants, Claude, Anne et Henri, marquis de Pont, duc de Bar et beau-frère de Henri IV ; et Marguerite de Gonzague, duchesse de Mantoue, qu'il épousa en secondes noces.

Entre ce cénotaphe et celui de Charles V, est celui d'une princesse, fille de Charles III ; de François, comte de Vaudémont, gouverneur des évêchés et pays de Toul et Verdun, qui ne porta que cinq jours la couronne ducale, et eut pour épouse Christine, comtesse de Salm ; de Henri II, leur fils aîné, marquis de Hattonchâtel ; et de Nicolas-François, coadjuteur de l'évêché de Toul, puis duc de Lorraine, et époux de sa cousine, Claude de Lorraine, seconde fille du duc Henri et de Marguerite de Gonzague

Charles V, qui commanda long-temps avec honneur les armées impériales contre la France, emporta Philisbourg après un siége de quatre-vingts jours, en présence d'une armée de 45,000 hommes commandés par le maréchal de Luxem-

bourg; se couvrit de gloire en Hongrie à la bataille de Saint-Godard et au siége de Vienne contre
les Turcs; fut nommé généralissime des armées
de l'empereur, battit trente-deux fois les Mu-
sulmans, leur enleva quinze villes ou forteresses,
et prit Mayence et Bone défendues par les Français; c'est de lui que Louis XIV faisait l'éloge,
en disant qu'il avait été le plus grand, le plus
sage et le plus généreux de ses ennemis. — Léopold I.er, son fils, qui combattit à seize ans à la
bataille de Témeswar, et commanda quelque
temps après au siége d'Ebembourg, épousa Elisabeth-Charlotte de France, fille du duc d'Orléans,
réunit à ses états les principautés de Lixheim et
de Commercy, et rendit le bonheur à la Lorraine
dévastée par les invasions de la France. Près de
lui, ses enfants reposent dans un autre tombeau.

Sous le marbre qui couvre le dernier cénotaphe, dorment Léopold Clément, héritier du
duché de Lorraine, mort à dix-sept ans; — François de Lorraine, son oncle, prince souverain
de Stavelo, abbé de Bouzonville et de Senones,
chanoine des chapitres de Cologne et de Liége;
Elisabeth-Charlotte d'Orléans, dont le fils fut
le dernier descendant de ces princes qui, pendant
sept siècles, occupèrent le trône de Lorraine.

Que de grands noms et que de glorieux souvenirs ! Quelle belle histoire palpitante derrière le marbre de ces tombeaux ! Et, à nos pieds, dans les caveaux qui sont creusés sous la chapelle, gisent encore, ossements confondus, les restes de ceux qui gouvernèrent notre province. Franchissez par la pensée la distance qui, de la chapelle ducale, vous sépare de Bonsecours, et vous vous trouverez en présence de tous les monuments qui témoignent de la grandeur et de la puissance passées de la Lorraine.

Cette église des Cordeliers, d'ordinaire si triste, allez la voir lorsqu'une solennité religieuse y conviera les fidèles, que la voix des prêtres et celle des instruments se marieront à des chants harmonieux, fermez les yeux, et votre souvenir ranimera les temps qui ne sont plus; ou plutôt, si vous voulez goûter quelque douce émotion de tristesse, allez seul vous agenouiller sur les marches de l'autel, et interrogez ces monuments qui ont une si sublime éloquence.

Ceux qui sont bien vieux se rappellent encore avoir vu, versant des larmes sur les pierres de la chapelle, près des cendres de leurs ayeux, les derniers rejetons de l'illustre maison de Lorraine : Marie-Antoinette, qui descendit les marches du trône pour monter celles de l'é-

chafaud ; Maximilien-François de Lorraine, ar-
chiduc d'Autriche et frère de Joseph II , et enfin
l'empereur d'Autriche lui-même.

A l'extrémité de la Grande-Rue est la porte
Notre-Dame, originairement de la Craffe, du nom
de l'ingénieur qui la construisit ; c'est un des plus
anciens monuments de la Ville-Vieille. Selon des
historiens, elle existait, avec ses tours, avant
le règne de Jean I.er, et ce fut dans ses prisons
que Charles II renferma les prisonniers faits à la
bataille de Champigneulles , en 1407, et au siège
de Metz. Le duc Henri II, qui avait une dévotion particulière pour la Vierge, fit sculpter sur
le fronton de la porte une image de l'Annoncia-
tion, ce qui changea le nom de la Craffe en celui
de Notre-Dame. C'est de ce côté que Charles-le-
Téméraire, lorsqu'il fit le siège de Nancy,
pressait le plus vivement les assiégés, et c'est
aussi par là qu'il fit son entrée triomphante dans
la ville vaincue. Au-dessus de cette porte et sur
sa longue voûte s'élèvent les deux tours appelées
aussi tours Notre-Dame.

Ces tours, servant aujourd'hui de prison militaire, ont des soupiraux sur leur façade, et

une horloge depuis long-temps arrêtée, avec son inutile cadran, remplit l'intervalle qui les sépare.

La seconde porte Notre-Dame, sous le pavillon de la Citadelle, date du règne de Charles III, ce que prouve une inscription qu'on y lisait encore en 1790, et qui portait ces mots *Carolo Magno duce.* MDXCVI. Les emblèmes qui décoraient cette porte étaient, dit-on, du ciseau du célèbre Drouin, ils ont disparu à l'époque de la révolution.

CITADELLE.

La Citadelle, contiguë aux tours et aux portes Notre-Dame, est un monument de l'usurpation de Louis XIII. Ce prince, après avoir détrôné Charles IV et lui avoir fait signer le traité de Marsal qui ne laissait à Nancy qu'une simple muraille, fit construire la Citadelle pour dominer la ville, craignant l'affection que les Lorrains portaient à leur duc. Aujourd'hui, elle est abandonnée. Ses bastions solitaires et ombragés de grands arbres, tombent en ruines, ses fossés sont devenus de fertiles jardins. Le pavillon qui servait de logement au gouverneur et à l'état-major de la ville, se voit encore au-dessus de la seconde porte. La caserne et son corps-de-garde, sont occupés par un détachement de la garnison. La chapelle, dite de Saint-Louis, érigée par Louis XIV, n'est plus qu'un réduit abandonné. L'enceinte de la Citadelle est peuplée de petits marchands et de cabaretiers ; les débris de ses murs, la face noircie des deux portes Notre-Dame, avec leurs tours et leurs voûtes sombres et sonores, donnent seuls à Nancy l'aspect d'une ville de guerre. Pendant la révolution, la Citadelle portait le nom de quartier Charlemont.

Rue de l'Opéra. (*Bazin et Derrière-les-Cordeliers.*)

La rue de l'Opéra, dont un côté a été bâti sur les fossés de la Citadelle, renfermait la belle salle de l'Opéra que le duc Léopold y avait fait construire derrière son palais. Elle a été convertie d'abord en une salle de comédie, puis en un magasin à blé, et enfin en un corps de caserne, appelé le Quartier-Neuf (sous la révolution quartier-Marat). Cette rue portait autrefois deux noms ; elle s'appelait rue Bazin, le long de l'alignement qui conduit à la Pépinière, et son impasse se nommait rue Derrière-les Cordeliers.

C'est dans cette rue qu'est mort, à l'âge de 80 ans, l'abbé Lionnais, qui fit faire un si grand pas à l'enseignement public, et qui s'est rendu célèbre par une histoire de Nancy, utile et estimée par son exactitude et la minutie de ses recherches, et à laquelle nous empruntons presque tous nos documents. Il serait curieux que la maison qu'habita ce prêtre laborieux fût aujourd'hui celle d'un savant qui consacre sa vie à l'étude de la chimie, et à qui la science doit déjà de si nombreuses et de si belles découvertes.

A l'extrémité de la rue de l'Opéra, au-delà de la grille qui la ferme et la sépare de la Pépinière, s'élève, à gauche, vis-à-vis de la cour du quartier, une espèce de jardin planté d'acacias et de grands arbres. Lors de la fièvre religieuse qui tourmenta les esprits, à l'époque où des missionnaires parcoururent la France, prêchant et catéchisant, un calvaire remplaça le terrain stérile situé sur les anciens remparts; quelques années après, la révolution changea la destination de ce coin de terre, objet de tant de discussions, et un gymnase s'établit à l'ombre des arbres qu'on y avait fait planter et cultiver.

RUE DU HAUT-BOURGEOIS.
(Du Haut-Bourget. — De l'Egalité.)

Le quartier compris entre cette rue et celle Saint-Pierre, fut long-temps en dehors de l'enceinte de la ville, formant une sorte de village appelé le Petit-Bourg, par comparaison à Saint-Dizier qui était plus considérable. Le nom

de Bourget fut changé en celui de Boujots, puis
on les remplaça tous deux par celui de Bourgeois.
Deux raisons font sans doute que la rue dont
nous parlons fut appelée du Haut-Bourgeois;
d'abord parce que le terrain sur lequel elle est
construite est plus élevé que celui du Petit-Bourgeois, ensuite parce que les habitants qui la
peuplèrent étaient presque tous de familles nobles.
Des deux côtés sont de beaux hôtels, parmi lesquels on remarque celui qu'habitait, il n'y a
que quelques années, M. le lieutenant-général
Vilatte.

Rue du Petit-Bourgeois.
(Du Petit-Bourget, — de l'Humanité.)

Cette rue, parallèle à celle qui précède, est
sombre, étroite et mal propre; les maisons qui
la bordent, annoncent en grande partie la pauvreté; les voitures peuvent à peine y passer, ce
qui fait qu'elle est déserte et que l'on ignore à
peu près son existence. Cette rue a porté aussi le
nom de Petite rue Saint-Pierre.

Rue du Champ-d'Asile.

Derrière la rue du Haut-Bourgeois se trouve
une ruelle qui, de la Grande-Rue, conduit à la
Porte-Neuve; cette rue, dont l'origine ne semble
pas très-ancienne, a été nommée la rue du

Champ-d'Asile. Elle ne présente rien de remarquable. Elle est bordée d'un côté par le derrière des maisons de la rue du Haut-Bourgeois, et de l'autre par le fossé qui, à cet endroit, entoure la ville.

Rue Saint-Pierre. (*Du Cardinal*, — *de l'Espérance.*)

C'est une des rues les moins anciennes de la Ville-Vieille; elle ne date que de 1607. Lorsque l'hôtel prieurial de Notre-Dame y avait sa principale entrée, et que le cardinal Charles de Lorraine l'habitait, en sa qualité de prieur, cette rue s'appelait rue du Cardinal, nom qu'elle a changé depuis pour celui de Saint-Pierre. Elle est propre, bien alignée et décorée de beaux hôtels, entr'autres de celui de Lunati-Visconti, bâti par Ferdinand, marquis de Lunati-Visconti, d'une illustre maison du Milanais, et qui suivit le duc Léopold à son entrée dans ses états. Cet hôtel renfermait deux magnifiques tableaux de l'Histoire-Sainte, du pinceau de Claude Charles. On voit encore, à droite, en montant par la Grande-Rue, son superbe portail dont la belle et majestueuse architecture donne à penser ce que devait être le reste de l'édifice. Cette rue est célèbre par la naissance de Saint-Lambert, le poëte des *Saisons*, et par celle du duc de Choiseul, né

4.

en 1719; tour-à-tour lieutenant-général, puis ambassadeur à Rome, à Vienne, ministre des affaires étrangères, de la guerre, de la marine et
colonel-général des Suisses, le duc de Choiseul
fut le confident de Louis XV et alla mourir dans
l'exil en 1770.

PLACE SAINT-EPVRE. (*De l'Union.*)

La place Saint-Epvre, la plus ancienne de la
Ville-Vieille, est celle qui a conservé le plus de
bâtiments gothiques; elle est irrégulière et mal
construite, et l'angle sortant formé par le portail de
l'église lui donne une défectuosité de plus. Elle
fut destinée d'abord à être une halle aux poissons,
mais ce privilége lui fut enlevé lorsque la Poissonnerie s'établit à la Ville-Neuve. Elle servit ensuite aux foires et aux marchés, puis elle ne
devint plus qu'une place de second ordre, et
une espèce de bazar pour les fripiers. La fontaine,
placée au centre, fut faite par Réné, qui l'envi-
ronna d'un vaste bord hexagone de pierres de taille
avec un grillage élevé, et fit placer au-dessus
sa statue équestre qui fut renversée pendant la
révolution et remise ensuite sur la fontaine.
Cette statue est petite, mais d'une assez belle
proportion; le prince tient l'épée levée comme
pour en frapper ses ennemis.

Deux maisons de cette place, celles sans doute situées à droite en haut de la rue de la Cour, avaient été bâties pour servir de modèle aux autres ; mais ce plan n'a pas été exécuté parce que la Halle aux blés fut transportée dans un autre endroit.

Eglise Saint-Epvre.

De toutes les églises que possédait la Ville-Vieille, Saint-Epvre et les Cordeliers sont les seules qui subsistent encore; Saint-Epvre n'a rien de remarquable; un portail sans grandeur et sans majesté, de chaque côté duquel sont deux statues mutilées, quelques débris de vitraux ceintrés, de petites fenêtres semblables à des meurtrières sur des murs en pierres inégales, et que le temps a noircies, un comble massif supportant une grande croix en fer, voilà l'extérieur ; pas la plus petite tourelle dentelée, pas une ogive, pas une ciselure, pas une flêche aiguë, rien de l'architecture hardie du moyen-âge ; elle n'a même plus ses cloches dont le timbre harmonieux faisait dire à Louis XIV qu'il préférait leur son à la plus harmonieuse musique. On dirait une de ces pauvres et tristes églises de village qui vont tomber en ruines faute de réparations. Aussi, en la voyant, on n'éprouve aucune de ces émotions qui saisissent à l'aspect des vieux monuments ; l'historien seul se sentira tressaillir en reconnaissant cette feuêtre au-dessous de laquelle furent suspendus tant de prisonniers bourguignons, en expiation du supplice de Chiffron de Vachières.

L'intérieur de l'église s'est rajeuni sous la brosse du badigeonneur ; sa teinte grisâtre est devenue jaune et blanche, les épitaphes qui décoraient ses murs ont disparu, et des verres sans couleur ont remplacé les peintures de ses vitraux.

Au treizième siècle, Saint-Epvre n'était encore qu'un simple oratoire sous l'invocation de ce saint évêque de Toul, et ce ne fut qu'en 1436 que Jean de la Vallée, chanoine de la collégiale Saint-Georges, jeta les fondements de la nouvelle église. Jusqu'à son érection en cure par le concordat du 19 octobre 1593, elle n'était qu'une succursale, alternativement de Notre-Dame, première cure, et de Saint-Georges, paroisse de la cour. Elle était desservie par un vicaire perpétuel qui était toujours un chanoine de Saint-Georges. Depuis 1791, époque à laquelle Notre-Dame et les Cordeliers furent fermés, Saint-Epvre est devenue la seule paroisse pour la Ville-Vieille, et sa circonscription comprend une nombreuse population. Elle s'est enrichie, grâce aux libéralités de quelques familles opulentes, et, entr'autres, de celle de Ludres.

De tous ses monuments, Saint-Epvre n'a conservé qu'une superbe Cène en marbre blanc,
sculptée par le célèbre Drouin, que l'on voit derrière le maître-autel, et au-dessus de laquelle des
vitraux peints représentent Jésus sur la croix, avec
ces mots : *Sic Deus dilexit mundum ;* et un
tableau peint à fresque par le fameux Léonard de
Vinci, sous le règne du duc Antoine. Ce tableau,
qui a subi les injures du temps, et qui est si
précieux cependant par le nom du maître qui
nous l'a légué, est placé dans une chapelle latérale, et les inscriptions qui y sont gravées, à
moitié effacées, sont devenues de véritables hié-
roglyphes, ainsi qu'une partie des peintures qu'on
avait recouvertes en entier de blanc de chaux. Ce
tableau représente six traits de dévotion singulière
à la sainte Vierge. Au haut et dans le milieu, on
voit une Vierge portée sur les nues, ayant une
couronne sur la tête, tenant de la main droite,
sur ses genoux, l'enfant Jésus qui paraît tendre
les bras à tous ceux qui implorent la protection
de sa mère. Au côté droit, on lit ces vers
gothiques :

Je suis Marie Reine des Cieulx,
Que de Dieu mon filz feray don,
Qui serat accordé à tous ceulx
Qui feront ma conception.

Au côté gauche, ces autres :

Tous ceulx et celles qui en mon nom,
Feront des biens de bon couraige,
Paradis auront pour lequel don,
Et au monde auront grand aaige.

Cette Vierge tient de la main gauche un grand papier qu'elle donne à un homme peu éloigné et qui fait le sujet du premier tableau. Cet homme, nommé Théophilas, a, dans un moment de désespoir, signé un pacte avec le diable; poussé par le repentir, il implore Marie qui ravit la cédule renfermant le pacte, et la rend à Théophilas.

Théophilas donna son âme
Au diable, et lettre lui bailla;
Puis il retourna à Notre-Dame,
Laquelle la lettre lui livra.

Le second tableau, placé sous le premier, représente un homme à cheval; derrière lui est en croupe une femme dont la tête est entourée d'une auréole : cette femme, c'est la Vierge. Le diable, sous la figure d'un monstre qui a le corps et les ailes d'une chouette, la tête d'un porc, les pattes et les griffes d'un lion, voltige au-dessus et semble demander à cet homme quelle femme il lui amène. Celui-ci retourne la tête, surpris de ne pas reconnaitre sa compagne; mais la Vierge lui appuie la main gauche sur l'épaule, comme pour lui reprocher son crime et lui apprendre ce qu'elle fait pour son épouse qui est attachée à son culte, et, de la main droite qu'elle élève, elle reçoit le pacte du diable, furieux d'être obligé de le rendre.

> Ung homme ses biens despendit, (*dépensa*)
> Puis mena sa femme au diable,
> En son lieu la Vierge se mist,
> Pour la tirer du chien damnable.

Plus bas, c'est une mère qui présente à la Vierge ses deux filles sages et vertueuses, que la calomnie a voulu flétrir.

> Une bonne dame à la Vierge donna
> Ses deux filles qu'on imposait à blasme ;
> La Vierge couronnes leur envoya,
> Des Cieulx pour garder le diffame.

De l'autre côté, c'est une femme à genoux, qui remercie la Vierge de ce qu'elle a tiré son fils de l'esclavage et l'a rendu à son amour.

> Une femme, par son affliction,
> Print l'Enfant Jésus en ostaige
> Pour son fils qui estoit en prison ;
> Marie lui retira hors de servaige.

Au dessus est une femme qui, les mains jointes, prie la Vierge. Un diable, volant sur sa tête, paraît s'emparer du calomniateur de cette femme, et le forcer à avouer son crime.

> Ung homme une femme accusa
> A la justice, pour la brusler ;

> La Vierge la sauva et donna
> Au diable l'homme emporter.

Enfin, le dernier tableau, placé au milieu, représente une tempête et un vaisseau qui vient de faire naufrage, un moine seul a échappé à la mort.

> Ung bon abbé de Normandie
> Alla en mer par temps fellons;
> La Vierge lui saulva la vie
> Pour faire sa conception.

Voilà l'analyse de cet étrange tableau devant lequel vous êtes passé vingt fois peut-être sans vous arrêter et sans vous douter qu'il fût l'œuvre du grand artiste florentin.

RUE DU MAURE-QUI-TROMPE.
(*Derrière-Saint-Epvre, — du Maximum, — des Bons-Enfants.*)

Quelque petite que soit la place Saint-Epvre, sept rues viennent cependant y aboutir, qui donnent une idée de ce que fut la Ville-Vieille dans les premiers temps de son origine. La rue du Maure-qui-Trompe, ainsi nommée d'une hôtellerie qui avait pour enseigne un Maure sonnant de la trompette, fut appelée d'abord rue Derrière-Saint-Epvre. Une de ses maisons, probablement celle qui communique à l'église par une arcade, était la maison curiale. Sur sa porte étaient sculptés les écussons de la ville, et sur un marbre noir

étaient gravés ces mots : *Soli Deo honor et gloria.*
On prétend que l'Hôtel–de–Ville tenait ses assemblées dans cette maison, avant la construction
de la Ville-Neuve. Comme il n'y avait pas long-
temps que Saint–Epvre avait été érigé en cure
libre, et que la ville fut chargée de fournir un
logement au curé, l'Hôtel de-ville lui abandonna
son ancien local en prenant possession du nouveau qui lui était assigné. La rue du Maure-
qui - Trompe, dont une partie longe l'église
Saint-Epvre, et l'autre s'étend derrière la place
des Dames, communique en deux endroits à la
Grande-Rue. C'est un cloaque étroit et sombre
dans lequel est reléguée la prostitution, qui a
établi ses demeures dans presque toutes les
maisons.

RUE DE LA COUR. (*Ruelle de la Cour, — de l'Unité.*)

La rue de la Cour, long-temps appelée ruelle
de la Cour, parce qu'elle est située vis-à-vis le palais qu'habitaient nos ducs, fut autrefois beaucoup plus étroite qu'elle ne l'est aujourd'hui, elle
n'a été élargie que sous le règne de Léopold. Du
reste, elle n'a rien qui mérite l'attention.

PETITE RUE DES DAMES.
(*Petite rue des Précheresses, — de l'Union.*)

La petite rue des Dames était un passage étroit

par lequel la place Saint-Epvre communiquait à la place des Dames. Aujourd'hui c'est une rue large et assez belle, garnie de jolies maisons.

RUE DE LA CHARITÉ.
(Du Vieux-Change et des Etuves, — Platon.)

Cette rue, en regard de la rue du Maure-qui-Trompe, est divisée en deux parties qui portaient autrefois deux noms différents; la première, qui s'étend depuis la place Saint-Epvre jusqu'à la rue du Cheval-Blanc, s'appelait la rue du Vieux-Change; la seconde qui, depuis l'angle de la rue du Cheval-Blanc, aboutit à la rue de la Source, se nommait rue des Etuves, parce que, dans la maison que les sœurs de la Charité ont réunie à celles qu'elles occupaient d'abord, étaient les étuves des baigneurs de la cour. Elle a pris le nom de rue de la Charité dans toute son étendue, depuis que les filles de Saint-Vincent sont venues s'y établir sous la protection de M. Thirion, ancien curé de Saint-Epvre. Elles visitent les malades de la paroisse, leur fournissent les remèdes et la nourriture dont ils ont besoin, pendant qu'elles instruisent encore leurs enfants.

RUE DE LA BOUCHERIE.

Le nom de cette rue indique assez sa destination. C'est là que sont établies les boucheries de la Ville-Vieille, dont le derrière communique avec la rue de la Charité.

Par des ordonnances de Charles III., du 12 janvier 1574, et du 3 juillet 1579, renouvelées en 1610, par le duc Henri, la chair devait être vendue à la boucherie, au poids et à la livre, au taux et au prix fixé par ceux à qui il appartient de faire des réglements de police. Les étaux des bouchers devaient être fournis de toutes espèces de chairs, selon les saisons, sans pouvoir en exposer dans leurs maisons ou autres lieux ouverts sur les rues, ni en débiter dans les maisons bourgeoises, hôtelleries, rôtisseries, ou ailleurs que dans les lieux accoutumés.

Rue du Point-du-Jour. (*Roubonneau.*)

Un farceur célèbre, nommé Rambonnet, dont les tours singuliers attiraient dans cette rue toute la populace de la ville, lui avait fait donner, assez improprement, le nom de rue Roubonneau. Dans la suite, une hôtellerie dont la porte cochère donnait sur la place Saint-Epvre, et qui avait pour enseigne au Point-du-Jour, fit changer le nom de la rue. Cette enseigne, assez bizarre, subsista long-temps encore après qu'il n'y eut plus d'hôtellerie. C'était une pierre carrée d'environ quinze à dix-huit pouces, incrustée dans le

mur ; on y voyait en bas-relief deux anges soute-
nant une roue sur laquelle trois lions semblaient
vouloir grimper. Un aigle placé au-dessus laissait
apercevoir des rayons qui sortaient de ses plumes.
Un historien de Nancy prétend que dans les caves
de cette hôtellerie, qui eut aussi pour enseigne
la ville de la Rochelle, on avait trouvé les ruines
d'un ancien palais ou château des ducs de Lorraine, ce qui est loin d'être démontré.

RUE DU FOUR-SACRÉ.
De la Grenouillère. — De la Concorde.)

Cette rue, qui portait le nom de rue de la Grenouillère, parce qu'elle servait au marché des grenouilles, écrevisses et petits poissons, communique de la place Saint-Epvre à la rue Saint-Michel. Vers le milieu, était autrefois un four
banal ou féodal, surmonté d'un saint-sacrement
sculpté ; sur ce four, qui existait en 1545, les
maîtres boulangers étaient tenus de venir prêter
serment avant d'exercer leur profession. Le
peuple le nommait four des Fées ou four Cabuche,
du nom de son propriétaire. On prétend que
Charles II donna la maison qui le renfermait à
Alizon de May, sa tant douce amie.

PLACE NOTRE-DAME. — (*Bruet.*)

La place Notre-Dame, petite et solitaire, n'a

rìen qui fixe les regards. Sur un de ses côtés était autrefois le superbe hôtel de Moï, que Nicolas de Lorraine, comte de Vaudémont, fit bâtir pour lui et sa maison. Au-dessus de la grande porte d'entrée on voyait sculptées les armes pleines de Lorraine. Cet hôtel fut incendié au mois de janvier 1733, et M. le prince de Ligne, à qui il appartenait, le vendit à une compagnie qui y fit construire un lavoir qui subsiste encore aujourd'hui.

Avant de parcourir les rues qui aboutissent à la place Notre-Dame nous allons parler des monuments dont on ne voit plus que quelques débris informes, qui rappellent à peine leur existence.

EGLISE NOTRE-DAME.

L'église Notre-Dame, la plus ancienne de Nancy, fut long-temps en dehors de l'enceinte de la ville, dans laquelle elle ne fut renfermée qu'en 1550, lorsque la population s'augmenta, et que Nancy s'agrandit de tout le quartier compris entre la rue Saint-Michel et les portes Notre-Dame. Le prieuré de ce nom, sous l'invocation de Saint-Benoît, avait été fondé dans un champ près de Nancy en 1110, par le duc Thiéry; ainsi que le rapporte Dom Calmet : « Ce prince soumit ce monastère à l'abbé de Molesme, et ordonna que,

tandis qu'il demeurerait simple prieuré, il paye-
rait tous les ans à l'abbaye de Molesme un marc
d'argent. Que si dans la suite ce prieuré devenait
assez puissant pour mériter le titre d'abbaye,
l'abbé de Molesme, sans l'avis duquel on n'y doit
faire aucun changement, y nommerait un abbé;
et quand l'abbé de Molesme y viendrait en personne, l'abbé du lieu quitterait sa place et la
céderait à celui de Molesme qui la remplirait tant
qu'il serait dans ce monastère. Que si l'abbé de
Notre-Dame tombe dans quelque faute considérable, celui de Molesme l'avertira charitablement;
et, s'il ne se corrige pas, il le déposera et mettra
un autre en sa place, suivant la règle de Saint-
Benoit. » Ce prieuré, à qui Charles II fit plusieurs
pieuses donations, fut érigé en cure en 1212, et
confirmé dans cette hiérarchie par le concordat du
19 octobre 1593. Dans la suite, cette cure passa
des Bénédictins aux Ambroisiens, et de ceux-ci
aux Oratoriens. Sous son premier titre, elle fut
supprimée et réunie à la primatiale de Lorraine,
pour faire partie de sa dotation, en 1603. Elle
avait alors pour prieur titulaire le cardinal Charles
de Lorraine, fils du duc Charles III, et premier
primat. Comme cure, elle a subsisté jusqu'à la
réduction des paroisses, en 1790, époque à laquelle elle a été réunie à la cure de Saint-Epvre,

et, dès lors, elle n'en a plus fait qu'une seule avec cette dernière.

Depuis la suppression de Saint-Martin, de Metz, lors du fameux siége de cette ville par Charles-Quint, en 1552, le prieuré de Notre-Dame posséda les précieuses reliques de saint Sigisbert, roi d'Austrasie, mort en 656. Elles ont été transportées dans l'église primatiale où elles sont encore.

L'église Notre-Dame, basse et obscure comme la plupart de celles de cette époque, avait été construite sur le modèle de Saint-Germain-des-Près; son architecture n'avait de remarquable que le portail intérieur. Cette paroisse possédait une belle Assomption de Bélange, peintre lorrain, condisciple de Callot. Un grand nombre d'épitaphes et de monuments funèbres décoraient son enceinte. C'est là qu'avaient été inhumés le duc François II et Christine de Salm, père et mère de Charles IV; un comte de Beauvau, une comtesse de Lenoncourt, les comtes d'Hoffelise, de Vitrimont, etc.

La maison de Saint-Charles, transportée depuis dans la Ville-Neuve, a été établie primitivement sur cette paroisse par le père Touillot, prêtre de l'Oratoire et curé de Notre-Dame. Christophe Renaudin, oratorien célèbre, en a été le dernier curé.

Démolie en 93, l'église Notre-Dame s'est vu
enlever ses cloches qui sont allées, avec bien
d'autres, dans les ateliers de la Monnaie de Metz
pour y être fondues. Aujourd'hui, de jolies maisons neuves et élégantes s'élèvent sur l'emplacement qu'occupait la paroisse Notre-Dame.

L'Arsenal.

L'arsenal, près de l'ancienne église Notre-
Dame, fut construit à l'époque de la minorité de
Charles III, pendant la régence de sa mère,
Christine de Danemarck, de concert avec Nicolas
de Lorraine, comte de Vaudémont. On prétend
qu'il a été l'un des plus beaux de l'Europe, et le
mieux fourni de munitions et d'instruments militaires. En 1661 et 1673, on en a fait sortir toute
l'artillerie de Lorraine, pour la transférer à Metz,
d'après les ordres de Louis XIV. La fameuse cou-
leuvrine, de 22 pieds de long, chef-d'œuvre des
Chaligny, y fut comprise, et le tout embarqué
au Crône, sur la Meurthe. En même temps le roi
enleva à Nancy le célèbre cheval de bronze, ouvrage des mêmes fondeurs, et destiné à supporter
la statue de Charles III, qui devait être élevée sur
la nouvelle place du Marché. On entrait dans l'arsenal par deux grandes portes ceintrées supportant des sculptures. L'une d'elles, dont il reste

encore quelques débris , était soutenue par deux
pilastres doriques avec leurs corniches et entablement. Au-dessus étaient deux cadres renfermant
deux écus qui occupaient toute la largeur de la
porte, l'un aux armes de Lorraine et de Danemarck, ayant pour supports deux léopards,
l'autre, seulement aux armes de Lorraine, orné
d'un casque ouvert, ayant une chouette pour
cimier et deux aigles pour supports. L'autre porte
n'était pas d'une moins belle architecture. En 93,
tous ces monuments ont été détruits, et le bâtiment de l'arsenal a été converti , partie en vaste
hangard, partie en un local qui sert de munitionnaire.

PETITE RUE NOTRE-DAME.

La petite rue Notre-Dame qui, de la rue Saint-
Michel conduit à la place Notre-Dame, était occupée de chaque côté par un hôtel magnifique :
l'un , l'hôtel de Merigny, avait été bâti en 1596,
comme l'indique le millésime gravé dans le mur
qui fait l'angle de cette rue ; l'autre, l'hôtel de
Haussonville, avait été construit par Jean d'Haussonville, sénéchal et maréchal de Lorraine, et
par Catherine de Heu, son épouse. C'était le plus
solide et le plus ancien de la ville, et c'est celui
qui a conservé le plus de vestiges du moyen-âge.

5.

C'est aujourd'hui une manufacture de papiers peints, et on peut voir encore dans l'intérieur de la cour, dont l'entrée est dans la petite rue Notre-Dame, un escalier et une galerie d'architecture gothique, que la renaissance a respectés.

Rue du Loup. (*De l'Arsenal.*)

Cette rue a été élevée sur l'emplacement d'un cimetière supprimé en 1774. Elle aboutit de la rue Notre-Dame au Cours d'Orléans.

Rue Notre-Dame.

Entre la place de ce nom et la rue du Haut-Bourgeois, n'a de remarquable que l'hôtel de Curelles, vulgairement l'hôtel des Loups, parce que le comte de Curelles, grand louvetier de Lorraine, fit placer sur les jambages de la porte d'entrée deux loups accroupis, sculptés en pierre, que l'on y voit encore.

Dans les inscriptions des noms des rues, celle-ci ne porte que le nom de rue du Loup ; le nom que nous lui donnons ne doit servir qu'à la clarté de notre description. Il en est de même pour la petite rue Notre-Dame, qui est sans doute comprise sous la même dénomination que celle du Point-du-Jour.

Rue des Morts. (*Des Bons-Vivants.*)

La rue des Morts conduit de la place Notre-Dame à la Grande-Rue. Elle s'est élevée sur les ruines d'un cimetière et d'une petite chapelle.

L'enceinte formée par les îles de ces maisons n'a jamais rien renfermé de bien remarquable, aussi nous sommes-nous peu étendu sur leur histoire ; des cimetières ou des jardins dépendant du prieuré Notre-Dame occupaient leur emplacement ; des concessions furent faites à différentes époques à des particuliers, des maisons s'élevèrent, et, peu à peu ces rues se peuplèrent. Cependant on dirait qu'elles gardent encore l'empreinte de leur première destination ; elles sont tristes, peu fréquentées, le commerce n'y a pas établi de comptoirs, et leur communication seule avec le cours d'Orléans y amène quelques passants.

Eglise Saint-Michel.

La démolition de l'église Saint-Michel date de 93 comme celle de Notre-Dame. Cette chapelle, fondée et dotée en 1350, par Jean de Nancy, chevalier, fils d'un nommé Jacques de Nancy, aussi chevalier, ne s'éleva pas sans une vive opposition de la part du prieur de Notre-Dame, du chapitre de Saint-Georges et de celui de Saint-Epvre, et elle ne parvint qu'à grand'peine à obtenir le titre de chapelains pour ses desservants qui , bientôt après , usurpèrent le titre de chanoines qu'ils continuèrent à porter. Mais ce titre pompeux ne les sauva pas de la misère, et ne pouvant subvenir aux frais de leur établissement, ils le cédèrent, en 1633, à une confrérie de pénitents établie à Nancy par Antoine de Lénoncourt, primat de Lorraine. Tout le monde sait les pratiques ridicules de ces congrégations de pénitents de tous les noms et de toutes les couleurs, dont la mode vint de l'Italie comme celle des mascarades, et qui servaient presque comme elles d'amusements aux rois de France. Ce fut au milieu d'une de ces processions de pénitents blancs, qui eut lieu à Nancy, au mois de décembre 1674, que le célèbre cardinal de Lorraine, s'étant trouvé mal, fut reporté dans sa maison, où il mourut le lendemain.

L'église Saint-Michel n'avait rien de frappant ni à l'extérieur, ni à l'intérieur. Une porte fort simple au-dessus de laquelle était placée une petite figure de Saint-Michel, d'un pied et demi environ de hauteur, une vieille sculpture en bas-relief, et un chétif vitrail circulaire, faisaient tout l'ornement extérieur de la chapelle, dont l'enceinte n'était composée que de deux voûtes peu élevées, dont l'une formait le sanctuaire et l'autre la nef séparée en deux parties par une tribune qui servait de chœur à la congrégation. Les pénitents de Saint-Michel étaient chargés de la triste fonction d'enterrer les pendus.

Cette église possédait un morceau de bois que l'on conservait et honorait comme une précieuse relique, et que l'on disait être de la vraie croix du Sauveur. Cet objet de vénération a disparu à l'époque de la démolition de la chapelle.

Rue Saint-Michel. (*De l'Indivisibilité, de l'Amitié.*)

A l'avènement du duc Antoine au trône, en 1508, la rue Saint-Michel servait de limites à la Ville-Vieille. C'est dans cette rue qu'était située la petite collégiale dont nous venons de parler.

Elle est longue et assez belle, communiquant de la Grande-Rue au cours d'Orléans. La Munitionnaire y a une de ses entrées.

Place des Dames.

(*Du Châtel, — Des Dames-Prêcheresses, — Marat.*)

La place des Dames portait originairement le nom de place du Châtel, parce qu'elle était devant le château ou palais des ducs de Lorraine; plus tard, elle s'appela place des Prêcheresses, lorsque nos ducs eurent concédé leur domaine au monastère et à l'église de ces recluses. Cette place était habitée par les plus nobles et les plus riches familles de la province, dont les somptueux hôtels formaient son rectangle. C'était, à gauche, le magnifique hôtel de Custine (1) à la place occupée maintenant par la recette générale; vis-à-vis, ceux de Salles et de Haussonville; à droite, à l'extrémité de la rue des Dames, l'hôtel de Bassompierre. La maison, qui, au nord, fait un angle rentrant, était le tribunal des assises, lors de leur suppression par Louis XIII, et l'autre, en face, faisant un angle sortant, était celui des Echevins. Ces deux tribunaux, aussi anciens que la ville, et célèbres par les lumières et l'intégrité de leurs membres, furent remplacés, comme nous le dirons plus tard, par un conseil souverain créé à Nancy le 17 septembre 1734.

La place des Dames servit quelque temps de marché à la ville; elle perdit cette destination lorsque la place Saint-Epvre put servir à cet usage.

EGLISE ET MONASTÈRE DES DAMES-PRÊCHERESSES.

En 1292, un bourgeois de Nancy, surnommé Jean-le-Jaloux, dégoûté du monde, ainsi que sa femme et ses quatre filles, sollicita et obtint du duc Ferri la permission d'établir à Saint-Nicolas-

(1) Bâti en 1715.

de-Port un couvent de religieuses de l'ordre de Saint-Dominique. Bientôt la réputation de vertu des nouvelles recluses étant arrivée jusqu'aux oreilles du duc, il voulut non-seulement qu'elles habitassent sa capitale, mais il alla même jusqu'à leur céder son palais. La femme et les filles de Jean-le-Jaloux furent les premières Dames-Prêcheresses; Jean, après avoir sacrifié toute sa fortune à soutenir le monastère qu'il avait fondé, embrassa l'état ecclésiastique et devint le chapelain du couvent, charge que son fils continua de remplir après lui. Par un réglement qui semble tout-à-fait opposé à l'humilité chrétienne, il fut défendu de recevoir dans le couvent des Vierges Prêcheresses les personnes qui ne seraient pas issues d'une famille noble. Aussi, dans la liste des premières recluses ne voit-on figurer que des noms illustres. Marguerite de Gonzague, duchesse douairière de Lorraine et de Bar, prit le voile dans ce monastère où elle mourut. Dans la suite, cependant, les filles qui avaient fait preuve d'une vertu et d'une piété exemplaires, furent admises à l'honneur de prendre place parmi les pénitentes, desquelles on réclamait, à ce qu'il paraît, avant toute autre chose, un nom et une fortune.

L'église des Dames-Prêcheresses, petite et obscure, mais très-solidement bâtie, remontait à une haute ancienneté; elle était curieuse par le grand nombre d'épitaphes et de tombeaux qui la décoraient. Marguerite de Navarre, épouse du duc Ferri, fondateur de cette église, y eut, dit-on, sa sépulture. A l'époque de l'abolition des ordres religieux en France, le monastère et l'église devinrent une propriété nationale, qui fut vendue et convertie en une vaste maison et un jardin, nommé depuis jardin d'Amerval.

Rue des Dames.
(Des Précheresses, — Saint-Nicolas, — d'Helvétius.)

La rue des Dames, s'appelait rue Saint-Nicolas, lorsque la porte de ce nom se trouvait dans sa direction. L'angle de cette rue et celle de la Monnaie était formée par l'église des Dames-Prêcheresses, dont nous venons de parler. Il n'y a pas encore très-long-temps qu'on a découvert, en creusant des fondements dans la maison qui termine la rue des Dames, des ruines qui attestent une grande ancienneté. Vis-à-vis est l'hôtel de Ludre.

Rue du Moulin. (D'Aristote.)

Un ruisseau, alimenté par les sources de Boudonville, coulait dans cette rue et y faisait tourner un moulin, sur l'emplacement duquel s'éleva depuis l'hôtel de Viray, faisant un recoin près de la place. Le ruisseau a pris une autre direction et le moulin a été supprimé en 1590. La rue du Moulin, qui aboutit à la rue du Maure-qui-Trompe et par suite à la Grande-Rue, est étroite, mal pavée, et occupée en grande partie par des maisons de prostitution.

RUE DU CHEVAL-BLANC.
(Ruelle Saint-Jean et de l'Etang.)

Dans l'intérieur de l'hôtel de Custine, dont la face regarde la place des Dames, était un petit étang, formé par les eaux d'un ruisseau sortant de la rue de la Source, et auquel on arrivait par une ruelle, appelée ruelle de l'Etang, dont on confondait quelquefois le nom avec celui de la ruelle Saint-Jean, aujourd'hui rue du Cheval-Blanc, et qui se nomme ainsi à cause de l'enseigne d'un cabaretier, représentant un cheval blanc. Cette rue, comme la précédente, est sombre, étroite et ne renferme aucune belle maison. L'étang et la ruelle de ce nom ne subsistent plus depuis la fondation de la Ville-Neuve.

Rue de la Source.

(Du Devant, — Derrière-les-Etuves, — Des Suisses, du Bout-de-Bois, — Nachon.)

La rue de la Source s'étend de la rue de la Monnaie à celle de Saint-Michel. On y voit quelques anciens hôtels, et la maison de charité des filles de Saint-Vincent. Elle est célèbre par le ruisseau qui y coule en descendant de Boudonville, et dont les eaux claires et limpides ont eu la vertu, à ce que l'on prétend, de garantir ce quartier de la peste, quand ce fléau décima la population de Nancy depuis 1630 jusqu'en 1637.

Rue Derrière. *(Reculée.)*

Parallèle à la rue de la Source dans toute son étendue, cette rue n'est presque pas fréquentée; elle servit long-temps de limites à la ville; les remparts étaient de l'autre côté de ses maisons.

Petite rue de la Source.

Ruelle qui fait communiquer la rue de la Source avec la rue Derrière, près de l'endroit où le ruisseau traverse la première de ces rues.

Place Lafayette. *(Vioménil.)*

Quoique les places et les rues dont nous allons parler, se confondent par la richesse et la nouveauté de leurs constructions, avec les places et les rues de la Ville-Neuve, nous devons les classer dans l'ordre que leur indiquent les limites qui séparent les deux portions de Nancy, limites tracées par la rue de la Pépinière. La place Lafayette s'est formée de l'emplacement d'un grand et bel hôtel appartenant à M. le chevalier de Vioménil, et qui a été démoli pour ouvrir une large communication de la rue d'Amerval à celle des Dames. C'est à cette place que viennent aboutir les rues des Dames, de la Monnaie, des Maréchaux, Callot, et la nouvelle rue d'Amerval.

Rue de la Monnaie. (*Des Juifs.*)

Cette rue s'appelle ainsi à cause de l'hôtel des Monnaies qui, depuis long-temps, occupe une partie du côté méridional. C'est cet hôtel qui servit de palais aux ducs de Lorraine, depuis Ferri II jusqu'à Raoul, après que le premier de ces ducs eût cédé son château aux Dames-Prêcheresses. Sous le règne de Ferri, une aile de ce palais servait déjà à une espèce d'atelier monétaire, où se battaient de petites pièces d'argent, droit accordé au duc de Lorraine par l'empereur, Albert. Long-temps les ducs de Lorraine ne frappèrent que des monnaies d'argent. On n'en vit aucune de cuivre avant le règne du grand duc

Charles. C'est Réné I.er qui mit sur nos monnaies
la double croix de Lorraine. Celles de Ferry sont
fort petites ; elles représentent d'un côté ce prince
à cheval, armé de toutes pièces, l'épée nue à la
main ; sur le revers, une épée avec ce mot *Nancei.*
Ces pièces se nommèrent *espadins*, à cause de
l'épée qui y était empreinte. Léopold fit démolir
l'ancien palais pour agrandir la Monnaie et y
plaça la chambre des Comptes, tribunal qui remonte à une origine très-reculée. Les ducs de
Lorraine n'ayant pour revenus que leurs domaines, nommaient pour les régir un grand
nombre d'employés, dont un corps de ministres,
aussi fidèles qu'éclairés, devait surveiller la con.
duite et comparer les recettes aux dépenses. Ces
derniers, au nombre de huit, portèrent d'abord
le titre de Maitres Rationaux, qu'ils quittèrent en
1535 pour prendre celui d'Auditeurs des Comptes,
puis de Maitres des comptes. C'était devant cette
compagnie souveraine que les vassaux rendaient
hommage de leurs fiefs et en fournissaient les
dénombrements. Les gruyers, contrôleurs, receveurs du domaine et notaires étaient obligés de
faire entériner leurs lettres en la chambre des
comptes, d'y prêter serment, et d'y faire régler
leurs comptes. La chambre des comptes avait la
plus grande influence sur les opérations finan-

cières, et rarement les ducs se dispensaient de la consulter dans les affaires importantes. Elle fut supprimée en 1792.

Voici le texte de quelques ordonnances rendues par le duc Léopold, qui pourront donner une idée de la juridiction attribuée, sous son règne, à la chambre des comptes.

« Léopold, par la grâce de Dieu, duc de Lorraine, de Bar, de Montferrat et Teschen, roi de Jérusalem, Marchis, duc de Calabre et de Gueldres, marquis de Pont-à-Mousson et de Nomeny, comte de Provence, Vaudémont, Blâmont, Zulphen, Sarverden, Salm, Falkenstein, prince souverain d'Arches et Charleville, etc, etc. Voulons et nous plaît :

» Art. Ier. Notre chambre des comptes de Lorraine, à laquelle nous avons attribué la juridiction de cour des Aydes et cour des Monnaies, aura l'audition, examen, clôture et appurement des comptes de tous les officiers comptables de notre duché de Lorraine, terres et seigneuries y annexées.

» Art. II. Elle connaîtra pareillement, en dernier ressort, de la régie, économie et administration de tous nos domaines et droits domaniaux actuellement en titre de domaine, et dont le revenu n'est point engagé ni aliéné, même de la mauvaise administration qui pourrait en être faite par les engagistes ou détenteurs, lorsque notre procureur général en icelle sera seul partie contre lesdits engagistes ou détenteurs; et au cas que lesdits engagistes ou détenteurs auraient difficulté contre les débiteurs des cens, rentes, droits et revenus dépendant de nos domaines aliénés ou engagés, les actions en seront poursuivies en première instance à la justice ordinaire, et par appel en notre dite cour, etc., etc. »

Par les autres articles, le duc Léopold confie à la chambre des comptes la connaissance des actions et poursuites pour la réunion de ses domaines aliénés, et la liquidation des remboursements; la connaissance par appels des actions intentées pour droit de déshérence, bâtardise et d'aubaine, même des droits de main-morte tant dans les justices de son domaine que dans les terres et justices des seigneurs, et l'administration des biens et revenus qui lui proviendront de ces droits; la connaissance, à l'exclusion de tous les autres tribunaux, des surtaux, franchises et exemptions accordées aux fermiers du prince, et le jugement des difficultés qui pourraient s'élever entre lui et ces fermiers. Enfin la juridiction de la chambre des comptes s'étendait aux salines, aux eaux et forêts, aux mines, à la fabrication des monnaies et aux délits qu'elle entraine, etc., etc. (1)

L'hôtel de la Monnaie servit quelque temps de siége à la cour prévôtale des Douanes; le tribunal de première instance, qui l'occupe aujourd'hui, y a été installé au mois de novembre 1821. Les audiences de la police correctionnelle y ont lieu, et une partie des bâtiments sert de prison.

Le célèbre Saint-Urbain, qui a gravé la plupart des médailles et des monnaies de Lorraine, habita cet hôtel et y mourut le 10 janvier 1738. Ferdinand de Saint-Urbain ou Urbana était né à Nancy en 1654; son talent était si populaire, non-seulement en Lorraine et en France, mais encore dans les pays étrangers, que les Italiens, si avares d'éloges, appelaient ses ouvrages *opre divine*. Membre des principales académies de l'Europe, et décoré, par Clément XII, du titre de chevalier romain de l'ordre du Christ, Saint-Urbain fut comblé des faveurs de Léopold, dont il fut le premier architecte. C'est lui qui a tracé le plan de la Cathédrale. Quelques historiens prétendent qu'il mourut à Rome en 1720.

A côté de la Monnaie était situé l'antique hô-

(1) Voir le livre intitulé : *Ordonnance de S. A. R. pour l'administration de la justice*, donnée à Lunéville au mois de novembre 1707.

de Clairlieu, qui existait déjà sous le règne de Réné II. Il n'en reste aucun vestige.

Impasse du Bon-Pays.

Située à côté de la Monnaie, dans la rue de ce nom, qu'elle terminait autrefois, n'a rien de remarquable.

Rue Callot. — (*De Richardménil, — des Comptes.*

Un hôtel situé vers le milieu de cette rue, au côté septentrional, était habité autrefois par le receveur-général de Lorraine; c'était là qu'à l'époque du recouvrement, les ducs venaient entendre les comptes des gens chargés de la recette des deniers publics, d'où le nom de rue des Comptes, changé depuis pour celui de Callot, le célèbre graveur, dont la maison y était située et qui y mourut en 1635. Cette rue, défigurée par deux maisons qui sont en dehors de l'alignement, renferme de jolies maisons; l'angle formé par sa jonction avec la Grande-Rue, sert de logement au receveur des contributions indirectes. On croit que ce fut la maison qu'habita Callot. Voici une courte notice sur la vie de cet artiste que Nancy s'énorgueillit d'avoir vu naître, et dont la famille entière acquit une si juste et si noble illustration.

Jacques Callot, fils de Claude Callot, ex-ar-
cher des gardes du duc Charles III, naquit, en
1593, à Nancy, où il est mort en 1635. Dès
sa plus tendre enfance, il montra une vocation
décidée pour l'art qui fit sa gloire. A peine âgé
de douze ans, il disparut un jour de la maison
paternelle, se dirigea vers l'Italie, et arriva à
Florence avec une troupe de Bohémiens dont il
avait demandé à faire partie, et au milieu de
laquelle se passa un des épisodes les plus curieux de sa carrière aventureuse. Le grand-duc
de Toscane, trouvant dans ce jeune homme
d'heureuses dispositions, le plaça chez un peintre
nommé Remigio-Canta-Gallina, qui lui donna
les premières leçons de dessin, et lui fournit les
secours nécessaires pour gagner Rome, objet de
tous ses vœux. Reconnu dans cette ville par des
marchands de Nancy, Callot est ramené à la
maison paternelle, d'où il s'échappe bientôt après
pour retourner en Italie. Arrêté à Turin par
son frère aîné, il revient encore une fois en
Lorraine. Il avait atteint sa quatorzième année
lorsque son père lui permit d'aller à Rome,
à la suite de l'ambassade du comte de Tornielle.
Placé chez les meilleurs maîtres, Callot se livra
avec ardeur à l'étude de la gravure et du des-

sin. Il quitta Rome pour gagner Florence, où Cosme II, son protecteur, le forma à l'école des plus célèbres artistes : Alphonse Parrigi, Philippe, Napolitain, Jacques Stella, etc. Ses progrès furent si rapides, que le duc de Toscane le choisit entre tous ses rivaux pour exécuter diverses pièces à la gloire de sa maison, le combla de faveurs, et le décora d'une médaille suspendue par une chaine d'or. Callot resta à Florence jusqu'en 1620, époque de la mort de son bienfaiteur; alors il revint en Lorraine où sa réputation l'avait devancé, et où son souverain l'accabla de bontés. Gaston d'Orléans devient son ami, et, sur sa renommée, l'infante des Pays-Bas attire à Bruxelles l'artiste nancéïen, qu'elle charge d'éterniser par son burin le siége mémorable de Bréda. Appelé par Louis XIII à la cour de France, Callot grava et dessina la prise de la Rochelle et celle de l'île de Rhé, et adressa au Roi, qui lui demandait de graver la prise de Nancy, cette réponse qui fait peut-être autant d'honneur à Callot que son talent. « J'aimerais mieux, dit-il, me couper le pouce, que de rien faire contre l'honneur de mon prince et de ma patrie. » Richelieu voulût envain le fixer près de lui, Callot revint dans son pays, et acheva cette collection précieuse que les amateurs recherchent

si avidement aujourd'hui. On grava sûr son mausolée, au-dessous de son portrait fait par Miche-
basne, l'épitaphe suivante :

Envain tu ferais des volumes
Sur les louanges de Callot,
Pour moi, je n'en dirai qu'un mot :
Son burin vaut mieux que nos plumes.

Un des frères de Callot fut héraut d'armes et
avocat à la cour souveraine de Lorraine; un de
ses neveux, Dominique, abbé de l'Etanche, fut
très habile dans l'art héraldique et dans la chimie; son petit neveu, François-Joseph, docteur
en médecine de l'université de Montpellier, agrégé
en la faculté de Pont-à-Mousson, fut médecin
ordinaire des ducs Léopold et François. Tous ont
laissé, chacun dans son genre, des ouvrages
très-estimés.

Rue des Maréchaux. — (Callebrey.)

La rue des Maréchaux a le derrière de ses maisons accolé à l'ancien rempart, aujourd'hui la
rue de la Pépinière. Trois maréchaux-ferrants
qui vinrent s'y établir au milieu du seizième
siècle, lui donnèrent son nom. La porte Saint-
Nicolas, originairement située dans la direction
de la rue des Dames, fut descendue (1661) jusqu'en bas de celle des Maréchaux, à l'endroit où

se termine la Grande-Rue et où l'on voit encore une voûte sur laquelle s'élève une maison. Le prolongement de cette rue, formé d'un côté par des réduits étroits, conduit à la place Carrière et touche à la Porte-Royale.

RUE DE LA PÉPINIÈRE. — (*Bénézet.*)

La rue de la Pépinière, autrefois irrégulière et mal construite, est maintenant une jolie rue, garnie de belles maisons neuves. Elle a été formée sur les démolitions des remparts, et elle conduit directement de la place de Grève à la Pépinière.

C'est à elle que se termine l'histoire des rues de la Ville-Vieille, histoire bien sèche et bien monotone, et qui n'a d'attraits que pour l'antiquaire qui recueille comme un trésor le moindre souvenir qui se rattache à sa ville natale.

LA PETITE PLACE CARRIÈRE. — (*Philopémène.*)

Sur l'emplacement de la Petite-Carrière s'élevait autrefois la collégiale Saint-Georges, entourée de son cimetière, et que Stanislas fit démolir, lorsqu'il la réunit à l'église Primatiale.

GRANDE PLACE CARRIÈRE.
(*Rue-Neuve.* — *Place de la République démocratique.*)

Cette place, aujourd'hui la plus belle de la

Ville-Vieille et de la Ville-Neuve, et qui fait l'admiration de tous les étrangers par la régularité (1) et le bon goût des maisons qui la décorent, fut long-temps une mare infecte, voisine du palais des princes, ce qui les incommodait beaucoup, surtout à cause du croassement des grenouilles. Aussi, par une singulière corvée, qui peint parfaitement les ridicules exigences de la féodalité, les habitants de Laxou étaient tenus de venir battre cette mare pendant les premières nuits des noces de nos ducs, corvée dont ils n'ont été affranchis qu'en 1646, par Renée de Bourbon, épouse du duc Antoine, en reconnaissance d'une fête qu'ils donnèrent à cette princesse lors de son entrée à Nancy.

Pendant la minorité du duc Charles III, Christine de Danemarck et Nicolas de Lorraine, comte de Vaudémont, tuteurs de ce prince, firent dessécher la mare qui avoisinait leur palais et y construisirent une rue, qu'on appela Rue-Neuve, et qui servait d'arène pour les tournois, courses et jeux de bague, dans le goût de ce siècle. C'était là que nos preux, revêtus de leurs armes, et ceints de l'écharpe aux couleurs de leurs belles,

(1) Les deux côtés de la place Carrière ne sont pas exactement semblables, mais cette irrégularité est masquée par les arbres.

venaient disputer le prix du combat et recevoir des mains de l'amour la couronne du triomphateur.

Souvent, en ces aimables lieux,
Des Héros et des Demi-Dieux
Disputent l'honneur de la lice,
Et font voir hautement par leur exploit guerrier
Que si Mars faisait l'exercice,
Il ne paraîtrait pas plus galant ni plus fier.

Un des derniers et des plus beaux tournois qui eut lieu à Nancy date du règne d'Antoine. Quelques historiens en ont conservé le souvenir et nous ont transmis les noms des chevaliers qui en furent les principaux acteurs : c'étaient Aloffre de Beauvau, Antoine de Stainville, Humbert de Doncourt, René (1) de Beauvau, Claude de Fresneau et Jean de Stainville.

Un grand nombre d'hôtels, appartenant à la première noblesse de Lorraine, s'étendaient de chaque côté de la Rue-Neuve. On y voyait celui des comtes de Salm, de Spada, de Bassompierre, et l'hôtel de Rennel, dans lequel fut déposé le corps du duc de Bourgogne après la défaite de Nancy. Un pavé formé de pierres noires distinguait cet hôtel de tous les autres; ces pierres ont été remplacées. L'hôtel de Salm ayant été incen-

(1) Nous avons commis presque partout une erreur dans l'orthographe de ce nom : c'est RENÉ et non pas *Réné*.

dié en 1683, le duc Léopold en donna le terrain au prince de Craon qui y fit construire un hôtel magnifique, que Stanislas acheta en 1751 pour y loger les cours souveraines et les autres justices inférieures. La cour y fit sa rentrée le 15 novembre de la même année, le baillage le 16 et la cour des comptes le 20. Cette dernière fut placée depuis dans l'hôtel des Monnaies.

Mais cette place, malgré la beauté des hôtels qui la décoraient, était loin d'être régulière. Stanislas, pour lui donner cette régularité, fit élever, dans toute son étendue, de grands et beaux bâtiments, d'une architecture simple et noble, de la même forme et de la même hauteur; et sur l'emplacement de l'ancien château démoli, il fit bâtir le magnifique palais qui termine la Carrière, à laquelle il est réuni par un fer à cheval surmonté d'une galerie haute de vingt-cinq à trente pieds, ornée de pilastres, colonnes, statues, vases, etc. L'hôtel de la Préfecture, d'une architecture moins belle que n'était celle de l'ancien château (1), fut d'abord destiné à l'Intendance, mais après la mort du roi de Pologne, M. de Stainville, commandant en Lorraine, y fit placer le gouvernement, réservant pour l'in-

(1) Boffrand.

tendance le pavillon oriental de la Place-Royale, près de l'Hôtel-de-Ville.

Stanislas ayant donné aux négociants de la ville de Nancy une somme de 100,000 francs pour les garantir des chances qu'ils pouvaient courir dans leurs spéculations, et y ayant ajouté quelque temps après une seconde donation de 40,000 francs, ces négociants achetèrent l'hôtel situé à gauche de la Carrière, en entrant par la Porte-Royale, et y firent construire le superbe bâtiment de la Bourse, dans lequel devaient se traiter toutes les affaires relatives au commerce.

Comme c'est sur la place Carrière que sont placés presque tous les tribunaux, nous croyons qu'il n'est pas tout-à-fait hors de propos de dire ici quelques mots des tribunaux anciens, de leur origine et des fonctions qu'ils étaient appelés à remplir.

Tribunaux de justice.

L'histoire des tribunaux de Lorraine n'occupe qu'une bien faible place dans les ouvrages écrits sur cette province; la plupart des historiens ont négligé de s'en occuper, quoique sans cette connaissance, il soit impossible de suivre les progrès de la civilisation et de poser les bornes qui ont séparé les temps de servitude des siècles de liberté. Ils ont consacré des pages nombreuses à raconter des fondations religieuses, et ils ont à peine parlé des mœurs et des usages du peuple, et de la manière dont la justice était administrée. Dom Calmet, qui n'a dit que quelques mots du tribunal des Echevins de Metz, passe sous silence celui des Echevins de Nancy, qui fut cependant, si l'on en croit les quelques historiens qui en ont parlé, supérieur au tribunal des assises.

A Nancy, comme dans toute la Lorraine, le peuple était serf ou esclave, lorsque Gérard d'Alsace monta sur le trône, revêtu du titre de duc héréditaire. Les vassaux dépendaient de leurs seigneurs, qui avaient sur eux le droit terrible de vie et de mort; leurs causes étaient jugées aux *plaids*, par-devant les seigneurs qui prononçaient la sentence, moins selon la justice que selon leur caprice; puis, fatigués de cet emploi, ils le transmirent à des officiers subalternes qui apportèrent à leur tour, dans l'exécution de ces fonctions, autant d'insouciance que de cruauté; et enfin, pour ne plus s'occuper du peuple, on remit au jugement de Dieu le soin de désigner l'innocent ou le coupable; le duel entre les parties fut ordonné, et les juges n'eurent d'autre charge que celle d'assister à ces combats, dans lesquels le crime triomphait aussi souvent que l'innocence

TRIBUNAL DES ECHEVINS.

Le premier tribunal où le peuple eut ses représentants, c'est le tribunal des Echevins, dont les historiens de Lorraine n'ont pas daigné nous transmettre l'origine, quoiqu'il semble avoir commencé avec le règne de nos premiers ducs. Toutefois il paraît qu'un prince, plus juste que ses prédécesseurs, voulut, en affranchissant les vassaux, les réhabiliter et leur donner des droits en proportion des injustices qu'ils avaient supportées jusqu'alors, car nous voyons, d'après ce qu'en rapporte l'abbé Lionnais, se fondant sur le témoignage d'autres écrivains, que le tribunal des Echevins était supérieur au tribunal des assises de l'ancienne chevalerie de Lorraine. Ses membres étaient pris parmi le peuple, et on ne revêtait de cette charge que les *gradués, personnes excellentes et bien choisies, intelligentes en matières criminelles et civiles.* Aucune rétribution n'était attachée à leur emploi. Le corps des échevins était composé d'un maître Echevin, qui en était le chef ou président, et de dix autres échevins avec un procureur-général.

Les sentences rendues par les tribunaux inférieurs de la province et même par les assises de Nancy, ne pouvaient recevoir leur exécution qu'après avoir été approuvées par le tribunal des Echevins, qui était véritablement le tribunal souverain du prince, devant lequel les nobles comparaissaient comme le peuple. Après de nombreuses réclamations faites par les chevaliers, ceux-ci obtinrent de Charles III le droit de siéger en nombre égal de gentilshommes à celui des Echevins, lorsqu'un chevalier était accusé de quelque délit; si son crime attaquait l'honneur, il n'était jugé que par ses pairs; mais, dans tous les cas contraires, la résolution et prononciation de la sentence appartenait au maître échevin et aux échevins seuls. Ce qui prouve que le tribunal des Echevins était supérieur au tribunal des assises. Les ducs de Lorraine, non contents d'avoir attribué cette immense juridiction au tribunal des échevins de Nancy, et voulant dignement récompenser les membres qui le composaient, les firent jouir de tous les droits et priviléges de la noblesse, comme les membres des parlements de France, avec le pouvoir de transmettre ce titre à leurs descendants.

Le tribunal des Echevins, qui siégea d'abord sur la place des Dames, tint ensuite ses séances sur la place Mengin, jusqu'à ce que Louis XIII l'eût remplacé par la cour souveraine.

ANCIEN TRIBUNAL DES ASSISES DE LORRAINE.

L'origine des assises remonte à une haute antiquité et va se perdre dans les ténèbres de l'histoire du moyen-âge; elles paraissent en Lorraine bien long-temps avant le règne des ducs héréditaires. Selon quelques historiens, Frédéric-le-Chaste, partant pour accompagner Charlemagne dans la guerre que ce prince allait faire en Italie, choisit douze gentilshommes de la province, auxquels il confia, pendant son absence, le gouvernement du duché, leur conférant le titre de pairs. L'autorité de ces seigneurs devait s'étendre non-seulement sur la justice, mais encore sur tout ce qui avait rapport à l'administration, et leur duodecemvirat fut à la fois un conseil de ministres et un tribunal de juges. Plus tard, Gozelon joignit aux douze pairs élus par ses ancêtres, vingt-quatre chevaliers dont l'office fut de vider les différends, et de connaître les sentences des juges inférieurs, lorsqu'ils en étaient requis.

Mais la puissance de ces premiers ducs n'étant qu'éphémère, puisqu'ils n'étaient eux — mêmes que des espèces de gouverneurs ou de préfets établis par les rois de France, leurs institutions durent être limitées par les bornes que les souverains mettaient à leur juridiction.

Quelques historiens placent l'origine des assises au temps où la Lorraine faisait partie de la Gaule Belgique, et voici sur quoi ils fondent leurs conjectures : Parmi la noblesse belgique, une partie formait un corps séparé que l'on appelait *Principes regionum atque pagorum* (1). Pendant la paix, ce peuple n'avait point de magistrats, mais les seigneurs (2) rendaient la justice dans les villes et dans les villages, où ils s'assemblaient vers le commencement ou le plein de la lune. C'est de là sans doute que vint aux assises la coutume de se tenir chaque mois.

Gérard d'Alsace monte enfin sur le trône en 1048, et jette les fondements de cette quasi-monarchie de Lorraine qui vécut sept cents ans. En Lorraine, comme par toute la France, le peuple était serf, et les seigneurs étaient maîtres de disposer à leur gré de sa vie. On comprend que dans un état régi par de telles lois, le peuple n'avait d'autre justice à attendre que le bon plai-

(1) Chefs des provinces et des bourgades.

(2) *Apud eos in pace nullus est magistratus, sed principes regionum atque pagorum inter suos jus dicunt, controversias que minuunt.* (Com. de César.)

sir et l'humanité de ses maitres. Peu à peu cependant, la civilisation portant son flambeau
dans cet âge de barbarie, les ducs comprirent
que leur plus bel attribut devait être celui de
rendre la justice, et ils voulurent avoir connaissance des jugements rendus par leur noblesse.
Néanmoins, forcés de lutter sans cesse contre les
grands vassaux qui leur disputaient la couronne,
les princes abandonnèrent ce droit à des hommes
qui, comme nous l'avons déjà dit, abusèrent in-
dignement du pouvoir qui leur était confié et du
titre auguste dont on les avait revêtus.

Le premier jugement rendu par les assises,
que l'histoire ait conservé et qu'elle nous ait transmis, date du règne de Thierry II. Thierry, seigneur de Chaumouzay, ayant cédé, en 1093, son
fief de Chaumouzay pour y fonder une abbaye de
chanoines réguliers de Saint-Augustin, après sa
mort, Joscelin, son frère, inquiéta ces chanoines
et voulut leur enlever le fief que Thierry leur avait
donné. Ils s'en plaignirent au duc, qui cita les
parties pour subir la sentence que les princes ou
les seigneurs du pays devaient rendre. Joscelin
ne parut pas, et les juges décidèrent que le duc
de Lorraine devait maintenir les chanoines dans

la possession du fief, et reprimer les vexations de Joscelin. (*)

Sous le règne de Ferry III, la chevalerie se sépare de la noblesse et commence à occuper une place distincte. Elle siége souverainement dans les assises, et juge le duc lui-même qu'elle a le droit de *gager* à son tribunal. Noble prérogative qui forçait les princes à respecter les lois!

Thiébaut II, dans son testament fait en 1312, ordonne que les jugements des chevaliers seront tenus et gardés sans appel, comme ils l'étaient au temps du duc, son père.

Enfin, en 1431, Réné I.er, voulant mettre le sceau à la souveraineté, confirme solennellement les droits et priviléges dont jouissait, depuis une époque immémoriale, la chevalerie de Lorraine. Dans toutes leurs contestations, les chevaliers doivent être jugés par leurs pairs et sans appel. Si le prince ou ses ministres ont quelque chose à demander à la chevalerie ou à ses vassaux, elle juge elle-même de ces demandes suivant les us et coutumes. S'il survient quelque difficulté où le duc lui-même soit impliqué, il ne peut refuser le jugement des pairs. En outre, les appels des

(*) Abbé Séhère, *Histoire de la fondation de Chau-mouzay.*

jugements dans l'étendue du duché sont portés
devant la chevalerie, sans qu'aucun autre juge
ait droit d'en prendre connaissance.

Telles étaient les attributions de la chevalerie,
dont la puissance, en matière judiciaire, était
plus grande, comme on le voit, que celle des
ducs eux-mêmes. Mais il ne faut pas confondre le
corps respectable dont nous parlons, avec la masse
de la noblesse, qui, si long-temps, fit parade de
son ignorance, méprisant tout ce qui appartenait
à la science cultivée seulement alors par quelques
hommes supérieurs, passant sa vie à guerroyer
ou à tourmenter ses vassaux, et ne léguant à
l'histoire qu'un nom rarement ennobli par des
vertus, souvent entaché par des vices.

L'ancienne chevalerie, aussi ancienne que la
maison régnante (1), joignait à la science militaire la connaissance des lois, et du siége des
tribunaux passait à la tête des armées. Les chevaliers étaient admis à la table des rois, honneur dont ne jouissaient pas même les fils de
rois, s'ils n'étaient chevaliers. Les chevaliers les
plus puissants, ceux qui conduisaient des gentilshommes sous leur bannière, se nommaient
bannerets; les autres, sans fortune, libres et

(1) *Histoire de Lorraine,* par l'abbé Bexon.

indépendants, cherchant de toutes parts les aventures, se nommaient *bacheliers*. Mais la chevalerie qui fit corps en Lorraine et qui, dans les assises, représentait l'état, fut d'une toute autre nature. Pour être fait chevalier, il suffisait de la noblesse de deux ou trois générations; nul gentilhomme, au contraire, n'eut séance aux assises que sa noblesse ne se perdit dans une origine inconnue. On n'y admettait que les gentilshommes de nom et d'armes, dont les ayeux avaient constamment porté les mêmes armes et conservé le même cri de guerre. Il fallait que la noblesse de cette chevalerie lui fût transmise de ces temps où les nations gothiques donnèrent à leurs chefs et à leurs plus vaillants guerriers le nom de *nobiles*, puisqu'elle paraît si long-temps avant les ennoblissements qui n'ont commencé, en France, que sous Philippe-le-Hardi, et, en Lorraine, sous Jean I.er

Les maisons du Châtelet, de Ligniville, de Lenoncourt et d'Haraucourt, originaires de Lorraine, furent les premières dont on appela les membres à l'honneur de porter le nom de chevaliers. Dans la suite, on y associa des gentilshommes étrangers dont les pères avaient épousé des filles de cette ancienne chevalerie, dans les

7.

rangs de laquelle cent quatre-vingt onze maisons prirent place. Le privilége d'un chevalier était d'être racheté par le duc, lorsqu'il était fait prisonnier, et indemnisé des pertes qu'il avait essuyées durant la guerre, rançons énormes qui épuisaient souvent le trésor.

Afin qu'aucune préoccupation ne vint troubler les chevaliers pendant le temps qu'ils siégeaient aux assises, leurs biens et leurs personnes étaient sous la sauve-garde de l'inviolabilité; nulle justice ne pouvait les atteindre; l'état protégeait ainsi les moments qu'ils consacraient au bien public. Ils jugaient sans plainte ni révision de procès. Les assises se tenaient tous les mois en trois endroits différents : à Nancy, pour la Lorraine proprement dite, à Vaudrevange, pour l'Allemagne, et à Mire-court, pour les Vosges. Les chevaliers se mettaient à leur place sans aucune préséance, et les avocats entraient. L'ouverture du livre était faite par le bailli, et les jugements rendus à la pluralité des voix. Le nombre des juges, à Nancy, était de douze : onze gentilshommes et le bailli qui pré-sidait indistinctement toutes les assises, et ne jugeait que dans les cas de recours et dans les procès d'appel des justices inférieures; il avait le droit de nommer pour échevin ou rapporteur celui des gentilshommes qu'il lui convenait de choisir. Trois chevaliers, se trouvant d'opinion contraire aux autres, pouvaient arrêter jusqu'à deux fois le jugement, qui, la troisième fois, était rendu à la pluralité des voix. Le rapporteur, quoique seul de son avis, pouvait arrêter le jugement une fois en trois. C'était lui qui recueillait les voix, rapportait la sentence au greffier qui, après l'avoir écrite dans le registre, en donnait lecture publiquement. On ne pouvait en appeler des assises de Nancy à aucun autre tribunal. L'avocat le plus habile était celui qui parlait le plus clairement et le plus succinctement. Les jugements étaient sommaires, fondés sur une jurisprudence constante transmise par les anciennes coutumes. Les chevaliers avaient le droit de plaider la cause de leurs amis et celle des pauvres.

Lorsque Charles-le-Téméraire se fût rendu maître de Nancy, il voulut supprimer les assises et créer à leur place un parlement; mais ce projet ne se réalisa pas, et fut aussi éphémère que la puissance usurpée par le duc de Bourgogne.

Louis XIII, devenu, en 1634, possesseur de la Lorraine, remplaça les autres tribunaux par un conseil souverain, sur lequel il réunit toutes les juridictions et toutes les attributions que possédaient auparavant les assises et le tribunal des

Echevins. Charles IV, lui-même, dépossédé de ses états, soit qu'il voulût se venger de sa noblesse qui ne lui avait pas conservé le trône, soit qu'il voulût jouir des faibles restes de sa puissance, supprima les assises et établit un conseil souverain, dont le siége fut long-temps transporté de ville en ville. Ni les réclamations, ni les prières, ni les menaces, ni les démonstrations hostiles de ses chevaliers ne purent le faire revenir de sa détermination, et l'ancien tribunal des assises, qui comptait six cents ans de glorieuse existence, fut aboli, et la chevalerie perdit ses droits, ses priviléges et la puissance qu'elle avait exercée, sans autre récompense que celle de faire le bien, sans autre salaire que l'honneur.

Malgré les éloges, mérités sans doute, donnés par tous les historiens de Lorraine, au tribunal auguste de l'ancienne chevalerie, quel espace immense le sépare encore du tribunal qui porte aujourd'hui le nom des assises. Que la justice y ait été rendue avec intégrité, que le faible y ait été défendu par le puissant, que toute chicane en ait été bannie, le peuple ne devait néanmoins approcher qu'en tremblant de la sellette de l'accusé, lui qui voyait dans ses juges, non pas des hommes comme lui, mais des seigneurs, mais des maîtres ; quelle terreur devait l'assaillir devant ces assemblées de la noblesse dont il était l'esclave. Aujourd'hui le peuple est jugé par ses pairs; sur le banc du jury s'asseoient des hommes comme lui, pris dans son sein, et qui ont intérêt à le défendre comme ils doivent désirer d'être défendus eux-mêmes. Et puis, il est bien difficile de croire que la chevalerie, sortie des premiers rangs de la noblesse, ait jamais apporté beaucoup de soin aux intérêts du peuple, dont elle a été séparée de tout temps. Les assises de la chevalerie, c'est la féodalité avec toutes ses prérogatives; les assises du peuple, c'est la liberté et la justice; d'un côté c'est l'esclavage, de l'autre l'affranchissement.

Avant d'occuper l'hôtel situé sur la Carrière, les assises se tenaient, comme nous l'avons dit, dans une maison de la place des Dames.

Cour souveraine de Lorraine et Barrois.

Nous venons de voir, en parlant des assises, comment ce tribunal perdit la puissance et les prérogatives dont il avait joui pendant six cents ans : l'édit de Louis XIII, du 16 septembre 1634, l'abolit en même temps que celui des Echevins, dont l'origine remontait aussi à une haute ancienneté; un nouveau tribunal, sous le titre de cour souveraine s'éleva à leur place, réunit les deux pouvoirs, et confondit sur les bancs d'une même cour, et la noblesse qui siégeait autrefois aux assises, et les bourgeois revêtus du titre d'échevins. La cour souveraine de Commercy, appelée les Grands-Jours, survécut, comme par miracle, à l'anéantissement des autres tribunaux, et continua, jusqu'en 1720, à exercer sa première juridiction.

Mais le roi de France ne fut pas le seul qui travailla à l'abolition des deux plus vieux tribunaux de Lorraine; Charles IV, dont il avait conquis les états, et qui errait presque en fugitif dans les villes dont le vainquenr ne l'avait pas dépossédé, voulut à son tour promulguer un édit qui supprimât les assises et érigeât une cour souveraine pour les provinces de Lorraine et Barrois. Par ordonnance du 7 mai 1641, il créa cette cour souveraine appelée à connaitre, juger et décider souverainement toutes les affaires civiles et criminelles, dans son duché et dans les terres de son obéissance. Ce tribunal fut composé de deux présidents, de douze conseillers, de deux procureurs-généraux, l'un pour la Lorraine, l'autre pour le Barrois, de deux greffiers et de douze huissiers. Cette cour fut long-temps sans avoir de résidence fixe; elle tint ses séances tan-

tôt à Sierck, tantôt à Vaudrevange, puis à Long-
wy, à Luxembourg, et enfin à Nancy.

Les historiens ne sont pas d'accord sur le
motif qui porta Charles à supprimer les assises.
Etait-ce, de la part de ce prince, une protestation contre les envahissements de Louis XIII;
était-ce une vengeance contre la noblesse qu'il
accusait de ne lui avoir pas conservé la couronne;
était-ce son zèle pour l'administration de la justice, ou bien le désir d'user d'un reste de puissance? Ce qu'il y a de plus probable, c'est qu'en
cachant sa véritable pensée sous le prétexte que
les emplois d'un homme de guerre étaient in-
compatibles avec les fonctions et les lumières d'un
magistrat, Charles n'eut d'autre but, en abolis-
sant l'ancien tribunal de la chevalerie, que de
secouer un joug qui avait si long-temps pesé sur
ses prédécesseurs, et de ne plus dépendre des
assises dans la levée et l'imposition des subsides.
En effet, c'était dans ces assemblées que les souverains demandaient les deniers d'octroi pour
subvenir aux besoins de l'état. Les ecclésiastiques
et le tiers-état s'y trouvaient, il est vrai, avec
les chevaliers, mais ceux-ci, étant toujours les
maitres des réglements et des octrois, les ducs
étaient, pour ainsi dire, en tutelle, sous l'autorité de leurs gentilshommes, qui, pour avoir la

qualité de pères du peuple, devenaient souvent les rivaux du prince, tantôt en réduisant ses demandes, tantôt en s'opposant aux impositions; de sorte que rien ne parut plus important à Charles IV, ni plus avantageux pour l'agrandissement de son autorité, que de supprimer un tribunal où les intérêts de la souveraineté étaient, en quelque manière, soumis à l'arbitrage des vassaux (1).

Le peuple, en voyant enlever un de ses priviléges à la féodalité, applaudit à une mesure qui était toute dans ses intérêts, mais les chevaliers, privés d'un pouvoir héréditaire chez eux, et qu'ils s'étaient habitués à regarder comme un droit, s'élevèrent hautement contre le souverain. L'édit de Charles n'en eut pas moins force de loi. Les mécontents s'assemblèrent à Liverdun et nommèrent des syndics et des procureurs pour agir au nom de tous et suivre le recouvrement de leurs prérogatives. Cette espèce de rébellion n'aboutit qu'à irriter encore davantage le prince. Le baron de Saffre, l'un des principaux moteurs de l'assemblée, fut condamné à quitter les états du duc, dans la huitaine, lui et sa famille, et à vendre toutes ses propriétés, sous peine de con-

(1) *Histoire de Nancy*, par l'abbé Lionnais.

fiscation. Le comte de Ludres et quelques autres seigneurs furent consignés dans leurs châteaux. Les chevaliers ne se rebutèrent pas, et peu de temps après, ils présentèrent, à Bar, une nouvelle requête que le duc rejeta ainsi que celle qui lui fut faite à Paris, à l'époque du mariage du prince Charles, son neveu. De nouvelles réclamations et de nouvelles menaces restèrent encore sans résultat; la cour souveraine fut maintenue, et les assises définitivement supprimées.

Charles, non content d'avoir investi le tribunal qu'il avait créé d'une autorité judiciaire presque sans bornes, voulut, pour s'attacher davantage les magistrats composant la cour souveraine, les élever à une haute illustration. En conséquence, il confirma non-seulement les priviléges accordés par ses prédécesseurs aux gens de son conseil, en les laissant jouir du premier degré de noblesse, mais, regardant comme une contradition manifeste et même honteuse qu'ils fussent soumis à ce premier rang, il leur donna les prérogatives de la haute noblesse et le titre de gentilshommes.

Léopold, en montant sur le trône, tout en rendant aux chevaliers une partie de leur puissance, et les comblant de bienfaits, ne rétablit pas néanmoins les assises. Au contraire, il fit promulguer un grand nombre de déclarations, édits et patentes accordant de nouvelles dignités et de plus grandes faveurs aux membres de la cour souveraine. Une ordonnance de ce prince, fixa ainsi les attributions de cette cour : « Nous plait, y est-il dit, que notre cour souveraine connaisse et juge en dernier ressort et par appel des bailliages et autres juridictions qui y ressortiront nûment, de toutes matières civiles et criminelles, mixtes, réelles, personnelles, de police et autres, de quelle nature elles puissent être. Nous voulons qu'elle connaisse, en cas d'appel de nos bailliages et siéges bailliagers, du crime de fabrication, altération ou exposition de fausse monnaie, lorsqu'elle aura pris connaissance de ces délits avant la chambre des comptes. »

En 1704, Léopold y établit un second avocat-général, et, en 1720, deux nouveaux présidents à mortier, outre les deux qui étaient déjà en fonctions, et un premier président qui fût le chef perpétuel de ce corps auguste.

Parmi les membres qui composaient le tribunal souverain de Lorraine et Barrois, siégeaient, en qualité de conseillers-prélats et de conseillers-chevaliers, plusieurs gentilshommes des premières familles du duché, et des princes même de la maison régnante; Léopold anéantit ces prérogatives, et, par un édit du 2 janvier de la même année 1720, ordonna qu'à l'avenir elles seraient remplies par le grand-maître, le grand-chambellan et le grand-écuyer de la couronne. Lorsque Stanislas fut élevé au trône, il reçut le serment de la cour souveraine et promit de maintenir ses droits, priviléges, lois et usages. Il revêtit, en 1742, des charges dont nous venons de parler, l'évêque diocésain, le primat et le grand-doyen de l'église primatiale de Nancy, auxquels il joignit, vingt-cinq ans plus tard, le grand-prévôt de Saint-Dié.

Après la mort de ce prince, le parlement de Metz renouvela près de Louis XV (1771) la demande, qu'il avait déjà faite, de la réunion à son ressort de la cour souveraine de Lorraine et Barrois. Après bien des contestations, les instances du parlement l'emportèrent sur les réclamations de la cour, et celle-ci lui fut incorporée. On donna pour motifs à cette mesure l'intérêt des justiciables, les inconvénients résultant du mélange et de l'enclave des ressorts respectifs, la multiplicité des affaires et le peu d'étendue de la juridiction du parlement de Metz.

Mais la fusion de ces deux tribunaux ne dura que jusqu'au mois de septembre 1775, que Louis XVI les sépara, en rendant à chacun son autorité. Peu satisfait encore d'avoir réintégré la cour souveraine, ce prince voulut ajouter à cette marque de son affection, une preuve éclatante de sa reconnaissance pour les services que lui avaient rendus ses magistrats et leur fidélité à sa couronne; il confirma pour toujours la cour souveraine de Nancy dans toute l'étendue de juridiction et de ressort qu'elle avait avant 1771, c'est-à-dire avant son incorporation au parlement de Metz; il ordonna qu'à l'avenir elle prendrait le titre et la dénomination de parlement, et que, sous cette qualification, elle jouirait des mêmes honneurs, droits, priviléges, prérogatives, prééminences accordés aux autres parlements. Ce même édit composa la cour souveraine de trois chambres : la grand-chambre, la chambre de Tournelle et la chambre des enquêtes. Les deux offices de conseillers-présidents en cette dernière chambre furent érigés en offices de présidents du parlement, avec les droits et honneurs attachés à cette charge; et on leur adjoignit six substituts du procureur-général.

Long-temps avant que Louis XVI n'eût élevé la cour souveraine à ce degré de pouvoir, Louis XV l'avait investie de tous les attributs qui l'égalaient aux autres puissances judiciaires, déclarant que son projet était d'assimiler cette compagnie à ses autres cours souveraines de parlement.

En 1788, ce corps respectable comptait parmi ses membres tout ce que la province avait de plus illustre par la naissance, les talents, les vertus et les hautes dignités. Trois évêques y siégeaient à côté d'hommes dont quelques-uns des descendants occupent encore aujourd'hui les premières places de la magistrature.

La salle des séances du parlement était tendue avec la magnifique tapisserie trouvée dans la tente du duc de Bourgogne après la défaite de ce prince devant Nancy. Charles IV en avait fait présent à sa cour souveraine.

A l'époque des transformations que subirent les tribunaux en France, la cour souveraine changea de nom; sa juridiction est exercée aujourd'hui par la cour royale et le tribunal de première instance.

Stanislas, dont toutes les actions respirèrent la plus paternelle bienfaisance, avait établi, près de la salle des séances de la cour souveraine, une chambre des consultations, où des avocats, nommés et payés par lui, donnaient gratuitement leurs avis aux pauvres et à tous ceux qui voulaient en appeler des jugements de première instance.

Il y avait aussi un bureau de Miséricorde, fondé pour procurer aux prisonniers les soulagements dont ils avaient besoin, et consulter leurs affaires ainsi que celles des indigents de la province avec les avocats et les procureurs de la miséricorde, qui les plaidaient et les poursuivaient gratuitement dans toutes les juridictions. Ce bureau était composé d'un maître de la confrérie, de deux conseillers qui étaient renouvelés tous les ans, de plusieurs avocats et de deux procureurs.

C'étaient de nobles et philantropiques institutions que cette chambre consultative et cette assemblée de la miséricorde placées auprès du tribunal qui prononçait les sentences. C'était pour l'innocent un gage de salut, et pour le pauvre un certitude d'obtenir protection et justice.

Bailliage et Prévoté de Nancy.

Sous le règne des ducs qui gouvernèrent la Lorraine avant Léopold, la justice était rendue dans la plupart des villes et des bourgades de cette province, par des hommes indignes souvent de la sainteté du ministère dont ils étaient revêtus, et incapables par leur peu de lumières, d'être juges compétents des affaires portées à leur tribunal. Il est vrai que les sentences rendues par eux en matières criminelles ne pouvaient être mises à exécution sans l'avis des échevins de Nancy; mais les procès étaient envoyés à ceux-ci avec les erreurs et les faussetés commises dans l'instruction, et souvent, sans le savoir, l'innocent et le coupable furent confondus dans leurs arrêts. De là naquirent une multitude d'abus et de criantes injustices. Léopold, voué au bonheur de ses peuples, porta d'abord les yeux sur l'administration de la justice, et résolut, autant qu'il était en lui, de réparer le mal commis sous ses prédécesseurs.

Dans bien des villes, il existait deux juridictions, l'une bailliagère et l'autre prévôtale, et toutes deux étaient composées d'officiers nommés à la pluralité des voix, et qui s'occupaient non-seulement de la police, mais encore de la juridiction ordinaire en toutes sortes de matières, quoiqu'ils n'y fussent aucunement versés; et dans d'autres villes, les appellations des jugements rendus par ces officiers, se portaient par-devant trente à quarante bourgeois tirés d'un peuple illétré, agité par les factions populaires, et notoirement incapables de faire les fonctions de judicature et encore moins de s'ériger en tribunal de ressort, Léopold jugea nécessaire d'assembler les personnes les plus éclairées de son conseil, de ses compagnies souveraines et des principaux bailliages de ses états pour examiner les tribunaux existant et prendre les mesures les plus justes pour un établissement solide et uniforme des justices bailliagères et autres subalternes de ses états, pour que la justice y reçût une même application. En conséquence, par un édit, il supprima « tous juges bailliagers, prévôts, gruyers et officiers subalternes, polices, domaines, salines et finances de ses états de Lorraine et Barrois, tabellions, garde-notes de son duché de Lorraine, notaires et garde-notes de son duché de Bar, et établit par cet édit perpétuel et irrévocable, un bailliage en sa ville de Nancy, avec attribution de la justice prévôtale et de la gruerie, suivant l'usage ancien, composé d'un sien conseiller, lieutenant-général, civil et criminel et receveur des consignations, tant de sondit bailliage que de la cour, avec attribution des commissions de saisies, exécution et d'assignations, à l'exclusion de tous autres; d'un lieutenant particulier, de sept autres conseillers, d'un substitut de son procureur-général, pour en faire les fonctions, et conclure ez causes d'audience et procès par écrit; d'un huissier audiencier exploitant, de huit autres huissiers et d'un curateur en titre, tant audit bailliage qu'en sa cour;

» Une prévôté en sa ville de Nancy, compo-sée d'un prévôt avec attribution de tous les droits de commissions, d'assignations (à l'exclusion de tous autres), de saisies, d'exécution, ensemble de tous droits de consignation et de défaut en la justice prévôtale, avec place, en l'hôtel de ladite ville, après l'auditeur de la chambre des comptes; d'un lieutenant de prévôt, avec droit d'exploiter; de six sergents, d'un tabellion-garde-notes, et de vingt-huit autres tabellions. »

Tel est le texte de l'édit par lequel Léopold supprima tous les siéges royaux subsistant dans les pays de son obéissance, et leur substitua un plus grand nombre de siéges ressortissant immé-diatement en ses cours, en ne créant que le nombre d'officiers nécessaires pour y rendre la justice, et en les distribuant de façon que les parties pussent en obtenir commodément et à peu de frais le jugement de leurs contestations. Il créa en outre deux sortes de bailliages, dont les uns, composés d'un plus grand nombre d'of-ficiers, furent placés dans les villes les plus con-sidérables; et les autres, composés d'un plus petit nombre d'officiers, furent établis dans les villes moins considérables; et, pour les villes trop petites pour posséder un bailliage, il créa seulement sept prévôtés qui devaient en tenir lieu. C'est ainsi que le peuple jouit du double avantage de n'avoir que le nombre de degrés de juridictions nécessaire pour que ses affaires fussent mieux jugées, et de ne trouver dans chaque tribunal que des juges intègres et éclairés, en état de lui rendre bonne et prompte justice.

C'est là une des plus grandes améliorations que Léopold apporta dans ses états; les anciens bailliages et prévôtés furent remplacés par les bailliages royaux formés d'hommes choisis par le prince et son conseil, et les deux provinces de la Lorraine et du Barrois furent divisées en trente-cinq bailliages royaux. Dix-huit, parmi lesquels étaient ceux de Nancy, Lunéville, Pont-à-Mousson et Bar, furent composés d'un lieutenant-général, d'un lieutenant particulier, d'un assesseur, de six conseillers, d'un avocat et d'un procureur du roi; les dix-sept autres, parmi lesquels Rosières-aux-Salines, Château-Salins et Nomeny, furent composés d'un lieutenant-général, d'un lieutenant particulier-assesseur, de deux conseillers et de l'avocat procureur du roi. Les sept prévôtés, parmi lesquelles, Badonviller, Sainte-Marie-aux-Mines et Ligny, eurent un prévôt-commissaire-enquêteur et examinateur, un lieutenant particulier et un avocat-procureur du roi.

Les premiers magistrats qui siégèrent au bailliage royal de Nancy créé sous le duc Léopold, par les soins du comte de Carlinford, son ministre, furent M. de Mahuet, baron du Saint-Empire, lieutenant-général civil et criminel du bailliage et receveur des consignations; MM. Rutant, Noirel et Bardin, conseillers; M. Germing, substitut; François Sellier, huissier audiencier, et Remy Godbillot, greffier.

En établissant la juridiction des bailliages, le duc Léopold créa en même temps des priviléges pour les juges appelés à y siéger. Voici quelques passages extraits du recueil des ordonnances publiées par ce prince : « A la charge des baillis est attaché l'honneur d'être chef de la noblesse dans toute l'étendue de leur bailliage dont ils président les assemblées et convocations, les audiences et conseils. Les sentences par eux rendues doivent être intitulées de leurs noms et qualités en leur absence, et prononcées en leur nom, devant eux. Ils ont droit de présider à toutes les assemblées de police et d'Hôtel-de-Ville, soit ordinaires, soit extraordinaires; et dans ces dernières, ils peuvent être remplacés par les lieutenants-généraux de leurs bailliages, quand il ne s'agit que de l'élection des officiers, de la reddition de comptes des villes et de la levée des deniers publics extraordinaires. Le bailli est le premier juge du point d'honneur dans l'étendue de son bailliage, pour appaiser les querelles survenues entre gentilshommes et gens faisant profession d'armes. Il doit tenir la main à l'exécution des sentences et jugements rendus dans son bailliage, et prêter, au besoin, main-forte à la justice; il est autorisé à présenter au prince les sujets capables de remplir les emplois subalternes, et admis à prendre séance au parquet de la cour souveraine. »

Les baillis ne jouissaient d'aucun traitement fixe, tous leurs émoluments dépendaient de quelques droits, inscriptions et amendes, dont le tarif était fixé par les lois. Cette prescription s'étendait à presque tous les officiers des baillages, lieutenant-généraux et particuliers, conseillers et officiers subalternes.

Le lieutenant-général, second degré dans la hiérarchie judiciaire des bailliages, « remplace, dans différents cas, le bailli pendant son absence. Ses autres attributions consistent à appeler les causes dans l'ordre qu'il jugera convenable, sans pouvoir néanmoins en remettre la plaidoierie ou

la renvoyer à une autre audience, devant choisir
de préférence celles qui demandent le plus de
célérité, les élargissements de prisonniers et les
causes de salaires et d'aliments ; la parole et l'autorité lui appartiennent ou à celui qui présidera,
pour interroger les avocats ou les parties, réclamer le silence, régler le temps de se lever pour
aller aux délibérations, et diriger la prononciation dans les termes qui lui paraîtront convenables, sans pouvoir altérer jamais ceux de la
délibération. Il doit traiter les avocats avec douceur et modération, et les contenir dans le res-
pect ; il occupe une place plus élevée que celle
des autres juges, et il prend celle du bailli en
l'absence de ce dernier. Au lieutenant-général
seul appartient la légalisation des actes des notaires et des tabellions, légalisation qui dépend
du prévôt dans tous les lieux où il y a une prévôté ayant juridiction avec le baillage. Le pouvoir
du lieutenant-général s'étend à la police et à la
direction des arts et métiers, à la convocation
des assemblées extraordinaires, à la recette des
consignations, etc., etc.

» Les audiences des baillages se tiennent deux
fois par semaine, et les juges sont tenus d'instruire et juger les procès criminels sans aucun
retard. Ils doivent écouter avec attention le rap-

port des procès. Les voix sont recueillies par le président et les affaires sont décidées à la pluralité des voix, sans qu'aucune soit prépondérante, et, en cas de partage, on admet celle du procureur ou du plus ancien avocat.

» Les juges des bailliages de Nancy, Vosges, Allemagne et Saint-Mihiel ne pourront juger en dernier ressort qu'au nombre de cinq, et dans les autres bailliages au nombre de trois. Les sentences seront signées par tous ceux qui auront rendu le jugement. »

Suivent des instructions sévères sur la nécessité des juges de ne pas s'absenter à peine de privation d'une partie de leurs droits, et qui les soumettent pour les contraventions à la justice de la cour souveraine.

La juridiction des prévôts s'étendait, dans leur prévôté, à la connaissance de toutes les actions personnelles, possessoires, civiles et criminelles entre les roturiers, aux contraventions, réglements et ordonnances de police, et aux contestations survenant pour le fait des termes et des deniers patrimoniaux et d'octroi.

Présidial de Nancy.

L'édit rendu par Louis XV, au mois de juin 1772, et confirmé plus tard par Louis XVI, avait

établi dans les duchés de Lorraine et de Bar plusieurs siéges présidiaux, formés des officiers des
bailliages des mêmes villes, jugeant en matière
criminelle et en dernier ressort des affaires attri-
buées aux bailliages par une ordonnance de 1707,
et en matière civile, en dernier ressort, de toutes
les affaires dont l'objet n'excédait pas la somme
ou la valeur de 1,200 livres en capital ou 48
francs de revenus. Les officiers présidiaux se
réunissaient deux fois par semaine, au nombre
de sept juges. Ce tribunal ne semble être en partie que la continuation des bailliages établis par
le duc Léopold; rien, en effet, ne montre qu'il
y ait eu une grande différence entre ces deux
tribunaux. Louis XVI le confirma par lettres patentes du 12 janvier 1776. Il était composé, à
cette époque, d'un bailli, d'un lieutenant-général civil et criminel, d'un lieutenant-général de
police, d'un lieutenant particulier civil et criminel, d'un assesseur civil et criminel, de huit
conseillers, d'un avocat et d'un procureur du
roi, et d'un avocat, greffier en chef.

Justice consulaire de Lorraine et Barrois.

L'origine de ce tribunal remonte, à proprement parler, au règne du duc Raoul, en 1334.
A cette époque, le commerce naissait à peine en

Lorraine, et tandis qu'en Allemagne la Grande-Hanse s'était déjà formée, nous ne connaissions d'autre commerce que celui des foires. C'était aux fameuses foires de Champagne que se portait tout celui de la Lorraine; on chercha à le ramener dans le pays; les foires de Saint-Nicolas, qui, par la suite, devinrent si considérables, s'établirent. Les marchands se formèrent en confrérie à l'honneur de Saint-Georges. Jean de Maron en fut le premier roi. Quatre élus, tant de Nancy que de Saint-Nicolas, l'aidaient à terminer les affaires sur les réglements simples et courts. Le duc donna à leurs décisions force de loi, et cette assemblée devint le berceau de la justice consulaire en Lorraine. Un édit du mois de novembre 1715, érigea, sous le titre de justice consulaire, ces réunions en tribunal jugeant sans frais et sans délais toutes les affaires de commerce entre marchands, et qui, dit un historien, servirait peut-être de modèle, s'il pouvait arriver que ceux qui ont à rendre la justice pensassent exactement comme ceux qui ont à la demander.

ETATS DE LORRAINE.

Les états de Lorraine, dont il est souvent parlé dans l'histoire de cette province, se tenaient aussi à Nancy, dans le palais des ducs. C'était une assemblée des trois ordres, du clergé, de la noblesse et du tiers-état. Dans l'ordre du clergé entraient les abbés, princes, doyens ou prévôts des chapitres, etc.; dans celui de la noblesse étaient d'abord les gentilshommes de l'ancienne chevalerie, puis les autres gentilshommes possédant fiefs, ayant à leur tête les maréchaux; dans l'ordre du tiers-état étaient compris les conseillers d'état, maîtres des requêtes, présidents et auditeurs de la chambre des comptes, les officiers de judicature, ceux des villes, police, domaines, finances, salines, etc.

Les états s'assemblaient plus ou moins souvent, à la demande du duc, qui seul était en droit de les convoquer. Ils étaient ouverts par une harangue annonçant les intentions, et les réponses faisaient loi. Telle était la forme de législation pour les cas de police intérieure de l'état, sur lesquels le souverain ne jugeait pas à propos de rendre des édits. Toutes réponses ou ordonnances faites aux états, devaient être suivies. Les procureurs-généraux n'avaient pas droit d'en arrêter l'exécution, et chaque gentilhomme pouvait en exiger du secrétaire des copies qui faisaient foi comme les originaux. Ces *articles*, qu'on appelait *griefs*, avaient toujours des abus à réformer ou des réglements à faire pour le bien de l'état et le soulagement ou la décoration de ses membres. Chaque gentilhomme était convoqué aux états par une lettre signée du prince et contresignée par l'un de ses secrétaires. Les articles étant portés au duc, par les députés de l'état, il y répondait comme il lui plaisait, et ses réponses étaient des lois. On proposait aux états divers moyens pour lever les sommes accordées, et ces moyens étaient jugés par les députés du clergé, les gens du duc et le tiers-état, et la distribution des deniers se faisait d'après les ordres du prince.

Porte Royale (*Saint-Nicolas, — du Peuple.*)

Il faut remonter au moins jusqu'au règne de Jean I.ᵉʳ pour donner l'histoire de cette porte. A son origine, elle était placée dans la direction de la rue des Dames, entre cette rue et celle que l'on construisit depuis sous le nom de rue d'Amerval. Elle resta à cette place jusqu'en 1661, époque à laquelle on la descendit en bas de la rue des Maréchaux, à l'extrémité de la Grande-Rue, sous le bastion d'Haussonville. Elle y demeura jusqu'en 1673, que Louis XIV, alors maître de la Lorraine, la descendit en face de la Carrière. Cette nouvelle porte, sous la forme d'un pavillon et défendue par un pont tournant, prit le nom de porte Royale, nom qu'elle conserve encore aujourd'hui, mais que, pendant la révolution, on avait changé en celui de porte du Peuple. Lorsque Léopold établit à Nancy une école de peinture et de sculpture, il la plaça dans les logements situés au-dessus de cette porte. Enfin Stanislas, à qui notre ville doit tant d'embellissements, voulant ériger, à la gloire de son gendre, Louis XV, un monument digne de la reconnaissance qu'il avait pour ce prince, fit démolir l'ancienne porte Royale, et éleva sur ses ruines le superbe arc de triomphe, placé au centre de ce que Nancy possède de plus beau. Quoique le temps et la révolution aient enlevé à cet édifice une partie de ses ornements, il excite néanmoins encore l'admiration des étrangers qui visitent l'ancienne capitale de la Lorraine. Une terrasse assez grande, pavée en pierres de taille jointes par du bitume coulé dans leurs interstices, la surmonte. C'était autrefois une espèce de promenade à laquelle on montait par deux escaliers conduisant, l'un à la rue de la Pépinière et l'autre à la terrasse de ce nom. Ces deux escaliers furent détruits en 1816, M. Benoit étant maire de Nancy.

L'année 1838 doit, dit-on, voir se réaliser un projet qui a pour but de renverser les maisons attenant à la porte Royale du côté de la rue des

Maréchaux, et d'ouvrir une communication entre la Grande-Rue et celle de la Pépinière. Les maisons qui obstruent le dessous de l'arc de triomphe doivent aussi être démolies, et ce beau monument, débarrassé ainsi des constructions sales et obscures qui lui ôtent une grande partie de sa beauté, sera tout-à-fait digne de servir de centre aux deux plus belles places de la ville.

C'est sous cet arc de triomphe que se tiennent, deux fois par an, les expositions ouvertes par la société centrale d'agriculture de Nancy, qui compte dans son sein des botanistes si distingués.

A la description de la place Royale, à l'article de la Ville-Neuve, se rattache celle de la partie de la porte Royale qui lui fait face.

La Pépinière.

Cette immense promenade, plantée de grands arbres, et qui longe le derrière des maisons de la Carrière, est composée d'une terrasse et d'un vaste jardin. Il ne lui manque que de l'air et une perspective plus étendue. C'est encore à Stanislas que nous en sommes redevables, car elle fut construite par un arrêt de son conseil des finances, du 26 avril 1765. A sa place s'élevait autrefois le superbe bastion des Dames, que l'on démolit et dont on combla les fossés. C'est une propriété communale, dont l'existence a déjà été menacée bien souvent, et dont on devait, il n'y a pas très-long-temps encore, couper les arbres, pour établir à leur place un champ de manœuvres. Au mois d'avril 1787, le célèbre Blanchard y donna, pour la première fois, aux habitants de Nancy, le spectacle de l'ascension d'un ballon.

A l'extrémité de la terrasse, là où un escalier tournant conduit à la cour des écuries supplémentaires de la cavalerie, s'élevait autrefois l'ancienne porte Saint-Louis. Voici à quelle occasion elle avait été bâtie : Louis XIII, pendant son séjour à Nancy, lorsqu'il occupa cette ville, en 1633, parcourant les rues avec Charles IV, qui était venu l'y trouver, fut frappé des témoignages d'attachement que ce malheureux prince recevait de ses sujets. Afin d'être paisible possesseur de la ville, il résolut d'isoler la citadelle, par laquelle on entrait alors à Nancy, comme encore aujourd'hui, et fit bâtir la porte Saint-Louis, pour remplacer, de ce côté, la porte qu'il fermait aux habitants. C'est ce que l'on distingue clairement sur quelques anciens plans de la ville. Cette porte a été démolie en 1661, en même temps que les fortifications.

La place de Grève et le Cours d'Orléans.

(*De la Liberté*, — *Bourbon.*)

Les bastions de Salm et de Danemarck occupaient jadis l'espace compris par la place de Grève et le cours d'Orléans, nivelés sur les ruines des remparts et le comblement des fossés qui, à cet endroit, défendaient la ville.

Quoique la place et la promenade qui lui fait suite aient chacune un nom différent, on les confond souvent sous l'appellation unique de place de Grève, allant depuis la porte Neuve jusqu'aux rues des Michottes et de la Vénerie, qui y aboutissent ainsi que celle de la Pépinière, des Maréchaux, Saint-Michel, du Loup et du Champ-d'Asile. Le nom de Grève lui a été donné parce qu'elle servait aux exécutions capitales. Depuis quelques années, un riche propriétaire qui a fait construire un immense bâtiment occupant presque tout un côté de cette place, a obtenu que la guillotine ne s'éleverait plus si près de sa maison, et serait transportée à l'extrémité du cours d'Orléans, dans une espèce de recoin, qui ne permet plus au peuple de se porter en si grande foule à ce dégoûtant spectacle. A cette place qui fut si souvent souillée de sang, un arrêté du coneil municipal a fait élever une jolie fontaine.

Construite à peu près sur le modèle du château d'Eau de Paris, quoique dans des proportions moins grandes, la fontaine de la place de Grève est destinée à conduire l'eau dans une partie des autres fontaines·de la ville. C'est un des plus habiles entrepreneurs de notre ville qui a été chargé de son érection.

Une ordonnance de police, du 2 juin 1799, a établi sur la place de Grève le marché du bois, de la paille et du foin, qui s'y tient à certains jours de la semaine.

Le cours d'Orléans, garni de belles allées d'arbres, forme une promenade agréable, de chaque côté de laquelle sont de jolies maisons.

Porte Neuve.
(*De Saint-Louis*, — *Stainville*, — *de la Liberté*.)

Cette porte a été construite, en 1785, d'après les ordres du maréchal de Stainville, alors gouverneur de la Lorraine, pour célébrer la naissance du Dauphin et l'alliance de la France avec les Etats-Unis; on l'appela porte Saint-Louis. Les Lorrains, reconnaissants des bienfaits de M. de Stainville, voulaient qu'une inscription gravée sur le fronton de cette porte, en perpétuât le souvenir; elle portait ces mots :

Tandis que Louis assurait à l'Europe la liberté des mers;
    Qu'il donnait à la France un dauphin et la paix aux
                    deux mondes;
    La Lorraine reconnaissante éleva cette porte,
    Qu'elle appela Stainville, du nom de son bienfaiteur.

Mais M. de Stainville refusa un hommage si flatteur, et une exergue latine, rappelant l'année de la naissance du dauphin et la paix cimentée par son père, fut gravée dans un médaillon de marbre noir placé sur le fronton de la porte, du côté de la place de Grève.

L'architecture de la porte Neuve, quoique peu élégante pour l'époque où l'on en traça le plan, n'est pas tout-à-fait dépourvue de grâce. On remarque, à l'extérieur, deux très-jolis bas-reliefs, dont un représente la bataille de Nancy, sculptée par le célèbre Schunken. Les armes de Stainville et l'inscription dédicatoire disparurent en 1791 de cette porte qui, un an auparavant, avait été témoin d'un des plus sanglants épisodes de la funeste journée du 31 août, dont nous parlerons plus tard.

Voilà le dernier monument que renferme l'enceinte de la Ville-Vieille dont nous terminerons l'histoire en donnant un extrait de l'arrêté du conseil-général de la commune, du 17 septembre

1791, concernant les noms des rues et des places
de Nancy :

« Le conseil-général de la commune, consi-
» dérant que plusieurs rues de cette ville ont
» des noms de choses qui n'existent plus et dont
» il est important d'effacer le souvenir, parce qu'ils
» rappellent des regrets à quelques personnes,
» et à tous les événements inséparables d'une ré-
» volution, considérant qu'il est intéressant d'y
» substituer des noms analogues à la constitution
» sur laquelle reposera désormais le bonheur des
» Français, ou des noms qui perpétuent la mé-
» moire des grands hommes ; qu'il est même con-
» venable de donner aux rues les plus belles et
» les plus fréquentées les principales dénomi-
» nations que le régime actuel a consacrées, a
» délibéré, après avoir ouï le rapport des com-
» missaires et le substitut du procureur de la
» commune, que les rues, places et portes dont
» l'état est ci-joint, seront désignées à l'avenir
» sous les noms suivants :

» La porte Stainville sera appelée porte de la
» Liberté, et les ci-devant armes de Choiseul en
» seront effacées et remplacées par un faisceau
» surmonté du bonnet de la Liberté. La nouvelle
» route de Metz, hors de cette porte, s'appellera

» rue de la Liberté, et la promenade plantée
» d'arbres, entre cette porte et la nouvelle place
» de Grève, s'appellera aussi cours de la Liberté.

» La rue du Haut-Bourgeois prendra le nom
» de rue de l'Egalité, celle du Petit-Bourgeois
» s'appellera petite rue Saint-Pierre; la rue des
» Dames-Prêcheresses sera la rue d'Helvétius,
» philosophe bienfaisant dans sa vie privée, et
» qui, dans ses écrits, a dépeint l'homme tel
» que la nature l'a fait et tel que la société doit
» le trouver.

» La petite rue de passage entre les places des
» Dames et de Saint-Epvre, s'appellera rue de
» l'Union; la rue du Four-Sacré, rue de la
» Concorde; la rue Derrière-les-Cordeliers, Im-
» passe de l'Opéra; la rue des Comptes, rue de
» Callot, fameux graveur de Nancy, renommé
» dans toute l'Europe, et qui aima mieux refu-
» ser Louis XIII que de prêter son burin à un
» événement désagréable à son pays et à son
» prince. La nouvelle rue qui conduit de la place
» de Grève au-dessus de la porte Royale, prendra
» le nom de Bénézet, qui, éloigné de la France
» par la persécution, a porté ailleurs l'esprit et le
» goût de la liberté, en sacrifiant même sa fortune
» à l'affranchissement et à la dotation des nègres. »

FAUBOURG DE LA VILLE-VIEILLE. — LES TROIS-MAISONS.
(*Saint-Dizier*, — *Faubourg de la République*.)

L'espace compris depuis le côté droit du faubourg Stanislas jusqu'au pont de Malzéville, forme ce que nous appellerons le faubourg de la Ville-Vieille, divisé en quatre parties ayant différents noms : les Trois-Maisons, le Crône, Boudonville et la Côte de Toul.

Long-temps avant que Nancy n'existât, un bourg, appelé Saint-Dizier, selon quelques historiens, et Boudonville, selon d'autres, occupait l'emplacement des Trois-Maisons. A en juger par son étendue, sa population devait être assez considérable, et son importance plus grande que celle de la ville dont il est devenu un des faubourgs, car il occupait une partie des rues qui ont été renfermées depuis dans la Ville-Vieille. Dom Calmet rapporte que l'empereur Othon, dans la confirmation qu'il fit de l'abbaye de Bouxières-aux-Dames, en 963, y exprime la chapelle de Boudonville, dédiée à saint Dizier (*capellam Bodonis villæ dicatam in honore sancti Desiderii*). En 1597, lorsqu'une armée de 40,000 Allemands envahit la Lorraine, Charles III fit détruire ce faubourg, qui rendait inutiles, en partie, les fortifications de Nancy. Mais, cette précaution fut superflue, car les ennemis, qui avaient passé le Madon, près du Pont Saint-Vincent, y furent, comme on sait, taillés en pièces par le duc de Guise. De Saint-Dizier, il ne resta debout que trois maisons, qui donnèrent leur nom à la portion du faubourg située à l'extrémité du pont Notre-Dame.

C'est dans le faubourg des Trois-Maisons qu'est situé le cimetière de ce nom, dépendant de la paroisse Saint-Epvre. Nancy renferma long-temps trois cimetières dans l'enceinte de ses murs; c'étaient le cimetière Saint-Georges, voisin de la collégiale qui occupait l'emplacement de la petite place Carrière, et qui servait de sépulture aux gens de la cour, et à tous ceux à qui on accordait, par privilége, d'y être inhumés. Ce cimetière subsista jusqu'en 1742. Celui du prieuré Notre-Dame, que le duc Thierry obtint pour les religieux, en 1145, occupait à peu près la moitié de la rue des Morts, et dépendait des deux paroisses de la Ville-Vieille. Mais les habitants s'étant multipliés, on en établit un plus vaste hors des murs, à l'endroit où sont aujourd'hui l'église et le cimetière de Boudonville. Ce dernier, à cause de son éloignement, ne servait que pendant l'été. Enfin, il y avait encore le cimetière du Terreau, près de l'arsenal, sur les démolitions duquel on a nivelé la nouvelle rue du

Loup. L'abolition de ces cimetières date de la fin de l'épiscopat de M. Drouas, dernier évêque de Toul ; ils furent tous réunis dans le cimetière des Trois-Maisons, situé à gauche de la rue qui, de ce faubourg, conduit à la route de Metz. Un grand nombre de jolis mausolées le décorent.

Le Crône, situé à droite des Trois-Maisons, est un petit port sur la rivière de la Meurthe, à peu de distance du pont de Malzéville. C'est le duc Henri II qui le fit construire, sous le nom de Grue, pour servir à la commodité des relations commerciales entre Metz et Nancy. Il tire son nom d'une machine que les Allemands appellent Krant, servant à charger les marchandises sur les bateaux. Le pont de Malzéville, qui réunit le faubourg des Trois-Maisons au village de Malzéville, a été construit, en 1498, sous le règne de René II.

Boudonville est la partie la plus ancienne de Saint-Dizier, comme elle en est la plus belle et la plus pittoresque. De tous côtés on y voit de jolies maisons de campagne entourées de bosquets et de jardins, qui présentent le plus riant aspect. On y remarque Auxonne, où, dit poétiquement un écrivain, les nymphes des bois, des jardins et des eaux ont établi leur empire, et

qu'habitèrent Nicolas Antoine, trésorier de Lorraine, et un descendant de la famille du bienheureux Pierre Fourier, mort en 1640. Vis-à-vis
Auxonne était une propriété érigée en fief par
Stanislas, en 1764, où deux académiciens, le
procureur-général Thibaut et l'abbé de Bonne-
ville, venaient se reposer de leurs travaux; la
Calaine, qui appartint long-temps à l'abbé
Lionnais, le modeste et savant historien de
Nancy. Plus bas, sur le ruisseau de Boudonville, est un ancien moulin communal, qui existait déjà en 1355, et qui était sujet à une rede-
vance à perpétuité de 6 resaux de moulure au
chapelain de la chapelle de Laxou. Sur la côte
escarpée et boisée de Sainte-Catherine, était autrefois une carrière de marbre jaspé. Au haut de
Boudonville, est la Croix-Gagnée, ancien pélerinage, où le peuple de Nancy se rendait proces-
sionnellement à une certaine époque de l'année,
et qui est maintenant le but d'un grand nombre
de promeneurs. Sur une table en pierre, de deux
pieds et demi de hauteur, est placée une colonne
de sept à huit pieds environ, sur le chapiteau
de laquelle est une niche en forme de dôme,
couvrant une croix ornée d'un Christ, et de
chaque côté les figures de la Vierge, de Saint-
Jean, de la Madelaine, de Saint-Jacques et de

Sainte-Apolline. On lit, sur une lame de bronze, ces vers gravés en lettres gothiques, que le temps a rendu presque indéchiffrables :

Passants, voyez ce sainct signe admirable,
Où Christ souffrit passion merveillable,
Cruelle mort, cloué par piedz et mains,
Pour rachapter et sauver les humains ;
Et pour donner à dévotion lustre,
En ce dict lieu, très-puissant, très-illustre,
Très-révérend père en Dieu cardinal
De Honufrien, nommé en général
Très-vertueux Cardinal de Lorraine,
A relaxé cent jours d'endurer peine
En purgatoire à ceulx qui passerout
Par cy-devant, et humblement diront
Le *Pate-Noste* et l'*Ave-Maria*,
Se sont cent jours de pardon qu'il y a.

Combien de ceux qui font le pélerinage de la Croix-Gagnée, en reviennent-ils avec cette indulgence! Le cardinal de Honufrien dont parle cette inscription, est Jean de Lorraine, cardinal du titre de Saint-Onufre, fils du duc René II et de Philippe de Gueldres. Il fit élever ce monument en actions de grâces de la victoire que le duc Antoine, son frère, remporta, en 1525, sur les Luthériens d'Allemagne qui avaient envahi la la Lorraine, pour y établir leur hérésie.

Dans une vigne entourée de murs, située vis-à-vis la Croix-Gagnée, est un monument qui re-

produit presque entièrement en petit celui dont
nous venons de parler; quel événement se rattache à son existence, on l'ignore : peut-être est-
ce une amante qui vint y pleurer celui qu'elle
aimait, ou une mère qui en orna le tombeau
de son enfant?

Un peu plus loin, et à côté de la côte Sainte-
Catherine, est celle de Butgnémont, sur laquelle
Louis XIII établit une batterie formidable, lors-
qu'il vint assiéger Nancy, en 1633. Il y a une
belle maison de plaisance qui fut bâtie par Jean
Mouzin, médecin des ducs Charles III et Henri
II, et qui y mourut en 1645. Butgnémont fut
érigé en fief, en 1736, en faveur du célèbre pro-
cureur-général de Lorraine, M. Toussaint de
Viray, qui en était propriétaire.

L'église Saint-Fiacre, située au centre du faubourg de Boudonville, fut bâtie, en 1719, dans
l'endroit même où était auparavant la chapelle
et le cimetière de Saint-Dizier. Cette église fut
d'abord unie à la paroisse Notre-Dame, dont elle
était comme l'annexe, et administrée par un
prêtre de la maison de l'Oratoire de Nancy.
Mais les prêtres de cette congrégation étant devenus plus rares, le curé de Notre-Dame fit des-
servir la paroisse de Boudonville par un prêtre
séculier, jusqu'en 1771, époque à laquelle M.

Drouas, évêque de Toul, sur la demande des paroissiens, l'érigea en cure, le 5 mai, et y nomma pour pasteur M. Mollevaut, qui la régit jusqu'en 1791, qu'elle fut fermée. Après la révolution, elle a repris le titre de cure.

L'hospice Saint-Fiacre (de la Liberté), situé près de la succursale, destiné au soulagement des malades et à l'enseignement des enfants du faubourg, doit son existence à M. de Ravinel, chanoine de la Primatiale (1777). Mais les fonds donnés pour l'établissement de cet hospice ayant été réunis à ceux de la ville, recueillis pour le même usage, la maison de Saint-Fiacre est devenue une maison de visite pour les malades et une école gratuite, confiées à une sœur de la congrégation de Saint-Charles.

A l'extrémité supérieure de Boudonville est la source de la Tuillote, qui fournit de l'eau à la fontaine de la place de Grève et à la plupart de celles de la ville.

Sur le penchant de la côte de Butgnémont est la côte des Chanoines, si renommée par ses vins, et à laquelle les chanoines de Nancy, qui en étaient les décimateurs, ont donné leur nom. On y trouve plusieurs belles maisons de campagne : Procheville, érigé en fief en faveur de

9. *

Pascal Marcol, prévôt de Nancy; le Verbois et
la Côte; Notre-dame-des-Anges, première demeure des Tiercelins de Nancy, qui y avaient un
petit oratoire; Saint-Joseph, ancienne maison de
récréation des Oratoriens, rebâti en 1749 par le
père Nouguez, et qui appartint depuis à un reclus; Turique, fief érigé, en 1660, par Charles
IV, en faveur de François Remy. Ce beau domaine, qui devint la propriété d'un des plus
riches israëlites de notre ville, sert aujourd'hui de
retraite aux filles repenties, sous la direction de
trois religieuses, qui s'y sont établies, il y a environ deux ans.

Là s'arrête le faubourg de la Ville-Vieille
qui n'a guère conservé de ses anciennes constructions, mais qui voit chaque jour s'élever sur
ses côteaux de gracieuses maisons de campagne,
qui, se multipliant ainsi quelques années encore,
réuniront, par une espèce de grande rue, le faubourg Stanislas et les Trois-Maisons.

C'est ici que finit l'histoire de la Ville-
Vieille, que nous avons essayé de rendre aussi
complète qu'il nous a été possible, en y ratta-
chant les souvenirs que nous avons recueillis dans
les livres des écrivains les plus dignes de foi et
ceux que quelques hommes éclairés ont bien voulu
nous confier. Mais à côté de cette histoire, toute

matérielle, si l'on peut s'exprimer ainsi, il en est
une autre bien plus précieuse, et que la plupart des historiens semblent avoir négligée, nous
voulons parler de l'histoire des mœurs et de la
civilisation des premiers habitants de cette ville
qui, baptisée à sa naissance d'un nom qui révèle sa misérable origine, (1), devint la capitale d'une des provinces les plus puissantes du
royaume.

L'histoire de Nancy peut, selon nous, se divi-
ser en deux grandes périodes distinctes, la première, que nous appellerons la période guerrière,
commence à la fondation de la ville, et s'arrête
à la fin du règne de René II; la seconde, que
nous nommerons la période de paix et de civilisation, comprend les temps écoulés depuis l'avènement de Charles III jusqu'à nos jours. En
effet, de ce prince date pour Nancy une ère
nouvelle; une seconde ville s'élève près de l'ancienne, se peuple d'une partie des habitants de
la cité primitive, à qui elle emprunte sa gloire
militaire pour la couronner plus tard des lauriers
des arts, et lui faire partager les bienfaits de sa
civilisation. La Ville-Vieille est la forteresse char-

(1) Nancy vient du mot celtique *Nant*, qui signifie mare
ou marais, à cause des marais qui environnaient autrefois
la ville.

gée de protéger la ville nouvelle contre les attaques
de leurs communs ennemis.

On nous blâmera peut-être d'appeler période
de paix celle qui a suivi le règne de René II; les
malheurs de Nancy et son occupation sous
Charles IV, renouvelèrent, en quelque sorte, il
est vrai, les maux dont cette ville avait été le
théâtre, lors des agressions du duc de Bourgogne; mais le calme qui succéda à ces tempêtes
passagères les fit oublier, et le bonheur dont
jouit Nancy sous les successeurs de ce prince,
effaça le triste souvenir des calamités qui avaient
passé sur elle; tandis que depuis les premiers âges
de cette ville jusqu'à René, ce ne fut qu'un
combat perpétuel, un long drame de sang et de
malheurs dont la mort de Charles-le-Téméraire
fut le glorieux dénoûment.

Pour bien faire comprendre quel fut le caractère des premiers habitants de la ville dont nous
écrivons l'histoire, jetons un coup-d'œil rapide
sur ce dixième siècle, pendant lequel la Lorraine, déclarée indépendante, commença à
prendre place parmi les provinces qui n'obéis-
saient qu'à leurs chefs et ne se soumettaient qu'aux
lois qu'elles s'étaient faites elles-mêmes.

Presque toute l'Europe était féodale alors, c'est-
à-dire que le peuple faible et opprimé ne con-

naissait d'autres droits que ceux dont ses maîtres avaient consenti à ne pas le déshériter. Il marchait en esclave sous la verge de fer qui le frappait sans relâche. Mais ses maîtres n'étaient guère plus heureux que lui, ayant à lutter sans cesse contre l'ambition de leurs voisins. Pendant que Gérard d'Alsace, premier duc héréditaire essayait de consolider en Lorraine la puissance incertaine dont il venait d'être revêtu, d'autres révolutions s'accomplissaient dans le reste de la France. Chaque petit souverain, voulant étendre ses conquêtes, était sans cesse en armes contre les autres souverains; chaque peuple, insatiable de puissance, cherchait à s'agrandir aux dépens des autres peuples. Les Normands, trouvant le sol de la France trop étroit pour rassasier leur avidité, venaient de faire invasion sur l'Angleterre, l'Espagne, l'Egypte et la Grèce. La guerre était le seul droit, la victoire la seule justice. L'épée encore sanglante rentrait dans le foureau, et le manteau de pourpre, signe d'une nouvelle autorité, recouvrait la cuirasse; car le conquérant conservait toujours son harnais de bataille sous son vêtement, même le plus splendide; toujours il se tenait en garde contre le peuple récemment subjugué.

Et ces luttes engagées d'abord de nation à

nation, de peuplade à peuplade, se renouvelèrent ensuite entre les villes. Il n'y eut pas un
coin du territoire qui ne devînt un champ clos,
où descendaient tous ceux que l'ambition pous-
sait à disputer aux autres un lambeau de cette
puissance qu'ils n'achetaient qu'au prix de leur
sang, et qui ne leur appartenait souvent qu'un
jour.

C'est dans ces temps malheureux que Nancy
commence à paraître ; son berceau, ballotté sans
cesse par les tourmentes civiles, n'échappa que
par miracle à la tempête. La Lorraine comptait
déjà des villes anciennes et importantes : Metz
et Toul, qui réunissaient à la fois la puissance
guerrière et la puissance religieuse, et qui, fières
de cette souveraineté, ne voulaient pas avoir de
rivales. Aussi l'on comprend que Nancy, tout
récemment choisie par les successeurs de Gérard
d'Alsace pour être la capitale de leurs états,
eut de terribles luttes à soutenir, pour survivre
à sa naissance. L'instinct de leur conservation
autant que l'esprit guerrier qui soufflait de toutes
parts, fit de ses habitants moins un peuple de
bourgeois qu'un peuple de soldats. Les ducs, pour
s'attacher leurs sujets avaient imaginé de les
déclarer libres, tout en mettant des bornes étroites

à cette liberté, et ceux-ci combattaient à la fois pour le trône de leur souverain et pour leur propre indépendance.

Au milieu de ces combats continuels, les arts et l'industrie leur restèrent inconnus; les arts qui adoucissent les mœurs et l'industrie qui rend les cités florissantes. Ils n'eurent d'autre commerce que celui qui était indispensable à leur subsistance journalière. Le luxe et les douceurs de la civilisation n'avaient pu s'introduire chez eux, ils aimaient autant rester pauvres qu'amasser des richesses qui, d'un instant à l'autre, pouvaient devenir la proie des vainqueurs. Et comme leurs mœurs étaient toutes guerrières, leur costume dut porter l'empreinte de leurs habitudes et s'accorder avec leur genre de vie. Il est probable aussi que, peu soucieux de la pureté du langage, ils ne s'occupèrent pas de modifier l'idiôme, assez barbare, qu'avait dû leur faire prendre un contact perpétuel, d'un côté avec la France, de l'autre avec l'Allemagne.

René I.er, peintre et poëte, avait cherché à introduire le goût des arts dans sa capitale; les guerres qu'il eut à soutenir pour défendre sa couronne, ne lui laissèrent pas le temps d'accomplir l'œuvre qu'il avait commencée. Mais à défaut d'artistes dans leurs états, les ducs appe-

lèrent près d'eux les artistes étrangers, qui décorèrent Nancy de quelques rares chefs-d'œuvre.

Ce que nous avons dit des anciens tribunaux
peut donner une idée de la manière dont la
justice était rendue en Lorraine; nous ne re-
viendrons pas sur un sujet que nous avons dé-
veloppé autant qu'il nous a été possible de le
faire.

Mais à côté de l'esprit guerrier qui dominait
alors, nous voyons la religion prendre une place
importante, et, armée de ses saintes et antiques
croyances, lutter contre la barbarie de ces siècles.
La religion cependant fut loin d'être la protec-
trice du pauvre, car la puissance qu'elle enlevait
aux souverains était tout entière pour elle, et,
conservant les richesses qu'elle entassait, elle
dédaigna presque toujours de les répandre en
bienfaits sur le peuple. Aussi, si notre tâche ne
se bornait pas à l'histoire d'une ville en particulier, nous pourrions chercher à découvrir si
alors la religion était populaire, ou si elle n'était
pas elle-même une seconde féodalité qui, loin
de prêcher la liberté, ne voulait que resserrer
encore les chaînes de l'esclavage; nous pourrions
montrer peut-être que la religion de cette époque
n'était que l'orgueil des grands, et le pouvoir
des faibles. Quoiqu'il en soit, Nancy, dans ses

premiers temps, nous offre l'exemple d'une ville riche en fondations religieuses. Quand ses rues ne sont encore que sombres et étroites, quand la plupart de ses constructions ne révèlent aucune connaissance de l'architecture, enfin quand son enceinte est trop resserrée pour le nombre de ses habitants, nous voyons s'élever de toutes parts des monuments à la gloire de la religion. Saint-Georges, Saint-Epvre, l'église des Prêcheresses, Notre-Dame, Saint-Michel et les Cordeliers, dominent de leurs tours et de leurs clochers les toits des maisons, et donnent à Nancy l'aspect d'une ville toute religieuse ; les arts trouvent des inspirations pour embellir les édifices religieux et décorer leur intérieur de tableaux et de sculptures.

On ne doit pas s'étonner de cette alliance étrange de l'esprit guerrier et de l'esprit religieux, lorsqu'on voit les souverains en donner l'exemple à leurs peuples, courber humblement le front sous l'anathême d'un évêque, et déposer l'épée, la couronne et le manteau ducal, pour couvrir leurs épaules du camail des chanoines. La France entière ne nous offre-t-elle pas le même spectacle ? n'est-ce pas dans ces temps qu'à la voix d'un prêtre, les grands vassaux, si long-temps ennemis, se réunirent pour marcher ensemble, la

croix en tête et l'oriflamme à la main, pour défendre le tombeau du Christ et porter la déso-
lation dans les provinces de l'Orient. A la religion s'unissait un mélange de crainte et de superstition, transmises par les croyances d'un
autre âge, et que la civilisation n'était pas encore venu dépouiller du fond de la religion même.

Ainsi, jusqu'au règne de René II, époque à
laquelle nous nous arrêtons, le progrès resta
bien stationnaire. A part quelques rares excep-
tions, nous ne voyons aucun nom célèbre sorti
du sein de cette ville qui devait un jour pro-
duire de si brillantes illustrations en tous genres.
Mais si nos pères ne nous ont pas transmis les
éléments de cette civilisation si développée aujourd'hui parmi nous, du moins ils nous ont
légué une gloire militaire sans tache. La Ville-
Vieille fut la mère de notre cité; elle la défendit
avec courage et acharnement et lui donna de
nobles exemples à suivre : si jamais la poésie
voulait la représenter sous une figure allégorique,
elle devrait la montrer sous les traits d'une femme
armée de pied en cap, se tenant debout nuit et
jour sur un pan de muraille.

La première période de l'existence de Nancy
n'offre, comme on le voit, aucun caractère qui
lui soit propre; plus tard, et quand nous au-

rons tracé l'histoire de la seconde période, nous
verrons que bien peu de villes ont marché aussi
rapidement vers leur civilisation; nous verrons
ce peuple barbare d'abord, se policer et prendre
d'autres mœurs, nous verrons la ville guerrière
devenir le centre des arts et de l'industrie.

Les monuments, quelque inébranlables que
soient leurs fondations, ne résistent pas aux ravages du temps et aux atteintes de la destruction; l'impiété renverse les édifices religieux, le
vandalisme foule aux pieds les chefs-d'œuvre des
arts; les monuments changent de destination;
les besoins d'une époque ne sont plus ceux de
l'époque qui l'a précédée; la paix succède à la
guerre, et le commerce établit ses comptoirs sur
les ruines des tours ou des forteresses devenues
inutiles. Mais les progrès de la civilisation se
transmettent d'âge en âge, et, quand un siècle
meurt, il lègue au siècle qui le remplace une
part des bienfaits dont l'a doté la génération qui
n'est plus. Ou si, durant quelques heures de
bouleversement, de troubles ou de calamités
publiques, la civilisation s'arrête, c'est pour re-
commencer bientôt après à marcher à pas de
géants vers le but qui lui est assigné : le bonheur
des peuples.

LA VILLE-NEUVE.

Non inultus premor.
Qui s'y frotte s'y pique.

Nous voici arrivés à la seconde partie de l'Histoire de Nancy, à la Ville-Neuve. Ce ne sera plus seulement des ruines que nous aurons à interroger, la plupart des monuments dont nous parlerons sont encore debout; ce n'est plus au milieu d'une nature morte que nous allons vivre, mais au milieu d'une nature animée, au sein d'une ville sur laquelle ont passé deux siècles et demi de civilisation.

C'est à Charles III, le protecteur des sciences et des arts, le Mécène de la Lorraine, qu'appartient la gloire d'avoir jeté les premiers fondements de la seconde et de la plus belle partie de la ville que nous habitons. Les Nancéïens, reconnaissants, voulaient que la Ville-Neuve s'appelât Charleville; mais le duc s'y opposa.

Les historiens, rarement d'accord lorsqu'il

10.

s'agit de préciser les époques, ont placé l'ori--gine de la Ville-Neuve à diverses années. Dom Calmet lui assigne la date de 1604, et l'abbé Lionnais celle de 1588. On conçoit que Dom Calmet, plus occupé d'écrire l'histoire de la province entière que cell· d'une ville en particulier, n'ait parlé de la Ville-Neuve qu'à l'époque où la plus grande partie des plans avaient été déjà mis à exécution. Des actes authentiques, déposés au trésor des chartres, semblent prouver que ces deux historiens ont été plus ou moins induits en erreur. En effet, le plan de la ville et de ses fortifications, les procès-verbaux d'arpentage, d'estimation et de distribution des terrains à bâtir sont tous datés de 1590, et ne doivent laisser aucun doute sur l'époque précise de cette fondation. Le terrain sur lequel est bâtie la Ville-Neuve, était encore, en 1588, presque entièrement occupé par une prairie, dont la majeure partie était la propriété des Dames-Prêcheresses de la Ville-Vieille.

Le célèbre Orphée de Galéan qui avait présidé à la reconstruction des fortifications de la Ville-Vieille, jeta le plan de celles de la Ville-Neuve, qui devaient faire suite aux anciennes. Elles furent commencées en 1603. Nicolas Marchal, ingénieur, originaire de Saint-Mihiel, traita le

20 décembre, et se chargea de les construire, moyennant quatorze cent mille francs barrois (1). Les portes ne furent construites qu'en 1608. De ces fortifications, démolies puis relevées en 1671, et qui ont passé pour les plus belles de l'Europe, il ne reste que les portes et les vestiges d'un bastion entre les deux villes. Le traité de Riswick, qui rendit à Léopold ses états, stipula la démolition des fortifications, à l'exception des portes. Depuis cette époque, Nancy ne fut plus entourée que d'une simple muraille, qui coûta 150,000 francs levés par impôt sur toutes les villes de la province.

Pour faciliter le commerce entre Nancy et les environs, Charles III s'occupa des routes qui y aboutissaient; il les fit élargir et restaurer avec soin, pendant qu'il faisait paver les rues de la ville.

Mais le prince, fondateur de la Ville-Neuve, n'eut pas la consolation de voir l'œuvre qu'il avait commencée, terminée entièrement; il légua ce soin à Henri II, son fils et son successeur. Sous ce règne, les portes Saint-Nicolas, Saint-Georges et Saint-Jean s'élevèrent, le collége des jésuites fut fondé, ainsi que quelques autres mai-

(1) M. Duplessis, dans son histoire de Lorraine, dit qu'elles coûtèrent 3 à 4 millions d'or.

sons religieuses des deux sexes, et les grandes
boucheries s'établirent. Henri II, avant de fermer
les yeux, put contempler dans toute sa splendeur la ville, qui, ayant commencé à naître sous
son prédécesseur, devint, grâce à lui, une des
plus belles et des plus fortes places de l'Europe.
« Capitale de la Lorraine et du Barrois, résidence
» de ducs royaux qui, n'étant vassaux de la
» France, ni de l'Allemagne, ne relevaient que
» de Dieu et de leur épée, Nancy renfermait, à
» côté d'une noblesse illustre, vertueuse et jus-
» tement considérée, une bourgeoisie laborieuse
» et intelligente. La religion et les mœurs y bril-
» laient du plus pur éclat; les arts y étaient cul-
» tivés avec ardeur; l'industrie s'y développait
» dans une foule de manufactures. Au dedans,
» on admirait les rues tirées au cordeau, chose
» encore si peu commune à cette époque; au
» dehors, quatorze bastions gigantesques, déco-
» rés d'ornements en sculpture et liés par de
» longues courtines, formaient la ligne de son
» enceinte, que protégeaient des ouvrages avan-
» cés. » (1)

Sous le règne du successeur de Henri II,
Nancy devait descendre du faîte des grandeurs

(1) *Nancy*, par M. Guerrier de Dumast.

où elle avait si rapidement monté; les événements funestes qui avaient fait de la Ville-Vieille la conquête de Charles-le-Téméraire, allaient se renouveler pour la Ville-Neuve, et avoir pour la ville entière des suites bien autrement malheureuses. Tirons le voile sur ces temps de triste mémoire où Nancy, soumise par la trahison plutôt que par la force des armes, perdit en un jour la liberté et l'indépendance qu'elle avait autrefois conquises au prix de son sang. L'impolitique de Charles IV, sa manie de la guerre, ayant attiré contre lui l'inimitié de la France, Louis XIII, agissant moins par lui-même que par les conseils de Richelieu, envahit la Lorraine à la tête d'une armée puissante, et livrée par ruse, Nancy, malgré l'héroïsme de la princesse de Phalsbourg, fut obligée d'ouvrir ses portes au vainqueur, qui y fit son entrée triomphale le 25 septembre 1633, au milieu des larmes et des gémissements des habitants qui, en présence du roi, ne craignirent pas de manifester leur attachement au duc, pour la défense duquel ils n'avaient pu mourir. En la quittant le 1.er octobre suivant, Louis XIII y laissa 8,000 hommes de garnison, sous les ordres de M. de Brissac. Revenu à des sentiments plus pacifiques, le roi de France, par

le traité de Saint-Germain, du mois de mars
1641, rendit à Charles IV ses états, mais à des
conditions si onéreuses et si humiliantes à la fois
que celui-ci ne put les accepter. Sa protestation
du 23 avril, celle du duc Nicolas François, son
frère, irritèrent Louis XIII, qui se ressaisit de la
Lorraine, qu'il occupa jusqu'en 1642. L'année
suivante, Louis XIV devint, par succession, possesseur de cette province. Charles IV continuait à
armer et à demander des secours pour reconqué-
rir l'héritage de ses pères. Devenu suspect à la
cour d'Espagne, on s'assura de sa personne à
Bruxelles, le 25 février 1654, il fut conduit
en Espagne, et enfermé prisonnier dans le château de Tolède, d'où il ne sortit qu'en 1659.
Les traités des Pyrénées et de Vincennes lui
rendirent ses états, mais à la condition expresse
que les fortifications de Nancy seraient démolies,
et que toute l'artillerie que renfermait cette ville
serait conduite à Metz. Le traité signé à Marsal,
en 1633, lui permit seulement, comme nous
l'avons dit, d'entourer d'un mur la capitale de
ses états.

Nancy revit enfin le prince qu'elle avait tant
pleuré et pour le salut duquel elle avait adressé
au ciel de si ferventes prières. Le 26 septembre
Charles IV fit, par la porte Saint-Nicolas, sa

rentrée dans ces murs depuis long-temps tristes
et silencieux. Il alla rendre grâces à Dieu dans
la collégiale Saint-Georges, où il prêta le serment usité de conserver les priviléges de l'ancienne chevalerie et ceux de ses sujets. En sa
qualité de premier chanoine, il prit sa place
au chœur, assista aux offices et reçut son *droit
de présence.* Des fêtes magnifiques, dont les gravures sont conservées, furent célébrées à cette
occasion. Mais toute cette joie fut un bien léger
adoucissement aux maux que la guerre et la
peste avaient fait éprouver à Nancy, dont elles
avaient décimé la population. Charles IV publia,
le 11 août 1664, des lettres patentes accordant des
priviléges à tous ceux qui voudraient venir s'y
établir. Qui aurait reconnu alors dans cette ville
occupée par les troupes étrangères, la capitale
d'une province indépendante? Tant qu'avait duré
l'exil de Charles IV, les églises furent continuel-
lement remplies d'un peuple éploré, qui demandait à Dieu, par des vœux et par des prières, la
liberté de son souverain, et à peine lui était-
il rendu, qu'elle le perdit encore en 1670; cette
fois ce fut pour toujours : Charles, errant et
fugitif, alla mourir sous les murs de Trêves,
en 1675.

Quelques historiens ont établi un parallèle entre les deux époques où Nancy subit le joug d'un vainqueur. Ils s'étonnent que cette ville, simple bicoque en 1476 et comprenant à peine la moitié de la Ville-Vieille, ait résisté avec tant de gloire et de succès au prince le plus puissant de l'Europe, tandis qu'à l'époque de l'invasion des armées françaises, lorsqu'elle s'était prodigieusement agrandie et fortifiée, elle fut prise, sans qu'un coup de canon ait été tiré sur elle, par un ennemi moins redoutable que Charles-le-Téméraire. « Comment, dit Lionnais, cette
» cité qui s'était formée en moins de vingt ans,
» au point d'avoir rempli sa nouvelle enceinte
» d'une multitude de bâtiments et d'habitants,
» établissant des manufactures de toute espèce,
» qui supposent une grande consommation et
» des moyens suffisants pour les entretenir :
» maisons de batteurs d'or, manufactures de
» soie, de teinturerie en soie, de batterie en
» chaudrons, de manufactures de savon, de cha-
» peaux, de fils de fer, etc.; possédant en outre
» des architectes, des tailleurs de diamants, de
» rubis et pierreries, peintres, sculpteurs, sta-
» tuaires, brodeurs et tapisseurs de haute-lice
» fort experts ; comment cette cité, si florissante
» dès son commencement, et si peuplée, est-elle

» devenue, après six ans du règne de Charles IV,
» si déserte, qu'à la Ville-Vieille même, l'herbe
» y croissait comme dans les champs? » Comment? c'est qu'au quatorzième siècle Nancy n'a-
vait à lutter que contre un ennemi battant en
brèche ses murailles, tandis qu'au seizième siècle,
Nancy eut affaire à la trahison contre laquelle
le courage ne peut rien. Aux deux époques, les
Nancéïens déployèrent le même héroïsme; ici,
en mourant pour René, là, en faisant éclater,
aux yeux même d'un vainqueur puissant et irrité,
leur amour et leur fidélité pour le malheureux
Charles IV.

Sous le successeur de ce prince, Nancy ne
fut plus qu'une capitale au pouvoir des ennemis, le duc n'eut d'un souverain que le nom.
Louis XIV habita le palais ducal où il se trouvait, disent les historiens, aussi commodément
qu'au Louvre. La froideur avec laquelle l'ac-
cueillaient ses *nouveaux sujets* lui montra néanmoins que leur obéissance n'était que de la rési-
gnation. Leur cœur était toujours à leurs maîtres
légitimes,

Enfin, le traité de Riswick, signé le 30 octobre
1697, fut, pour la Lorraine entière et surtout pour
Nancy, le commencement d'une ère nouvelle
qu'on pourrait justement appeler son âge d'or,

Léopold, fils de Charles V et d'Elisabeth, archiduchesse d'Autriche, monta sur un trône d'où il
ne cessa de répandre des bienfaits. Les fortifications construites sous Charles III avaient été
démolies, la Citadelle, monument de l'usurpation de Louis XIII subsistait encore, et le nouveau prince voulut, en ramenant parmi eux le
bonheur, faire oublier aux habitants de sa capitale les malheurs que leur rappelaient sans
cesse ces témoins des calamités des deux règnes
qui avaient précédé le sien. La noblesse fut
rappelée dans les murs qu'elle avait quittés pour
ne pas voir la honte de sa patrie, des priviléges
lui furent accordés, ses biens lui furent en partie
rendus, et elle fut bientôt en état de faire construire de toutes parts de magnifiques hôtels.
Les sciences, les arts, le commerce se rani-
mèrent; l'industrie rouvrit ses ateliers, et le
pauvre et le riche bénirent à la fois celui qui
les aimait comme un père. Nancy ne fut bientôt
plus reconnaissable. La ville, auparavant déserte,
se peupla de maisons et d'habitants, des fabriques, des manufactures s'y établirent. Léopold
créa une justice consulaire en 1715. La magistrature devint célèbre, et s'énorgueillit de posséder les Bourcier, les de Serre, les Lefebvre,
les Moulon, les Viray. Le barreau eut ses oracles.

Le conseil de ville, dont l'origine remontait à René II, reçut une nouvelle organisation et compta dans son sein des hommes dignes d'y prendre place. Une académie de sculpture et de peinture fut créée, sous la direction des Claude Charles, des Provençal et des Saint-Urbain. En 1701, une abbaye de l'ordre de Saint-Benoit fut fondée sous l'invocation de Saint-Léopold et eut pour premier abbé le célèbre dom Calmet. Les établissements religieux, les monastères se multiplièrent, et devinrent un centre d'études et de lumières dont les rayons jaillirent sur toute la province. L'enseignement public fut confié à une société religieuse, et le peuple appelé enfin à jouir des bienfaits de l'éducation. Léopold mourut trop tôt pour le bonheur de sa capitale, remettant à François III le sceptre et la couronne ducale que ce prince échangea peu après contre un empire.

Enfin Stanislas parut. A sa mort, la Lorraine devait redevenir tributaire de la France. Cependant son règne, commencé sous de si tristes auspices, fut un règne de paix et de prospérité pour la capitale de la Lorraine. Nancy devint une des plus belles villes de l'Europe. Des rues, des places, des monuments de tout genre vinrent l'embellir, en même temps que les savants et les

artistes y furent recherchés et protégés. Une académie, dont le nom rappelle aujourd'hui celui de
son auguste fondateur, une université, un collége de médecine et de chirurgie furent créés ;
des établissements de bienfaisance s'élevèrent, et
une bibliothèque publique ouvrit ses portes à
tous ceux qui voulurent y venir puiser des lumières.

Le règne de Stanislas avait été le reflet de celui
de Léopold; il fut pour la Lorraine le dernier
âge de son indépendance. La France s'empara
de cette proie qu'elle convoitait depuis si long-
temps, et ajouta à sa couronne la couronne ducale qui en fut le plus beau fleuron. Nancy ne
garda de son antique puissance que ses armes
et sa devise sans tache, qui rappellent encore à
ses enfants la gloire des siècles passés et sa nationalité à jamais perdue.

Ici finit l'histoire de la capitale de la Lorraine. Depuis cette époque, Nancy n'a été plus
qu'une ville comme toutes les autres villes, se
consolant au milieu de ses souvenirs, et travaillant à conquérir par les sciences, les arts, l'industrie, le commerce, le rang qu'elle possédait
jadis à titre de conquête.

Tels sont les regrets que laisse involontaire-
ment échapper le poëte dont l'imagination aime

à se reporter à un autre âge, mais le philosophe et l'historien qui voient dans l'histoire autre chose que de la poésie, tout en se rappelant avec orgueil le temps où Nancy, glorieuse et puissante, était la capitale de la Lorraine, se plaisent à comparer la cité d'autrefois, avec la ville d'aujourd'hui, et, accordant à chacune l'admiration qu'elle mérite, ils ne peuvent s'empêcher de reconnaitre que Nancy n'a pas dégénéré, et que ce qu'on appelle l'époque de sa dégradation et de sa servitude est au contraire celle de son indépendance et sa liberté. Et en effet, si Nancy regrette parfois la féodalité à laquelle elle fut soumise, ce n'est qu'en raison peut-être du bonheur qu'elle goûta sous ses deux derniers souverains. A la place de son ancienne nationalité, elle en possède une nouvelle, la nationalité d'un grand peuple; et Nancy, simple chef-lieu de département, est aussi belle à nos yeux et aussi heureuse, que Nancy métropole d'une province. La civilisation, qui rend les villes florissantes, la liberté qui fait leur bonheur, ne peuvent-elles pas la consoler de la perte d'une couronne?

Au temps de la puissance de nos ducs, deux pouvoirs approchaient du trône; la noblesse, redoutable par sa belliqueuse ambition; et le clergé, plus redoutable encore par les armes de

la religion qu'il tenait sans cesse à la main ; pour
s'en faire des auxiliaires ou des défenseurs, les
souverains leur accordaient privilége sur privilége, érigeant des fiefs, fondant des monastères, enrichissant les uns, comblant les autres
d'honneurs, répandant sur tous à pleines mains
leurs largesses, et le peuple, accoutumé à ne
jouir que de quelques droits, donnait sa vie
pour sauver des biens qui ne lui appartenaient
pas. René II, en échange du sang que ses sujets
avait répandu pour lui, leur donna des prérogatives, bien faibles, si on les compare à celles
des deux autres ordres de l'état. Et nous voyons
Léopold lui-même, qui fut le père du peuple,
s'occuper, avant tout, de rendre à la noblesse
la fortune que la guerre et l'invasion de la
France lui avaient fait perdre. Aussi Nancy ne
fut-elle, en quelque sorte, peuplée que d'hôtels,
d'églises, de maisons religieuses, de tous les
ordres, de toutes les congrégations, dont les
flèches, les clochers et les tours donnaient de
loin à la ville l'aspect d'une ville pontificale, si
je puis m'exprimer ainsi. Il est vrai que sous
les voûtes des monastères, de laborieux cénobites
recueillirent les trésors échappés à la barbarie du
moyen-âge, et sauvèrent les sciences et la litté-
rature d'une ruine inévitable, mais il n'en est

pas moins vrai qu'un grand nombre de ces monuments inutiles ne furent élevés que par orgueil, et que nos derniers ducs, en les multipliant ainsi, ne firent que se conformer aux usages de leurs prédécesseurs.

Et quel bien en revenait-il au peuple? Tout ce faste religieux rendait-il la ville plus florissante? Voyait-on sortir de ces monastères beaucoup d'actes de philantropie? Et les nobles, ces enfants gâtés des princes, quel usage faisaient-ils de leurs richesses?..

Plus d'un demi-siècle s'est écoulé depuis que Stanislas-le-Bienfaisant s'est couché dans la tombe, et que Nancy est devenue ville française. Comparez sa civilisation actuelle à ce qu'elle était à la plus brillante phase du beau règne de Léopold. La première révolution, malgré les excès dont elle se rendit coupable, fut pour elle l'aurore d'un nouveau jour. Les monastères rendirent au monde les reclus qu'on y tenait enfermés, et sur leurs débris s'élevèrent des constructions utiles. Les cloîtres se changèrent en ateliers, et le peuple put, par son travail, aller y gagner du pain pour lui et sa famille. Des magasins, des manufactures s'établirent à leur place; des comptoirs s'ouvrirent au commerce, et une vie nouvelle sembla commencer pour les habitants de la ville régénérée. Avec la liberté, l'instruction populaire recula ses bornes, et les jésuites, abandonnant les chaires où ils s'étaient assis les premiers, se virent remplacés par des hommes enseignant au peuple d'autres devoirs, et ne lui prescrivant plus, comme une maxime, le fanatisme et la haine contre les autres croyances. Protestants, catholiques, israélites, eurent leurs temples, leurs ecoles, leurs priviléges, et leurs droits, l'émancipation religieuse fut proclamée, et les colléges virent s'asseoir côte à côte sur leurs bancs les enfants de toutes les communions. Ce fut là sans doute un progrès, et la Lorraine le doit à son incorporation à la France.

Les tribunaux reçurent leur juridiction d'une puissance supérieure, et l'on ne vit plus se renouveler ces jugements sacriléges, ces condamnations impies qui avaient envoyé à la mort des hommes ridiculement accusés de sortilége et de magie.

L'instruction se répandit dans toutes les classes du peuple; des écoles gratuites s'ouvrirent, des salles d'asile enfin abritèrent de leur toit la famille du pauvre. Aussi, comme la civilisation fit de rapides progrès. De la Lorraine, de notre ville surtout, sortirent en foule des jeunes gens qui allèrent, les uns peupler nos armées, les

autres revêtir la toge du magistrat, prendre
en main la plume du poëte, le pinceau du
peintre ou le ciseau du statuaire, et, chaque
jour, parmi les hommes célèbres dont s'énorgueillit la France, Nancy, heureuse et fière, put
compter un de ses enfants. A mesure que la civilisation répandit sur elle ses bienfaits, sa population s'accrut; son commerce et son industrie
purent prendre de plus grands développements :
l'imprimerie, à son berceau, sous Charles III,
peut rivaliser aujourd'hui, par ses productions,
avec les chefs-d'œuvre de la capitale. Gloire militaire, gloire artistique, gloire industrielle, Nancy
les possède toutes trois; seulement ses artistes,
ses guerriers sont plus nombreux qu'ils ne le
furent jamais.

La ville était divisée autrefois par quartiers,
elle l'est maintenant par sections, deux à la
Ville-Vieille, et six à la Ville-Neuve, qui comprennent une population d'environ 32,000 âmes.
Les bourgeois formèrent long-temps une milice, et
les plus notables parvenaient aux grades de major et de capitaine; il y eut aussi une compagnie d'arquebusiers; elles sont remplacées actuellement par une garde nationale et deux régiments
de troupes régulières, infanterie et cavalerie.

11.

Avant le règne de Stanislas, les toitures des maisons étaient sans corps-pendants, et laissaient un libre cours à la pluie qui inondait les passants; les trapes de caves, très-élevées, rendaient dangereuse, pendant la nuit, la fréquentation des rues, que n'éclairaient pas de réverbères. Aujourd'hui, les rues n'offrent plus aucun de ces obstacles, et le gaz, répandu déjà dans un grand nombre de magasins et d'ateliers, finira quelque jour, à l'instar de la capitale, par illuminer nos rues et nos places pavées et nivelées avec soin. A l'époque de la révolution, des églises ou des maisons religieuses occupaient des quartiers tout entiers; elles ont été renversées pour la plupart, et la ville n'a conservé que celles qui sont nécessaires au nombre de ses habitants; un droit d'octroi municipal supplée à ses revenus, son commerce intérieur a pris des développements considérables, sa broderie, dont les productions se sont répandues jusque dans le nouveau monde, est devenue pour elle une source de richesses, et enfin Nancy vient de voir s'ouvrir dans son enceinte et à ses portes deux fabriques de sucre.

Nancy est le siége d'une préfecture, où se réunissent tous les ans les conseils-généraux pour discuter les besoins du département et aviser aux améliorations à introduire dans les diverses

branches de son administration ; Nancy est représentée à la chambre des députés par deux man-
dataires chosis, l'un dans son sein, l'autre dans sa
circonscription *extrà-muros ;* elle possède une ins.
pection des ponts—et-chaussées, une recette générale, une sous-intendance militaire, une école secondaire de médecine, quatre hôpitaux civils et un
hôpital militaire ; une cour royale et un tribunal
de première instance, un tribunal de commerce et
trois justices de paix ; deux journaux politiques
y sont l'organe de ses opinions, et deux revues
littéraires ouvrent leurs pages aux écrivains plus
ou moins habiles de la province ; elle a un
théâtre, un musée, une Académie, une société
des sciences, lettres et arts, une bibliothèque
publique, un jardin des plantes, un cabinet
d'histoire naturelle, une société centrale d'agriculture, dont un recueil, rédigé par un botaniste très-distingué, met au jour les utiles
travaux ; et enfin, pour toutes les communions,
six paroisses, un temple protestant et une synagogue israélite.

Il nous reste à tracer maintenant l'histoire
détaillée, la statistique, pour ainsi dire, de
chaque partie de la Ville-Neuve. Ses annales,
quoique plus récentes que celles de la Ville-
Vieille, ne manquent pas d'intérêt, et ne pré-

sentent pas moins d'attrait à la curiosité, puisque
leur histoire est, en quelque sorte, une histoire
contemporaine, dans laquelle nos pères ont
figuré, et que quelques-uns d'entre eux ont pu
transmettre de vive voix à leurs enfants.

La Place Royale, — (*Du Peuple*, — *Stanislas*.)

La place Royale, la plus belle que possède
Nancy, et à laquelle bien peu de villes pourraient
donner une rivale, est toute entière l'œuvre de
Léopold et de Stanislas. Cette partie de la ville,
qui fait l'admiration des étrangers, n'était qu'une
esplanade ou vaste place informe, entre les fortifications de la Ville-Vieille et le côté méridional de la rue de la Poissonnerie. Charles III,
fondateur de la nouvelle ville, avait jugé cet espace
nécessaire pour découvrir tout ce qui approchait
de l'ancienne, qu'il avait fait fortifier en forme
de citadelle, à cause de son palais, lieu de sa
résidence ordinaire et de son arsenal. Le côté
oriental de cette place, c'est-à-dire l'hôtel de
l'Evêché et de l'ancienne Préfecture, la place et
la rue d'Alliance, les rues Sainte-Catherine et
des Champs, était occupé par les fortifications.

Stanislas ayant résolu, en 1750, d'élever, dans
la capitale de ses états, une statue à la gloire
de Louis XV, son gendre, songea d'abord à

l'ériger sur la place du marché de la Ville-Neuve, à cause de sa vaste étendue et de sa grande régularité. Son intention était de faire bâtir un magnifique palais sur le premier emplacement de l'Hôtel-de-Ville, et de faire régner une colonnade le long des maisons, dont les faces auraient été rendues uniformes à ses frais. Les marchands, propriétaires de ces maisons, craignant que les ouvrages ne trainassent en longueur, et que leur commerce ne fût long-temps interrompu, s'en plaignirent à Stanislas, qui conçut alors un plus vaste dessein. Il acheta à leurs propriétaires les bâtiments qui, sous le règne de son prédécesseur, s'étaient déjà élevés sur l'ancienne esplanade; il fit restaurer l'Arc-de-Triomphe et traça le plan de la place qui porte aujourd'hui son nom. Pour l'embellir encore, il fit percer des rues, et les rues Stanislas, Sainte-Catherine, d'Alliance, de l'Evêque, des Champs et de la Congrégation vinrent y aboutir; la porte Sainte-Catherine s'éleva, l'enceinte de la ville fut reculée, on construisit le magnifique corps de casernes, et la place d'Alliance reproduisit en petit les beautés de la place Royale.

Les travaux furent confiés exclusivement à des artistes lorrains, afin que ce fût un monument purement national, et, grâce à leur zèle, on vit, en moins de huit ans, s'élever, au milieu même de Nancy, une troisième ville, peuplée de palais et de somptueux hôtels. Ces grands ouvrages furent exécutés avec tant d'ordre et d'économie, qu'ils ne coûtèrent que 3,711,280 livres 16 sous, 8 deniers, au cours de France.

La place Royale, qui dut son nom à la statue de Louis XV, érigée au milieu de son enceinte, est fermée de tous côtés par de superbes grilles en fer, forgées par le célèbre Lamour. Le temps a terni les dorures qui les décoraient autrefois, et les fonds de la ville n'ont pu subvenir depuis à leur restauration. Elle est encadrée par cinq pavillons différents : celui de l'Hôtel-de-Ville, le plus grand et le plus beau, le pavillon Jacquet, entre les rues Stanislas et de la Poissonnerie; ceux de la Comédie, de l'école de musique (ancienne préfecture) et celui de l'Evêché; Le côté de la place qui fait face à l'Hôtel-de-Ville est formé de maisons ayant la même hauteur et la même architecture, et au-dessus desquelles règne un balcon en pierres orné de sculptures. Celle qui fait l'angle, à gauche, portait un excellent méridien attribué à Barenger, professeur de théologie, mort curé d'Heillecourt. Le prolongement de ces maisons, du côté de l'Arc-de-Triomphe, s'appelle Trottoir-Royal, autrefois rue du Passage ; elles sont réunies au pavillon de la Comédie et à celui de l'Evêché par une grille en fer, au milieu de laquelle sont deux fontaines, la première dédiée à Neptune et la seconde à Amphitrite.

Arc-de-Triomphe ou Porte Royale.

Nous avons, en parlant de la Ville-Vieille, donné en partie la description de l'Arc-de-Triomphe qui sépare et unit à la fois les deux villes. Le côté qui fait face à la place Royale, de la même architecture que celui qui regarde la Carrière, est couronné par un attique, et terminé par le médaillon de Louis XV (1), en marbre blanc, soutenu d'un côté par la Lorraine, sous la figure d'une femme assise, et à l'opposé par un génie au-dessus duquel la Renommée place d'une main une couronne de lauriers sur le médaillon, tandis que de l'autre elle embouche sa trompette pour faire entendre ces mots gravés au-dessous en lettres d'or, sur un marbre noir :

Hostium terror,
Fœderum cultor,
Gentisque decus et amor.

(1) Ce médaillon a été enlevé pendant la révolution.

A côté de ces figures sont des trophées d'armes. Sous cette inscription est un bas-relief en marbre blanc, de toute la largeur du grand portique, qui représente deux figures assises sous le feuillage d'un dattier qui les sépare. Celle de droite est Mercure, tenant d'une main son caducée et s'appuyant de l'autre sur une ruche, ayant sur ses genoux une corne d'abondance et devant lui divers instruments des arts. Celle de gauche est Minerve ou Bellone, armée de toutes pièces, tenant sa lance d'où pend l'étendard romain, et, devant elle, des drapeaux et des étendards. Les petits portiques sont aussi ornés de bas-reliefs et d'inscriptions. Celui du côté droit représente Apollon jouant d'une lyre au son de laquelle un musicien et des femmes couchées paraissent ravis en extase, pendant que les Muses, qui désignent les différents arts, semblent s'animer et s'encourager mutuellement.

Plus bas, sur un marbre noir orné d'un cadre circulaire environnant un bas-relief de divers instruments des arts en marbre blanc, on voit ces mots en lettres d'or :

Principi pacifico.

Au-dessus de ce portique, deux statues colossales de Cérès et de Minerve annoncent les fruits de la paix, qui, en procurant la tranquillité aux artistes, développe leur talent et leur fait obtenir des récompenses.

Le bas-relief de gauche représente Apollon lançant une flèche contre un dragon ailé qui entrelace un homme de ses divers replis, pour désigner le roi attaquant et renversant ses ennemis. L'inscription, comme la précédente, en lettres d'or, est accompagnée d'un bas-relief de trophées et d'instruments militaires, et contient ces mots :

Principi victori.

Sur la corniche de ce côté, sont deux autres statues colossales d'Hercule et de Mars, représentant la force et la valeur dont le roi a donné des preuves au milieu des guerres qu'il a soutenues.

Pendant la révolution, la plupart des ornements qui décoraient ce magnifique arc-de-triomphe en ont été impitoyablement arrachés, les inscriptions effacées, aussi aujourd'hui peut-on à peine avoir une idée de son ancienne splendeur.

Il est un reproche que l'on pourrait justement faire à Stanislas, c'est d'avoir élevé, au milieu de la capitale de la Lorraine, et par les mains d'artistes lorrains, un monument tout entier à la gloire de la France. Notre histoire était assez riche en actions éclatantes, pour que l'une d'elles fût reproduite sur le fronton d'une porte placée au centre de la ville des René et des Charles III ; le nom de ces princes n'aurait-il pas figuré dignement à côté de celui de Louis XV, et Stanislas, tout en payant sa dette à la reconnaissance, aurait fait une œuvre agréable au nouveau peuple qu'il était appelé à gouverner.

STATUES DE LOUIS XV ET DE STANISLAS.

Nous avons dit comment Stanislas, après avoir hésité s'il élèverait cette statue sur la place du Marché, s'était décidé enfin en faveur de la place Royale. Ce fut le 26 novembre 1755 qu'eut lieu l'inauguration. Toute la province était accourue dans la capitale pour assister à cette cérémonie, attendue avec tant d'impatience par le souverain, et que la Lorraine ne dut voir qu'à regret. Louis XV était représenté habillé à la romaine, cuirassé, revêtu du manteau royal, ayant en ses mains le bâton du commandement et à ses côtés le globe de la France et des instruments des arts. La statue, coulée en bronze, et haute de onze pieds, était l'ouvrage de Barthélemy Guibal, excellent sculpteur, mort en 1757, et de Paul-Louis Cifflé, génie plein de feu, dont les ouvrages en porcelaine de Lorraine sont fort recherchés et répandus. Perrin, fondeur lorrain, conduisit la fonte.

Le piédestal, en marbre, était orné de quatre bas-reliefs en bronze. Le premier représentant le mariage de Louis XV avec la reine, fille de Stanislas; le second, la paix conclue à Vienne en 1736; le troisième, la prise de possession de la Lorraine, et le quatrième, l'académie des sciences et belles lettres. Au quatre angles du piédestal étaient quatre grandes statues assises sur un socle de marbre, représentant la Prudence, la Justice, la Valeur et la Clémence.

Des fêtes magnifiques furent célébrées à Nancy; la joie de Stanislas tenait du délire. Une messe solennelle fut chantée, et les détonations de l'artillerie et de la mousquetterie annoncèrent le moment de la cérémonie. Au lieu d'eau, les fontaines de la place coulèrent des flots de vin, et, du balcon de l'Hôtel-de-Ville, des poignées d'argent furent jetées au peuple.

Sous la révolution, cette statue dut être renversée en vertu d'un arrêt de la municipalité. Monument de l'usurpation, elle devait être victime d'une usurpation nouvelle. Cinq cents citoyens rédigèrent et signèrent une protestation adressée au conseil de ville. Leur courageuse

opposition à cet acte de vandalisme fut sans résultat; cependant les membres de la municipalité décrétèrent qu'elle ne serait pas brisée, et
que l'on se contenterait de l'enfouir dans une
vaste fosse creusée près de son piédestal. Ce projet fut en effet mis à exécution; mais les Mar-
seillais, à leur arrivée à Nancy, la déterrèrent,
et après l'avoir mutilée, en envoyèrent les débris
à la monnaie de Metz. Ainsi disparut un des
plus beaux ornements de la place Royale.

En l'an VIII, le piédestal, qui n'avait pas été
renversé, fut destiné à porter une colonne départementale, qui devait être érigée à la mémoire
des défenseurs de la patrie, par un arrêt du préfet (M. Marquis), du 29 ventôse. La première
pierre en fut posée solennellement le 25 messi-
dor suivant. Mais le monument ne fut pas achevé.

Sous l'empire, une nouvelle statue remplaça
celle de Louis XV. Elle était taillée en pierre et
représentait le génie de la France. Cette statue,
qui avait été destinée d'abord à rappeler les traits
de Napoléon, fut défigurée à la rentrée des Bourbons, et c'est de cette mutilation que provint la
disproportion de ses différentes parties. Elle subsista jusqu'en 1831, époque à laquelle elle fut
remplacée par une statue nouvelle, celle de Stanislas, qui ne pouvait occuper une place plus

convenable qu'au centre des édifices dont ce prince a doté notre ville.

L'inauguration en eut lieu le 6 novembre 1831, au milieu des députations nombreuses envoyées des trois départements qui avaient concouru, par leurs souscriptions, à l'érection de la statue, dont M. Jacquot, notre compatriote, fut le sculpteur. Des cris de joie saluèrent Stanislas; sa mémoire était dans tous les cœurs, son nom dans toutes les bouches, et comme sa bienfaisance avait été sa plus belle vertu, on ne crut mieux pouvoir rappeler son souvenir, qu'en donnant, dans l'enceinte d'un bâtiment fondé par lui, un bal au profit des indigents de la ville.

La poésie accorda sa lyre pour chanter le prince qui recevait long-temps après sa mort, un si glorieux triomphe :

Voici quelques fragments des vers inspirés à ce sujet :

Dans nos cœurs, à jamais, gravons son souvenir,
Son nom avec amour vivra dans l'avenir.
O modèle des rois, puissions-nous voir encore
Renaître de ton règne une nouvelle aurore!

. . . .

Enfin le grand jour brille : allons, toi qui fus roi
Pour te faire adorer, debout ! réveilles-toi !

Ton front, que la vertu ceint de son auréolé,
Contemple encore des cieux la brillante coupole.
Tu revois ce forum paré de tes bienfaits.
Salut! l'octogénaire a reconnu tes traits;
Vingt mille Nancéïens entourent ta statue,
Et déjà l'étranger se découvre à ta vue
Témoins mystérieux, les mânes des Lorrains,
Du haut de ces palais applaudissent des mains;
Tandis qu'avec transport, tout un peuple s'écrie :
Honneur à tes vertus et gloire à ton génie!!

Trois discours furent prononcés au pied du monument, par le préfet, le maire et le président de la société des Sciences, Lettres et Arts, de Nancy. Nous nous contenterons de reproduire le premier. C'est le plus bel éloge qu'on puisse faire de Stanislas.

« Messieurs, près d'un siècle s'est écoulé de-
» puis que Stanislas vint s'établir parmi vous.

» Deux fois roi, deux fois proscrit, initié à la
» jouissance comme au néant de toutes les gran-
» deurs humaines, il vous fut accordé par une
» faveur de la Providence, car, chez les princes
» généreux, les leçons de l'adversité sont un
» gage de bonheur pour les peuples.

» Quelles preuves Stanislas n'en a-t-il pas
» données? Du pied de cette statue, levez les
» yeux, regardez autour de vous, et jugez;....
» Aussi, Messieurs, lorsque, voulant décorer ce

» monument, votre commission cherchait avec
» une pieuse sollicitude des inscriptions dignes
» d'y figurer, elle crut sa tâche remplie, lors-
» qu'une voix s'écria : *Gravons au pied de Sta-*
» *nislas la liste de ses bienfaits.* Et tel est le pri-
» vilége des bons princes, leur éloge n'a besoin
» ni des artifices de la poésie, ni des prestiges
» de l'éloquence ; pour être justes envers eux,
» il suffit d'être exacts ; pour les louer, il suffit
» de raconter.

» Cependant, Messieurs, le récit même des
» bonnes actions de Stanislas deviendrait su-
» perflu. Depuis plus d'un demi-siècle il a cessé
» de vivre, mais cessera-t-il jamais d'être im-
» mortel? Qu'importe qu'il ait passé du séjour
» d'un palais sous le marbre d'un tombeau?
» Depuis qu'il a payé à la nature ce tribut inévi-
» table, lui, ses vertus et ses ouvrages en sont-
» ils moins au milieu de nous? Non; Stanislas
» respire dans tout ce qu'il a fait; il respire
» dans ses nobles maximes réalisées d'avance par
» ses bonnes actions; il respire dans tous les
» établissements utiles qu'il a fondés; il respire,
» identifié même par sa dépouille mortelle à cette
» Lorraine où il mutiplia son existence par le
» nombre de ses bienfaits.

» Que dis-je, Messieurs, est-il une circons-

» tance glorieuse qui ne se rattache à la mémoire
» de Stanislas? *N'est-ce pas de son règne que*
» *date cette époque qui nous sera si chère à*
» *jamais ; cette époque où le nombre des Fran-*
» *çais s'accrut pour leur gloire ; cette époque*
» *enfin où la Lorraine devint France !*

» Ce prince, qui se vengea des maux qu'il
» avait soufferts par le bien qu'il prodigua, ce
» roi qui présenta au monde l'alliance sublime
» de la philosophie et du pouvoir, reçoit de vous
» aujourd'hui le plus bel hommage que les ver-
» tus d'un monarque puissent devoir à la jus-
» tice d'un peuple. Ce n'est point à des faveurs
» espérées, mais à des bienfaits reçus que vous
» consacrez ce bronze ; ce n'est point la flatterie
» qui le décerne, c'est la reconnaissance qui
» l'élève ; et les enfants se sont noblement coti-
» sés pour solder la dette de leurs pères.

» Français des départements de la vieille Lor-
» raine, si l'ombre de Stanislas doit être fière
» du souvenir qui lui vaut de pareils honneurs,
» soyez fiers du sentiment qui les décerne : un
» peuple capable d'apprécier un tel prince était
» digne de le posséder. »

M. Denys, savant antiquaire du département
de la Meuse, avait adressé à la société des
Sciences de Nancy l'inscription suivante, pour

être gravée sur le piédestal. Nous traduisons le texte latin :

Statue qui rèprésente les traits toujours chéris par les souverains et les peuples, de Stanislas Leszczynski, roi de Pologne, duc de Lorraine et de Bar.
En l'érigeant, l'an de gràce 1851, au moyen de cotisations volontaires, les citoyens reconnaissants ont accompli un vœu public.

Mais l'Académie préféra une inscription qui rappelât les bienfaits de Stanislas et en perpetuât le souvenir.

Du côté qui regarde l'arc-de-triomphe et la Carrière, on lit :

A STANISLAS LE BIENFAISANT.
LA LORRAINE RECONNAISSANTE.
1831.
MEURTHE. — MEUSE. — VOSGES.

Du côté opposé :

STANISLAS LESZCZYNSKI, ROI DE POLOGNE,
DUC DE LORRAINE ET DE BAR.
1737 — 1766.

Enfin sur les deux faces tournées vers les rues Stanislas et Sainte-Catherine sont énumérées toutes les fondations utiles et philantropiques faites par Stanislas. Ces deux dernières inscriptions sont déjà à moitié effacées.

12.

Hotel-de-Ville.

Le plus grand et le plus beau des pavillons qui décorent la place Royale est le bâtiment de l'Hôtel-de-Ville, qui en occupe à lui seul un des côtés. L'avant-corps du centre porte sculptées les armes du roi de Pologne, (1) et au-dessous celles de la ville (2) avec le seul chardon et sa devise : *Non inultus premor.* La ville de Nancy, sous la figure d'une femme, semble soutenir l'écu de ces armes. Tout le long de la façade de ce pavillon règne un vaste balcon, qui a vu tour-à-tour s'appuyer sur sa balustrade, et Bonaparte à son retour de l'Egypte, et Charles X, pendant qu'il était roi , et Louis-Philippe, nouvellement élu à sa place.

L'intérieur de l'édifice, dont l'architecture est l'œuvre de Joly, artiste lorrain, né à Saint-Nicolas, en 1706, renferme des appartements magnifiques. On y remarque surtout le grand sa-

(1) Ce privilége de surmonter ses armes de celles de ses ducs, fut accordé à Nancy, par le duc Charles III, en considération de ce que *les bourgeois de cette ville ont toujours gardé inviolablement et de tout temps la foi qu'ils doivent à leur prince.*

(2) Les armes de Nancy sont d'argent au chardon tigé, arraché et verdoyant, arrangé de deux feuilles piquantes au naturel, à la fleur purpurine, et en chef les armes de la maison de Lorraine.

lon, appelé salon de l'Académie, parce qu'il a
été fait par la société royale, décoré de peintures
à fresque, du célèbre Girardet, et représentant,
sous des figures allégoriques, quelques-unes des
fondations de Stanislas. A côté de ce salon sont
ceux du Musée, dont nous parlerons plus tard,
et au-dessous desquels s'étend la salle des Concerts appelée aujourd'hui salle des Redoutes.

C'est dans ce bâtiment que sont les bureaux
de l'administration municipale et les cabinets du
maire et de ses adjoints.

Nous ne nous arrêterons pas à la description
matérielle de ce bel édifice, dont, il n'y a pas
long-temps encore, quelques parties ont été res-
taurées ; nous préférons donner plus d'étendue à
l'histoire de l'ancienne organisation municipale de
la ville, en citant textuellement, d'après l'abbé
Lionnais, les ordonnances rendues à ce sujet
par les ducs. Cet aperçu pourra donner une idée
du langage aux différentes époques de l'existence
de Nancy.

C'est du règne de René II (12 juin 1497) que
date la création de la première organisation municipale à Nancy. Ce prince, voulant mettre bon
ordre dans sa capitale et en régler la police, choisit quatre des habitants auxquels il en confia
l'administration, et mit à la tête de ce conseil,

un président auquel il donna le titre de *prévôt.*
Les quatre élus s'appelèrent les *quatre de ville.*
Voici en quels termes René promulgua l'ordonnance par laquelle il établit la juridiction des
membres du conseil de ville, et limita les droits
et les priviléges des bourgeois :

« .... C'est assavoir que lesdits quatre Com-
» mis exerceront leurs dites charges et offices un
» an durant, commençant à la Magdelaine; le-
» quel révolu, les bourgeois et habitants dudict
» Nancy en nommeront quatre aultres audit
» Seigneur Roy, lequel, sy bon luy semble, les
» prendra ou en mettra d'aultres, tels qu'il luy
» plaira.

» Premier, lesdits quatre Commis, le plus
» tost qu'ils pourront, feront faire ung essay
» suffisant du bled, et ce faict, ordonner aux
» bolangers de combien de poid ils feront le
» pain, d'ung denier, de deux, de quatre, de
» demy gros, de 12 deniers, d'un gros, selon
» ce que se vendra le bled; et sy lesdits bolangers
» sont trouvés faisant contre l'ordonnance des-
» dicts Commis; ils escherront pour chascune
» fois à l'amende de 10 solz, dont le Prévost en
» prendra 6 solz, et lesdicts Commis 4, pour
» convertir aux ouvrages, réparations et prouffitz
» de ladicte ville, dont ils seront tenuz rendre

» compte; avec ce le pain de la fournée sera
» donné pour Dieu et en aulmone aux pauvres,
» à leur disposition, sans y espargner personne.

» *Item*, lesdicts 4 Commis, à chascune fois
» que les bolangers amèneront du pain de dehors
» pour vendre, ils donneront prix audict pain,
» celon que vauldra le bled, ainsy que dessus.

» *Item*, touchant le vin, que nul, soit hoste
» ou aultre, n'en vendra qu'il ne le fasse crier
» à cry public, sans que celui qui aura la ga-
» belle se puisse admodier sans faire ledic cry.
» Aussy ne se pourront affaicter les vins que on
» en vendra, les brouiller, ne y mettre d'autres
» moindres vins de Bourgogne, d'Aulsay, ne
» aultre estrange qu'il ne soit tauxé et mis à
» prix par lesdicts Commis et cryé comme des-
» sus : ne aussy pourront lesdicts hostes ne
» aultres refuser le vin qu'ils auront faict crier,
» tant qu'il durera, sur peine de l'amende de 10
» solz, à appliquer 4 solz au Prévost, et 6 aux-
» dicts Commis.

» *Item*, le bled et avoine et aultres grains qui
» se amèneront vendre à Nancy, au jour de mar-
» ché, depuis le vendredy, deux heures après-
» midy, jusques au samedy lendemain, dix heures
» devant midy, ceulx qui les y amèneront, ne
» les pourront vendre hors le marché commun;

» et s'il estoit trouvé qu'aulcun l'acheptât, tant
» les vendeurs qu'achepteurs seront à l'amende
» telle et à appliquer comme dessus.

» *Item*, nulles personnes ne pourront achepter
» lesdicts grains pour faire gréniers, ne aussy
» les bolangers, jusques à l'heure de dix heures
» devant midy, audict samedy, sous peine de
» l'amende comme dessus.

» *Item*, pareillement, nul de quelqu'estat qu'il
» soit, ne pourra achepter poissons, œufs, fro-
» mages, ne autres vituailles quelles elles soient,
» qu'elles ne soient acheptées à plein marché,
» sur peine de l'amende comme dessus.

» *Item*, nuls revendeurs ou revenderesses ne
» pourront acepter aulcuns vivres pour revendre
» depuis le vendredy deux heures après midy,
» jusques au samedy après lesdictes 10 heures
» passées, sur peine de 10 solz d'amende.

» *Item*, pour ce que du passé sont esté faictz
» plusieurs torts et abus sur les vendans au mar-
» ché dudict Nancy, touchant les rentes et le
» droit du bourreau (1), que font payer aux

(1) Ce droit, appelé droit de *havage*, accordé par les
prédécesseurs de René à l'exécuteur des hautes œuvres,
l'autorisait à percevoir quelques deniers sur tous ceux qui
apportaient des denrées au marché. Malgré l'ancienneté de
l'établissement de ce droit, les marchands ne s'y soumirent
jamais sans murmurer. Il y eut, à ce sujet, diverses tran-

» bonnes gens plus qu'ils ne doivent, dont plu-
» sieurs plaintes s'en font, pour ce qu'ilz font
» exécution d'eulx-mêmes, en mettant la main
» aux gens et à leurs biens, dont on ne requiert
» point d'adresse, pour ce que la chose est pe-
» tite; pour ce est bon que s'il en advient ques-
» tion, que lesdictz Commis radressent les gens,
» pour en payer selon l'ancienneté dont ilz s'en-
» quiéreront.

» *Item*, touchant la garde des portes de la
» ville, elle se fera par chascun jour à chascune
» porte par trois des habitans de ladicte ville,
» chefs d'hostel avec le pourtier, et un homme

sactions avec le bourreau, qui réclama toujours le maintien
du singulier privilége qui lui était accordé. En 1666, il
obtint, de Louis XIV, des lettres patentes qui le lui confir-
maient. Le duc Léopold l'abolit et le remplaça par un traitement annuel, qui lui fut payé jusqu'en 1767, que Pierre
Rheine et Laurent Roch se pourvurent en France, et en
obtinrent, le 1.er octobre, des lettres patentes qui rétablirent
leur droit de prélever la dîme et de *marquer ceux qui y
auraient satisfait* (2). Une sentence du bailliage confirma
ces lettres-patentes, et malgré les réclamations du procureur-syndic de l'Hôtel-de-Ville, le parlement les maintint,
par un arrêt du 25 janvier 1768. Peu après cependant, les
marchands ayant menacé de ne plus apporter de denrées en
ville et ayant tenu parole, le droit de havage fut supprimé
et ils n'eurent plus à se soumettre à cette obligation regar-
dée par eux comme infamante.

(2) Le maître des hautes-œuvres et ses valets imprimient
sur l'épaule de ceux qui avaient payé une marque avec de
la craie.

» à la clochette (3). Et si le chef d'hostel n'y
» pouvait vacquer, il y commettra homme suf-
» fisant au regard du prévost, et en son def-
» fault, lesdictz Commis, dont seront exemptz
» les serviteurs domestiques du Roy, ceux du
» conseil et des Comptes. »

Suivent d'autres articles relatifs au guet de
nuit, au réglement du prix des marchandises
pour les différents corps de métiers, pour la salu-
brité des rues de la ville, pour la taxe que les
hôteliers devaient imposer aux voyageurs, etc.
Les quatre de ville étaient obligés aussi de faire
faire à la ville toutes les réparations nécessaires,
à charge par eux de rendre compte de l'emploi
des deniers publics, etc.

Le duc avait le droit de changer chaque année
deux des quatre Commis, et même le prévôt.
Cette forme d'administration, due à la justice de
René et à la reconnaissance qu'il avait pour les
habitants qui avaient si vaillamment défendu sa
capitale, subsista jusqu'en 1594, sauf quelques
modifications apportées par Christine de Danemarck, régente des états de Lorraine pendant la
minorité de son fils. Ainsi, c'est René qui semble

(3) Il y avait, au-dessus de chaque porte, une horloge
et un befroi, pour sonner le tocsin en cas de besoin.

s'être occupé le premier d'accorder aux bourgeois de Nancy des prérogatives qu'ils avaient
bien chèrement achetées. L'édit, rendu par lui
le 13 juin 1497, et dans lequel sont consignés
ces priviléges, est le plus beau titre de gloire qui
puisse immortaliser notre ville, dont les habitants aimèrent mieux *manger chair de chevalz,*
de chatz, ratz, chiens et aultres telles choses,
pour le soustenement de leurs vies, plutôt que
de renoncer à la fidélité qu'ils avaient jurée à
leur souverain.

Voici le texte de cet édit, qui rappelle la phase
la plus mémorable de l'existence de Nancy :

« René, par la grâce de Dieu, Roy de Jhéru-
» salem et de Sicile, Duc de Lorraine, etc.
» Comme de pièça (depuis) nostre advénement
» en nostre Duchié de Lorraine, Nous, à la re-
» queste de glorieuse mesmoire l'Empereur Fre-
» dérich, et de Monseigneur Louys, Roy de
» France, lesquelz lors estoient alliez et confédé
» rez à l'encontre de feu nostre Cousin le Duc
» Charles de Bourgogne, etc., qui tenoit son
» siége devant la Ville de Nuss sur le Rhìn,
» Nous nous fussions pour eulx desclairez et
» prins leur party, ainsi que faire debvions pour
» nostre fidélité, ad cause des fiedz que tenions
» d'eulz, à l'encontre de nostre dict Cousin,

» partant iceluy dudict Nuss, fust venu avec
» toute sa puissance en noz pays nous faire la
» guerre, en prenant et tuant corps d'hommes,
» mectant les feux, assiégeant bonnes Villes, et
» exerçant toute ménière d'hostilité, jusques à
» ce que finablement il eust prins et mis en et
» soubz son obéissance nostre dict Duchié de
» Lorraine; par quoy nous fust force de nous
» retirer par devers nos alliez, et avec notamment
» nombre de Gens d'armes tirer à l'encontre de
» nostre dict Cousin; lequel depuis sa conqueste
» de nos dictz pays, s'estoit transporté ez pays
» de Switz, et avoit mis son siége devant la Ville
» de Morath, où nous serions acheminez, pour,
» à l'aide de nos Alliez, lever ledict siége; ce
» que, aidant Dieu, a esté faict à la très-grande
» perte et domaige de nostre dict Cousin de
» Bourgongne et des siens; après laquelle vic-
» torieuse journée, nous, accompaignés de nos-
» dictz Alliez, soyons retournez en nosdictz pays
» assiéger les Bourguignons qui y estoient, et
» mesmement après le recouvement de plusieurs
» villes et places, mis le siége devant nostre
» dicte Ville de Nancy, laquelle tenoit lors pour
» nostre Cousin, M.ᵉ *Jean de Rubampré*, sieur
» *de Bièvre*, Gouverneur laissé par nostre dict
» Cousin de Bourgongne en nos dictz pays,

» icelle prinse, et en chassez les Bourguignons,
» et ce pendant, Nostre dict Cousin de Bour-
» gongne eust faict amas de grand nombre
» d'aultres gens d'armes tirés de ses fiedz, en
» nostre pays mist son siége de nouveau avec
» grande et puissante artillerie devant nostre
» dicte Ville, laquelle il trouva mal fournie de
» vivres, ad cause de la briefveté du temps de-.
» puis le jour que l'avions recouvrée jusqu'à ce
» que il la réassiégea, jaçoit que (quoique) de
» nobles gens et de bons et loyaulx bourgeois
» elle fust compétamment garnie, en s'efforceant
» par toute ménière, tant d'artillerie que d'aultres
» engins s'en approucher, et aucunement la
» subjuguer et soubstraire de nostre obéissance,
» ainsy qu'il avoit ja faict auparavant; *touteffois*
» *par la bonne, vertueuse et vaillante resistance*
» *qu'il y trouva, fust ledict siége continué tant*
» *et sy longuement que tous les vivres commen-*
» *cèrent à faillir, et force fust aux dictz nobles*
» *bourgeois,* lesquelz aymoient mieux mourir
» que Nous laisser, et retourner à luy, *de*
» *manger chairs de chevalz, de chatz, ratz,*
» *chiens et aultres telles choses pour le souste-*
» *nement de leurs vies, dont longuement ilz se*
» *soutiendrent,* et jusques à ce que par l'ayde
» de Dieu nostre Créateur, et de la bonne as-

» sistance que nous firent nos dictz Alliez, tant
» le Duc d'Austriche, Cité de Strasbourg, comme
» les communaultez de Switz et aultres, Nous
» levasmes ledict siége des mains de nos dictz
» ennemis, dont grande occision fust faicte
» d'eulx, et entre lesquelz fust trouvé Nostre
» dict Cousin de Bourgongne, deslivrasmes nos
» bons et loyaulx serviteurs, subjectz et bour-
» geois ainsy assiégez et contrainctz de famine et
» d'aultre grande pouvreté en nostre dicte Ville
» de Nancy, et par conséquent remismes à nostre
» obéissance nostre dict pays, dont louange,
» honneur et graces soient toujours renduz à
» Dieu nostre bénoist Créateur. Sçavoir faisons
» que nous ayant regard et considération à la
» grande, bonne et parfaicte loyaulté que Nous
» ont en ee démonstrée nosdictz Bourgeois et
» subjectz, *aussy que présentement ilz se sont*
» *chargez de nostre consentement et aucthorité,*
» *de réachepter de leurs propres deniers, les*
» *tailles ordinaires accoustumées du temps de*
» *nos Prédécesseurs Ducz de Lorraine, d'estre*
» *levées sur les taillables de ladicte Ville, et les-*
» *quelles estoient assignées à certaines Eglises de*
» *nostre dicte Ville, c'est à savoir de S. Georges,*
» *de l'Hospital du fauxbourg et des Dames Pres-*
» *cheresses,* pour les deniers dudict réachapt

» estre mis et convertiz par lesdictes Esglises
» en remploy de pareilles censes, affin que les
» décorations et services ordonnez par nosdictz
» Prédécesseurs soyent tousjours continuez. Nous,
» désirant telle et si grande et parfaicte loyaulté
» et amour de nos dictz Bourgeois et subjectz
» estre continuez en mémoire perpétuelle, à leur
» honneur et exaltation, *avons* de nostre propre
» mouvement, bien advisez et certiorez de nostre
» faict, comme toujours bien recolans de la
» dicte loyauté, dont assez ne nous pourrions
» louer, *iceulx nos subjetz Bourgeois, residans*
» *et habitans de nostre dicte Ville de Nancy,*
» *qui de présent y sont, et qui pour l'advenir*
» *estre et venir y pourront, affranchiz et exemp-*
» *tez, et par ces présentes affranchissons et*
» *exemptons perpétuellement et à tousjours, pour*
» *nous et tous nos hoirs Ducs de Lorraine, du*
» *surplus de ladicte taille ordinaire à Nous*
» *dûe, ensemble de tous et quelzconques, aultres*
» *droictz, traictz, tailles, aides, charges, ban,*
» *vin, et tous aultres impostz faitcz et à faire,*
» *ordinaires et extraordinaires pour quelconque*
» *cause et occasion que ce soit ou puisse estre,*
» *tant en nostre dicte Ville comme par tout ail-*
» *leurs en nostre dict Duchié,* réservé du guet
» et garde des murailles et des portes, aussy

» des estalages, poids, rouages et aultres me-
» nuz usuynes auxquelles nous n'entendons point
» par ce préjudicier aucunement. Sy donnons en
» mandement, etc. En nostre ville de Nancy.

Charles III, par une ordonnance du 7 janvier 1794, créa une chambre de conseil de ville
composée de *douze* notables bourgeois « d'en-
» tière réputation et bonne expérience, sans
» exception de leur condition de nobles, francs
» et officiers, hormis ceux qui se trouveront
» tellement occupés pour son service, qu'il leur
» serait impossible d'entendre et vaquer à celles
» de ville, tels que ses maîtres aux requêtes
» et secrétaires de ses commandements ; et
» néanmoins sans préjudice en autre chose à
» leur prétendue franchise et qualité ; lesquels
» ainsi choisis et élus s'assembleront en un lieu
» à ce propre et convenable, selon les occu-
» rences des affaires, délibéreront et résoudront
» d'icelles, ainsi qu'ils verront être le plus né-
» cessaire pour le bien, profit et avancement
» d'icelles, et représenteront au gouverneur ce
» qu'ils en auront délibéré et conclu, afin d'a-
» viser et juger avec eux, si cette chose est en
» effet utile et profitable à la ville, et se doit
» représenter auxdits bourgeois assemblés en
» leur communauté, ou non, pour le tout

» ainsi choisis et élus, S. A. veut (tant afin
» de les soulager de plus longue foule et travail,
» que pour donner moyen à un chacun d'en-
» trer à la connoissance des affaires publiques),
» que les *six* sortent de leur charge au bout de
» l'année, et que six autres soient subrogés en
» leur lieu, qui, avec ceux qui demeureraient,
» l'administrent conjointement et en pareil pou-
» voir et authorité, etc., etc. »

Ce réglement de Charles III eut pour but de
rendre plus claire et moins précipitée la dis-
cussion des affaires publiques; il diminua de
beaucoup les assemblées générales qui auparavant étaient très-fréquentes, et qui, insensiblement, ont été abolies.

Ce prince, par un autre réglement du 8 février 1598, réduisit à sept le nombre des douze
qui, selon la première ordonnance, devaient
composer le conseil de ville, outre celui qui y
était député du gouverneur pour le représenter, le
procureur-général et le prévôt, « comme plus aisé,
» dit-il, pour sa petitesse à remplir et parfaire
» d'année à autre, et aussi plus commode, à
» cause de son imparité, à la conclusion et
» résolution des affaires, sauf à eux, où ils se
» trouveraient empêchés et perplexes en la dé-
» cision d'aucunes d'icelles, d'y appeler avec

» eux tels bourgeois qu'ils jugeront être les mieux
» versés et entendus en tels cas, notamment de
• ceux qui auront déjà été dudit conseil; lequel
» nombre de sept se renouvellera, comme celui
» de douze, d'année à autre, et en subrogeant
» d'autres au lieu de ceux qui auront été deux
» ans entiers et consécutifs en ladite charge;
» etc. » Cinq conseillers (les autres se trouvant
empêchés pour quelque motif) pouvaient suffire aux délibérations.

Telle est la forme que Charles III, qui a
mérité le titre de législateur de la Lorraine,
donna au conseil de la ville de Nancy. A cette
époque (1598), la Ville-Neuve était déjà assez
peuplée pour être divisée en six quartiers. Ce
prince établit aussi des hiérarchies parmi les
membres de ce conseil. Le gouverneur, représentant du duc, y avait la préséance; après lui
le prévôt, puis les autres conseillers.

Henri II, fils et successeur de Charles III,
par un réglement du 4 mai 1611, ordonna que
le nombre des bourgeois faisant partie du conseil serait augmenté d'un huitième conseiller,
choisi, comme les autres, parmi les plus notables
de la ville; « que le nouveau conseiller élu de-
» meurerait en exercice trois ans avec le premier
» conseiller qui était en charge, au bout des—

» quels ledit pouvoir sortirait de charge, et lui
» succéderait en icelle ledit nouveau, pour de-
» meurer premier, autres trois ans, avec un
» second qui serait élu pour tel, dès l'instant
» que le susdit nouveau entrerait en charge de
» premier, en laquelle puis après, au bout de
» trois ans, ce dernier élu entrerait comme le
» précédent, et ainsi successivement, en sorte
» que chacun desdits deux premiers conseillers
» viendrait à exercer la charge de conseiller de
» ville six ans durant, savoir les trois premiers
» en état de second conseiller, et les trois der-
» niers en celui de premier, etc. »

Depuis 1616 jusqu'en 1722, les conseillers
municipaux eurent le droit de faire frapper des
« *jects d'argent* pour distribuer entre eux, afin
de s'en servir, non seulement aux comptes qui se
présentent d'ordinaire en leur chambre, mais encore pour, par ce petit émolument et honoraire,
convier toujours tant plus lesdits du conseil
et officiers d'icelui à volontairement subir et
exercer les charges auxquelles ils sont appelés au
corps dudit conseil, pour contribuer à ce que
toutes choses soient bien et duement policées et
ordonnées en ladite ville. « Les conseillers, à leur
entrée en fonctions, recevaient deux bourses,

13.

l'une aux armes de la ville d'un côté, et de l'autre aux armes du conseiller ou à son chiffre, brodée en argent et soie sur un fond de satin bleu, remplie de 60 jetons d'argent, et une autre de cuir, remplie de 60 jetons de bronze. Cet usage a existé jusqu'au règne de Stanislas, pendant lequel on a substitué aux jects une somme d'argent équivalente.

Charles IV ne fit aucun changement au mode d'administration de la ville, il ne rendit qu'une ordonnance fixant la préséance des membres du conseil.

Sous Léopold, le conseil de ville reçut une nouvelle organisation. Ce prince, afin d'établir une égalité parfaite entre tous les membres qui le composaient, supprima l'office de président, et ordonna qu'à l'avenir l'Hôtel-de-Ville serait composé de 9 conseillers et d'un substitut de son procureur-général, savoir : de l'un de ses conseillers d'état, d'un conseiller de sa cour souveraine, d'un auditeur de sa chambre des comptes de Lorraine, du prévôt de Nancy, d'un conseiller du bailliage de cette ville, d'une personne noble et de trois notables bourgeois, « lesquels con-
» seillers, dit l'ordonnance, exerceront la police
» pendant trois années, et icelles expirées, il
» sera, par S. A. R. procédé à une nouvelle ad-

» ministration de trois ans en trois ans, en y
» laissant néanmoins quelques anciens. Pour-
» ront, lesdits conseillers, établir ou commettre
» les receveur, greffier, commissaires des quar-
» tiers et sergents de ville comme anciennement;
» connoîtront et jugeront de toutes les contra-
» ventions aux ordonnances de police, et de
» toutes les difficultés et actions qui regardent
» les revenus tant patrimoniaux que d'octrois et
» domaines de ladite ville, en conformité des
» anciens établissements dudit Hôtel-de-Ville et
» réglements des ducs ses prédécesseurs. » Ainsi,
en vertu du réglement fait par Léopold, les différents ordres eurent chacun leurs représentants
au conseil : la noblesse, le parquet et le tiers-
état. Non content d'avoir établi sur des bases plus
larges et plus justes l'administration de la police
de la ville de Nancy, ce prince voulut, autant
que possible, illustrer les membres qui en formaient le conseil, et nomma, pour y prendre
place, un conseiller contrôleur, et un conseiller-
trésorier de la noblesse.

Voici quelles étaient les attributions des lieutenants-généraux de police : « Ils jugent, tant en
» ville que faubourgs et ban de Nancy, de tout
» ce qui concernera la sûreté desdites villes,
» nettoiement des rues et places publiques, des

» édifices et élévations qu'il conviendra donner
» aux faces des bâtiments, des fontaines, ruis-
» seaux, pavés, provisions pour la subsistance
» et boucheries, ont la visite des halles, bou-
» langeries, foires, marchés, hôtelleries, au-
» berges, maisons garnies, cafés et autres lieux
» publics, ont l'inspection sur les opérateurs
» et mâtrones publiques, charlatans, bâteleurs,
» crieurs de chansons, etc; puissent faire serrer
» dans la renfermerie, ou punir et exposer au
» pilori (1) les mendiants valides, vagabonds,

(1) Ce pilori, que le peuple nommait *jalande*, était une espèce de cage ronde, de six pieds de haut sur 3 pieds de diamètre, garnie de gros barreaux de bois, soutenue par un pivot comme celle des écureuils. On y mettait quelquefois jusqu'à trois et quatre filles que les écoliers, en sortant du collége, faisaient tourner sans cesse au point de leur faire vomir le sang. Cet instrument de justice était placé sur l'ancienne esplanade, à peu-près à l'endroit où est aujourd'hui la statue de Stanislas. Sous ce prince, les troupes françaises ajoutèrent à la jalande un cheval de bois dont la partie supérieure était fort aiguë, et sur lequel, après le pilori, elles faisaient monter ces libertines, pour les exposer à la risée publique près de la Porte-Royale, et, à la garde montante, on les conduisait sur la Carrière, portant sous leurs bras, ayant les épaules nues, deux faisceaux de verges ou baguettes de saules, dont les soldats, rangés en haie, se servaient pour les frapper, selon le nombre de tours auxquels elles étaient condamnées.

(*Histoire de Nancy*, par l'abbé Lionnais.)

On s'étonne que Léopold et Stanislas aient laissé subsister, dans la capitale de leurs états, cette coutume aussi indécente que barbare, qui faisait d'une punition appliquée à quelques malheureux, un jeu pour les écoliers et les soldats.

» filles de vie libertine et scandaleuse, sans aveu
» et sans domicile, faire l'étalonnage des poids,
» balances, mesures de marchands, artisans,
» revendeurs, revendeuses, cabaretiers, et ven-
» dant du vin en lesdites villes et ban d'icelles,
» et généralement l'exécution de tous les édits,
» déclarations, arrêts et réglements, etc. »

En 1731, sous François III, l'Hôtel-de-Ville
était composé d'un président, d'un conseiller-
auditeur en la chambre des comptes, d'un lieutenant-général de police; de six conseillers, de
deux assesseurs premiers commis, d'un procureur-syndic et d'un secrétaire.

» Sous Stanislas, dit M. Durival, alors lieute-
» nant-général de police, la justice en la chambre
» était gratuite, et l'Hôtel-de-Ville ayant été mis
» sous l'autorité du chancelier-intendant, les
» membres des deux cours ne furent plus rem-
» placés, en sorte que le lieutenant-général de
» police se trouva à la tête de son corps. A la
» mort de Stanislas, dit le même historien,
» l'Hôtel-de-Ville était composé du bailli de
» Nancy, du lieutenant-général de police, d'un
» conseiller pour la noblesse, de quatre conseil-
» lers pour le tiers-état, d'un conseiller-tréso-
» rier, d'un assesseur-premier commis, d'un
» procureur-syndic, d'un secrétaire-greffier, de

» deux commis, de douze commissaires de po-
» lice, de sept sergents de ville et de dix archers
» du guet. L'édit de Fontainebleau du mois
» d'octobre 1772, qui unit, dans toutes les
» autres villes, la municipalité à la police, les
» sépara malheureusement *dans la seule ville*
» *de Nancy.* »

Louis XV, par l'édit dont nous venons de
parler, créa, à titre d'office et à finances, des
maires royaux et des échevins, un procureur du
roi, des secrétaires-greffiers, des huissiers au-
dienciers et des sergents. Les lieutenants-généraux de police, les procureurs du roi, les secrétaires, les huissiers et les sergents formèrent,
dans toutes les villes de ses états, des siéges
particuliers. Les lieutenants-généraux de police
eurent rang, séance et voix délibérative dans
les bailliages royaux après le lieutenant-général
civil ou celui qui présidait. Les appels de leurs
jugements, comme ceux des Hôtels-de-Ville,
étaient portés aux parlements de leur ressort,
en vertu de lettres patentes du 30 mars 1768.
Cet ordre subsista jusqu'en 1790, époque de la
création de la municipalité par l'assemblée nationale. Louis XVIII, par ordonnance du 10
juillet 1816, nomma M. de Raulecourt maire
de Nancy.

On voit, d'après ce que nous venons de dire, que l'organisation municipale actuelle diffère bien peu de celles qui administrèrent la ville sous le règne de nos différents ducs : Un maire, trois adjoints et douze conseillers municipaux, choisis, comme autrefois, parmi les notables habitants.

A plusieurs époques, les bourgeois de Nancy obtinrent de la reconnaissance de leurs ducs, quelques priviléges. Nous avons vu ceux dont ils furent appelés à jouir sous René II : Charles III leur permit de construire, en leurs maisons et granges, *des pressoirs, soit à pierre, soit à bras,* pour y pressurer les marcs de leurs vendanges seulement et non de celles des autres bourgeois, à peine de privation de ce bénéfice et privilége contre ceux qui les y auraient porté pressurer, de confiscation des marcs, aines et vins. Ils purent aussi avoir un four dans leur maison et y cuire le pain à leur usage, ce qui les dispensait de recourir aux fours-banaux, espèce de dîme qu'on prélevait, au profit du prince, sur les bourgeois. Les fermiers des fours-banaux recevaient, pour la cuite de chaque resal de blé en pâte, 6 gros 20 sols et 2 deniers de monnaie de France, et ils étaient tenus de bien cuire le pain des bourgeois, *bien saisonné et rassis*, à peine de leur payer leur pain avec dommages et intérêts.

Le duc Henri, pour favoriser les habitants de sa bonne ville de Nancy, donna des lettres-patentes, le 2 juin 1618, par lesquelles il leur accorde le droit de pêcher en la rivière de Meurthe, depuis Frouard jusqu'à Saint-Nicolas, *avec treuilles, supplots et lignes, et de vendre leurs pêches.* Ce privilége fut restreint sous le règne de quelques-uns des successeurs de ce prince.

Depuis René II, qui fût le premier à accorder des priviléges aux habitants de sa capitale, nous voyons les ducs occupés du noble soin de pourvoir aux besoins de leurs sujets, et descendre même aux plus petits détails pour prévenir les abus; ne pas se contenter d'établir des chefs pour veiller à l'exécution de leurs ordonnances, mais encore tracer à ces chefs une règle sévère de conduite. Charles III promulgue plusieurs ordonnances fixant le prix des vins et des denrées qui se vendaient sur les marchés, déterminant le taux des marchandises des hôteliers et des viandes de boucherie. Le but des réglements de ce prince était d'attirer dans ses états les étrangers qui, traités à bon marché, y venaient avec plaisir dépenser leur argent, et enrichissaient ainsi ses sujets. Pour engager ceux-ci

à se contenter de ce que le sol de leur pays produisait, et les empêcher de porter leur argent dans
les autres provinces, il publia un édit, le 10
janvier 1583, qui, en donnant aux vignerons
et marchands toutes les facilités possibles pour
faire le commerce des vins, enjoint aux membres
du conseil de ville l'ordre de déterminer eux-
mêmes la taxe des vins étrangers, et de défendre
aux hôtelliers de les acheter et de les vendre à
un prix plus élevé que celui fixé par ses officiers
de police. Cette mesure, toutefois, n'atteignait
ni les nobles, ni les personnes notables, ni les
membres du clergé.

Charles III fit suivre les édits dont nous venons de parler d'une ordonnance sur la police
des banquets et festins, qui peint parfaitement
les mœurs frugales de nos pères, et qui paraîtra
singulière, aujourd'hui que la somptuosité de la
table n'est plus seulement le monopole de la fortune. Ce prince y défend : « Qu'en quelque
» festin de nôces ou autre banquet que ce soit,
» fait en maison privée, il y ait plus de trois
» services, savoir : les entrées de table, la chair
» ou le poisson, le fruit ou le dessert.

» Qu'aux festins de nôces entre *paysans, gens*
» *de labeur* et autres de telle condition, on
» serve d'autres viandes que de bœuf, mouton,

» veau et porc, ou autre chair selon la saison de
» ce qu'ils peuvent avoir de leur nourriture
» ordinaire en leurs ménages, et à chacun ser-
» vice plus de 6 plats d'assiette à 8 personnes au
» moins pour table.

» Qu'entre *artisans*, *gens mécaniques* et ceux
» qui n'ont autres rentes ni moyens que de ce
» qu'ils peuvent gagner de leurs œuvres ma-
» nuelles, comme entre toutes autres personnes
» de bas état et conditions, demeurantes ès villes
» ou villages, ils puissent servir plus de 6 plats
» desdites espèces de chair, chapons, poules,
» oisons, poulets et pigeons de leur nourriture
» selon la saison.

» Qu'entre *marchands*, *merciers* et autres
» des villes ou bourgades vendans en détail et
» à boutique ouverte, *tabellions*, *sergents de*
» *bailli*, *maire et échevins des villages*, *aides*
» *d'office* en son état et de ses très-chers et
» amés Fils et Filles, à chacun service plus de
» huit plats, 6 desquels devront être des espèces
» de viandes sus-déclarées, les autres à leur
» choix.

» Qu'entre autres *marchands grossiers* qui
» né tiennent boutique ouverte, et ne vendent
» en détail, à chacun service plus de 9 plats,

» dont 6 des espèces avant dites, les autres à
» leur choix.

» Qu'entre ceux *qui ont grade de noblesse,*
» vivant noblement sans charge d'aucun office,
» *officiers de justice* ès villes et bourgs, comme
» *lieutenants de bailli, maires, maîtres éche-*
» *vins, clercs-jurés, receveurs, gruyers, contrô-*
» *leurs, avocats, substituts de procureurs-géné-*
» *raux* et autres de qualités semblables que les
» ci-dessus spécifiées, et des princes et prin-
» cesses ses fils et ses filles, hors qu'ils n'aient
» le grade de noblesse, à chacun service plus
» de 12 plats, dont 6 des viandes ci-dessus dé-
» clarées, les autres à leur volonté.

» Qu'entre ceux qui portant lesdits offices de
» justice ou de recette ès villes ou bourgades, qui
» sont de plus décorées du grade de noblesse,
» *gens de son conseil, des Comptes, du bureau,*
» *officiers de sa chambre et de ses fils et filles,*
» plus de 12 plats, dont 6 des espèces de chairs,
» poulailles ordinaires, les autres à volonté.

» Et pour ce que l'intention de S. A. n'est
» d'ôter aux personnes de qualité et de moyens
» le pouvoir de traiter èsdits banquets et festins
» leurs parents et amis honorablement et s'y
» *esjouir* en toute modestie, décence et honnê-
» teté, *ains* de retrancher principalement les

» superfluités et excès qui se commettent èsdits
» banquets entre les paysans et autres personnes
» de peu de moyens, de petite et basse condi-
» tion, elle déclare que son intention n'est pas
» de comprendre en ce réglement les festins et
» banquets des *gentilhommes*, ni *gens de son*
» *conseil privé*, entendant néanmoins qu'autre-
» ment le tout soit suivi selon sa forme et teneur.

» Qu'en chacun plat ne pourront les viandes
» être servies que d'une sorte et sans les dou-
» bler; comme : ne devront être servis deux
» chapons, deux poules, deux lapins, deux bé-
» casses et autres pièces semblables; quant aux
» poulets et pigeonneaux, se pourront servir jus-
» qu'à trois; plumiers et vannaux jusqu'à deux;
» allouettes, une douzaine; grues, demi-dou-
» zaine; et de bécasses et autres espèces sem-
» blables, jusqu'à trois ou quatre, sans plus, à
» peine de 200 francs d'amende ou autre arbi-
» traire plus haute. Veut que ceux des officiers
» en chacun lieu qui auront été aux festins et
» tables privées où ledit réglement aura été en-
» freint, soient tenus de dénoncer aux prévost,
» procureurs, ou à leurs substituts, dans trois
» jours après, à peine de 5o francs d'amende
» et de suspension de leur état. »

Charles III voulut aussi que tout ce qu'on

vendrait dans son duché de Lorraine, le fût d'après la mesure de Nancy.

Ce prince fixa, en 1570, le droit de bourgeoisie, dans sa capitale, à 12 livres, dont un tiers pour lui et les deux autres tiers pour la ville. Plus tard ce droit fut augmenté, et porté enfin à la somme de 60 livres.

Le duc Henri II, par lettres patentes du 26 octobre 1610, défendit que les vins étrangers (excepté les vins d'Espagne et muscats) fussent vendus à plus haut prix que ceux provenant des vignobles de ses états.

Afin d'éviter la disette, les ducs eurent soin d'établir une police sévère sur les grains. Les édits de Léopold témoignent de l'intérêt qu'il prenait aux besoins de ses sujets. L'année promettait-elle une heureuse récolte, il était défendu de transporter les grains hors de la province; avait-on à craindre qu'une mauvaise année fût suivie d'une récolte médiocre qui pût entretenir le blé à un taux trop cher pour le peuple, on ordonnait d'arrher chez tous les propriétaires une partie de leurs grains, au moyen de sommes avancées par le souverain, pour procurer au peuple la facilité d'en acheter, et le mettre ainsi à l'abri du monopole. Dans la perspective d'une disette, des greniers d'abondance étaient ouverts et chacun y mettait en dépôt la quantité de blé qu'il lui convenait, et cela à des conditions si avantageuses que les magasins étaient toujours remplis. Grâces à ces mesures salutaires, Nancy échappa plusieurs fois à la famine. Stanislas continua l'œuvre de son prédécesseur, jusqu'à ce que M. de Galaizière, conseiller de ce prince, vînt y apporter des restrictions, et détruire, en partie, le bon effet qu'elles avaient produit jusqu'alors.

Les revenus de Nancy, sous le règne des ducs de Lorraine, provenaient de la taxe imposée sur presque toutes les marchandises qu'on y importait; sur les bestiaux tués dans la ville et dans les faubourgs, sur les boissons de différentes espèces, sur les boutiquiers étalant ou vendant marchandises sur la place publique, sur la mouture des grains aux moulins de Nancy, etc. Jusqu'en 1756, les propriétaires de maisons furent chargés de l'entretien et de la construction des pavés devant leurs maisons. Les dépenses extraordinaires occasionnées par l'érection de la statue de Louis XV, obligèrent Stanislas à augmenter les impôts, ce qui n'empêcha pas qu'en moins de dix à douze ans, les dettes de la ville s'accrurent de 350,000 livres. Des murmures généraux accusèrent les officiers chargés de l'emploi des deniers publics. Mais il n'était plus temps de réparer le mal qui avait été fait.

Un réglement de police, du 22 janvier 1757, força chaque particulier à supprimer les anciennes goutières de ses toits et à y substituer des cors-pendants de fer-blanc, qui descendaient jusqu'au rez-de-chaussée des rues pour y décharger les eaux pluviales sur une pierre de 18 pouces de diamètre ; ce qu'on appelait *chanlates* fut ainsi aboli.

MUSÉE DE NANCY.

C'est dans la partie du pavillon de l'Hôtel-de-Ville située du côté de la rue des Dominicains que se trouve le musée de Nancy, remarquable, moins par le grand nombre de tableaux qu'il renferme que par la beauté de ces tableaux.

Bien long-temps avant qu'il n'existât, le duc Léopold en avait donné la première idée en établissant, au-dessus de la porte Royale, une école de peinture et de sculpture. Ce prince, persuadé que les sciences et les arts ont toujours procuré la gloire et la richesse des états les plus florissants, voulut doter sa capitale d'une école où la jeunesse pût s'instruire et recevoir les leçons des grands maîtres. En conséquence Léopold, par lettres-patentes du 8 février 1702, fonda

l'Académie de peinture et de sculpture de Nancy,
qui compta parmi ses premiers membres les
peintres Claude Charles et Joseph Provençal,
Antoine Cordier, orfèvre-ciseleur, Renaud Mény,
sculpteur, et Didier Lalance, mathématicien.
Une somme de 400 livres par an fut allouée à
cette école pour son entretien. L'enseignement y
était gratuit pour les enfants des académiciens et
des prix accordés à ceux qui montraient le plus
de talent.

Mais cette institution si utile tomba en déca-
dence à la mort de son fondateur, et on ne voit
pas que, sous Stanislas, elle ait été remise en
vigueur. Nancy perdit ainsi un de ses plus utiles
établissements. Enfin, pendant la révolution, la
municipalité décréta que les tableaux enlevés
dans la démolition des églises et des monastères
seraient réunis et placés dans un local préparé
pour cet usage. Telle est l'origine du Musée. Sous
l'empire, la restauration, et depuis la révolution
de juillet, il s'est enrichi de toiles nouvelles. On
lui donna d'abord une salle du collége, de là
il fut transporté à l'Université, de l'Université
au pavillon de la Comédie, et, enfin, il y a
dix ans, le conseil municipal vota les fonds nécessaires à sa translation à l'Hôtel-de-Ville. Trois

grands salons lui furent réservés et dignement restaurés pour leur nouvelle destination.

Le principal reproche à faire au Musée, c'est qu'il n'est pas un musée national et qu'il renferme bien peu d'œuvres d'artistes lorrains. Quoiqu'il en soit, il possède des tableaux qui font l'admiration des étrangers qui le visitent et que beaucoup de villes de province, plus grandes que Nancy, pourraient lui envier.

Les frères Claudot, tous deux peintres et professeurs de dessin, et fils du célèbre paysagiste Charles Claudot, l'ami de Girardet, en sont les conservateurs (1).

Le Musée est partagé en trois salons: le premier, appelé salon de Laocoon, le second d'Apollon, et le troisième de Diane, à cause des statues qui les décorent. Les écoles italienne, flamande et française y ont des représentants. On y voit des tableaux d'André del Sarte, de Léonard de Vinci, du Guide, du Féti, d'André Sacchi, du Pérugin, du Parmesan, de Caravage, de Carrache et des copies de Paul Véronèse, faites par Claude Charles, peintre lorrain.

Dans l'école flamande, on remarque surtout

(1) On imprimait cette feuille lorsque nous avons appris la mort de l'aîné des deux frères.

une magnifique *Transfiguration*, de Rubens, de belles toiles de Jordaens, de Pierre Breughel, de Van-Dick, une *Peste de Milan*, par Gaspard de Crayer, les *Apprêts du martyre de Saint-Sébastien*, par Kœberger.

Enfin l'école française y est représentée par Le Moine, Carle Vanloo, Pierre Mignard, qui a fait le portrait de la célèbre Marie-Isabelle de Ludres; Jean Meunier, Philippe et Jean-Baptiste Champagne, Guillaume Bourguignon, de superbes paysages de Claudot, et un beau portrait d'un prince de Commercy, que l'on attribue à Wandermeule.

En statues, le Musée possède un *Groupe de Laocoon*, un *Amour Grec*, une *Vénus de Médicis*, un *Apollon du Belvédère*; et, sculptées par M. Jacquot, un de nos compatriotes, qui a fait la statue de Stanislas, plusieurs statues, qui ont valu à leur auteur deux grands prix à l'Académie de Paris; une superbe statuette équestre de Charles III, coulée par les Chaligny, fondeurs lorrains; le buste de Léopold et celui du fameux statuaire Falconet, si connu en Russie par sa statue équestre de Pierre-le-Grand.

Depuis quelques années, le Musée s'est enrichi encore de plusieurs tableaux faits par des artistes lorrains; la *Bataille de Nancy*, par Eu-

gène Delacroix, un *Saint-Georges*, de M. Zle-
gler; le *Débarquement des Français à Sidi-Fer-
ruch*, et le *combat de Hanau*, (30 octobre 1813),
l'un des plus beaux faits d'armes du général
Drouot, copié, d'après Vernet, par M. Charles
Rauch. Enfin, sur la cheminée du troisième salon est un sabre d'honneur, donné le jour de
l'abdication par l'empereur, au général Drouot,
qui a voulu l'offrir à sa ville natale, en y joi-
gnant une mèche des cheveux du grand homme,
et la croix qu'il porta pendant les deux dernières années de son règne. Souvenirs précieux
que notre ville conservera religieusement.

Le côté opposé de l'Hôtel-de-Ville est occupé
par les bureaux de la Poste et des logements de
particuliers.

Pavillons Jacquet et de la Comédie.

Le pavillon qui sépare la rue de la Poissonnerie de celle l'Esplanade, fut construit, comme
tous ceux de la place Royale, sous le règne de
Stanislas. Ce prince en donna le fonds à M. Jacquet, substitut à la cour des comptes, à la
condition que celui-ci le ferait approprier, ce qui
a été exécuté. Ce pavillon porta long-temps sur
sa façade un excellent méridien, attribué au célèbre horloger Rançonnet.

Le vaste bâtiment, occupé par la Comédie et le café de ce nom, renferma d'abord les salles du collége de médecine, puis celles du musée. Le second étage fut occupé par le secrétaire de ce collége, ensuite par le directeur du musée, et enfin il l'est par un des deux commissaires de police de la ville. Un grand jardin attient à ce pavillon, et le fait communiquer à la rue de la Pépinière.

. Le théâtre, avant d'occuper cet emplacement, fut situé dans une des salles de la Poissonnerie (1732), puis après dans la magnifique salle de l'Opéra, reconstruite sous le règne de Léopold et décorée par Jacques Provençal ; enfin, en 1755, on le transféra dans le bâtiment qu'il occupe aujourd'hui, plus convenable que tout autre par sa situation au centre de Nancy. La salle de spectacle, assez grande, mais décorée et tapissée sans goût, ne répond que bien faiblement à la beauté du pavillon qui la renferme, et est peu digne d'une ville qu'on appelle l'élégante et la coquette. Nous ne donnerons pas ici l'histoire de toutes les révolutions dont elle a été le théâtre ; après avoir vu députer la Raucour et Fleury, ces deux Lorrains qui firent les délices de la scène française, elle a retenti des applaudissements qui y ont accueilli les plus grandes célébrités artistiques dont s'énorgueillisse la France ; Talma , Mlle Duchesnois et Mlle Georges, ces deux grandes tragédiennes; Mlle Mars, la comédienne inimitable, Mme Dorval..... Tous les oiseaux de passage qui parcourent les provinces en y moissonnant des couronnes, se sont abattus dans son enceinte : artistes de tous les théâtres , acteurs sérieux et bouffons, depuis Talma jusqu'à Odry, elle a presque tout vu.

Et, depuis sa naissance, sous combien de règnes notre théâtre a vécu; que d'autocrates l'ont gouverné, que de directeurs se sont enrichis et ruinés par lui; combien de répertoires il a épuisés ; que d'acteurs de tout genre, il a entendu siffler ou applaudir. Menacé souvent de périr, il s'est relevé toujours; mais, hélas! il a perdu ses beaux talents, et les spectateurs qui le fréquentent encore, invoquent sans cesse ses âges passés, se reportant par le souvenir aux temps de son ancienne gloire. D'où vient qu'un âge de fer a succédé à un âge d'or? La civilisation a-t-elle retrogradé? Sommes-nous moins difficiles ou plus exigeants que nos pères? Sommes-nous plus qu'eux avares de plaisirs, ou ne voulons-nous plus payer nos plaisirs? Je l'ignore, mais il est un fait, c'est que notre ville, parvenue à son plus haut point de splendeur,

ne fut jamais si pauvre en talents drama-
tiques qu'à l'époque où nous en écrivons l'histoire. Nous voulons réunir sur une même scène
des artistes de tous les genres, nous voulons
faire de notre théâtre un panorama universel,
rivaliser avec la capitale, et rassembler sur un
seul point ce qu'elle répand sur vingt; nous n'y
parviendrons jamais, à moins que la ville ne
double, ne triple ses revenus, pour suffire aux
exigences outrées des chanteurs et des chanteuses.
Cependant, un grand progrès matériel vient de
s'introduire dans notre théâtre; à la pâle et fu-
meuse lueur de l'huile a succédé la brillante
clarté du gaz, et, sous ce rapport, la capitale
nous laisse bien peu de chose à envier.

Il paraît, d'après le nom que porta d'abord la
salle, qu'elle était réservée à l'opéra; depuis, elle
a pris le titre de Comédie, et maintenant, elle
n'est plus destinée exclusivement à aucun genre.

Le public nancéïen, amateur des arts, est
rempli d'indulgence pour les acteurs; il les accueille et les encourage avec bonté. Rarement
esclave de sottes préventions, étrangers et compatriotes sont également bien reçus par lui; assez
porté à l'enthousiasme et à l'engouement pour
les artistes qu'il aime, il devient souvent la dupe
de sa propre bienveillance, et n'oblige que des

ingrats. Constant dans ses affections , il donne de grand cœur le droit de bourgeoisie au comédien bon ton ; les salons lui sont ouverts, et on oublie en sa faveur les préjugés qui en faisaient autrefois un paria.

Dirigé tour-à-tour par un directeur à qui la ville conférait ce privilège, le théâtre l'a été ensuite par une société d'actionnaires qui nommaient un administrateur; il l'est aujourd'hui par une réunion d'artistes-sociétaires, choisis parmi ses acteurs, qui reçoivent de la ville une subvention votée par le conseil municipal.

PALAIS ÉPISCOPAL ET ANCIEN HOTEL DE LA PRÉFECTURE.

Ces deux pavillons forment la troisième face de la Place Royale. Sous Léopold, l'emplacement du premier était occupé par de mauvaises baraques en planche qui furent démolies pour la construction d'une maison d'assez triste apparence habitée par un hôtellier. Lorsque Stanislas eut tracé le plan de la nouvelle place, il acheta ce bâtiment, et y fit élever un pavillon qu'il destina à l'hôtel des Fermes. Enfin , un décret de 1805 l'affecta à la demeure des évêques diocésains qui l'ont occupé depuis 1809. A l'époque de la révolution de 1830, l'animosité du peuple contre le primat qui l'occupait alors, faillit amener sa démolition. Heureusement que la vindicte populaire se borna au pillage des caves et au sac des tonneaux. Une remarque étrange, c'est que le premier palais épiscopal est converti en une hôtellerie, tandis que c'est sur les ruines d'une hôtellerie que s'est élevée la nouvelle demeure des évêques.

Le second pavillon, appelé maintenant l'Ecole de Musique, servit long-temps d'emplacement aux jardins de l'hôtel de Gerbévillers. M. Alliot, intendant de la maison du roi, l'acheta, sous le règne de Stanislas, le décora magnifiquement, et en fit don à ce prince pour y loger l'intendant de la province. Pendant la révolution, il servit de logement à l'administration départementale, créée en 1790, qui l'occupa jusqu'en l'an VIII, qu'il fut destiné au logement du premier préfet, M. Marquis, de Saint-Mihiel, député à l'assemblée constituante. Dans la suite, et après que la préfecture eût été tranférée dans l'hôtel du Gouvernement, il s'y établit une école de chant, sous la direction du savant professeur M. Lebrun, qu'une mort prématurée enleva, il y a quelques années, aux arts et à l'amitié de ses concitoyens.

Rue Neuve Sainte-Catherine ,
(Des Volontaires nationaux).

La rue Sainte-Catherine qui conduit de la Place Royale au faubourg des Tanneries, par la porte Sainte-Catherine, n'existait pas à l'avènement de Stanislas ; elle fut construite, par ce prince, sur l'emplacement du potager de Léopold, dans le but de procurer un embellissement à la place Royale, en faisant suite à la rue de l'Esplanade. Elle n'a été peuplée que depuis 1752. Le côté occidental de cette rue était autrefois presque entièrement occupé par l'hôpital et le monastère des frères de Saint-Jean-de-Dieu, supprimés en 90, et par le Quartier-Royal, qui subsiste encore.

Religieux de Saint-Jean-de-Dieu, — (Hôpital Marat).

Les bornes assez étroites dans lesquelles nous voulons circonscrire notre histoire de Nancy ne nous permettant pas de tracer au long l'histoire de toutes les maisons religieures qui y existaient avant la révolution, nous nous contenterons de dire quelques mots de leur origine et des hommes marquants qui en sont sortis.

Les religieux de la Charité ou de Saint-Jean-de-Dieu doivent leur établissement à Nancy à la protection de Stanislas. Leur occupation était de soigner les malades, d'accompagner, dans leurs courses, les missionnaires des missions royales, de porter les secours et les remèdes nécessaires aux pauvres des campagnes, de se rendre dans les endroits attaqués par l'épidémie, et de visiter les prisonniers de Nancy. Stanislas porta le nombre de ces religieux à huit, et combla de bienfaits cette institution sage, destinée au soulagement des pauvres souffreteux (1).

CASERNE SAINTE-CATHERINE.

Quartier-Royal, — (*des Volontaires nationaux*).

Quoiqu'élevé par les ordres de Stanislas, ce magnifique bâtiment a été construit aux frais de Nancy et de la province, auxquelles il a coûté

(1) « Les soins qu'apportent les Frères de la Charité à
» recevoir et à traiter les malades, dit Mézeray, dans son
» *Histoire de France*, méritent bien qu'on en fasse men-
» tion. Le bienheureux *Jean-de-Dieu*, natif du diocèse
» d'Evora en Portugal, homme simple et sans aucunes
» lettres, mais brûlant d'un zèle charitable d'assister les
» pauvres infirmes, commença sa congrégation en Espagne,
» vers l'an 1570. Il allait par les rues et les maisons, exhor-
» tant les chrétiens à faire l'aumône, et ayant souvent ces
» paroles à la bouche : *Faites bien, mes frères, pendant*
» *que vous en avez le temps*, à cause de quoi on appelait
» en Italie ces religieux : *Fate ben fratelli*. Pie V confirma
» cette institution par sa bulle du 1ᵉʳ janvier 1572 ; Clément
» VIII la réforma, et Paul V l'érigea en ordre religieux,
» l'astreignant aux trois vœux accoutumés, et à un qua-
» trième spécial, qui est de servir les malades, sous la dé-
» pendance néanmoins et la correction des ordinaires. »

plus de 500,000 livres de France. Les plans en furent jetés par Richard Mique, directeur-général des bâtiments du roi de Pologne, et exécutés par Louis-Joseph Mique, architecte de l'Hôtel-de-Ville. La première pierre en a été posée le 14 juillet 1764. Le bas-relief du fronton, qui représente Stanislas environné des arts, est de l'invention de Girardet et du ciseau de Sontgen. L'empereur Joseph II visita ce quartier, le 13 avril 1777.

C'est dans cette caserne, en partie inhabitée, que se réunirent, pendant la révolution, les volontaires nationaux dont fut formée l'immortelle légion de la Meurthe qui, dans toutes les batailles, se fit remarquer et se couvrit de gloire. En 1831, après la seconde révolution, un banquet fraternel y fut offert par la garde-nationale au 58.ᵉ régiment de ligne, en garnison à Nancy ; fête patriotique, à laquelle présida l'enthousiasme qui animait alors tous les esprits.

PORTE SAINTE-CATHERINE, — (*Des Volontaires nationaux*).

Stanislas fit élever cette porte, dont la première pierre fut posée le 7 juillet 1762, en honneur de son épouse Catherine Opalinska, reine de Pologne. Elle fut ensuite changée de place, démolie et reconstruite à l'endroit qu'elle occupe aujourd'hui, le 22 mars 1770. C'est un arc-de-triomphe, d'architecture dorique, surmonté d'un fronton et orné de bas-reliefs et de trophées d'armes.

À droite de cette porte est la demeure du Concierge et le bureau d'octroi.

Place d'Alliance, (*Stanislas,* — *Chalier.*)

Cette place, remarquable par la beauté et la régularité des bâtiments qui l'encadrent, a été construite aussi sous le règne de Stanislas, sur l'emplacement du potager de la cour. On la nomma d'abord place Stanislas, puis elle prit le nom de place d'Alliance, lorsqu'on eut élevé au milieu de son enceinte la belle fontaine qui la décore, et que des spoliateurs n'ont pas craint de mutiler. Cette fontaine, élevée où devait être placée la statue du roi de Pologne, rappelle l'alliance des maisons de Bourbon et d'Autriche, cimentée par le traité passé, le 1.er mai 1756, entre Louis XV et l'impératrice Marie-Thérèse; alliance représentée par deux mains unies, dont l'une porte l'écu de France et l'autre celui d'Autriche.

Première rue d'Alliance, — (*Simonneau*).

Cette rue, qui fait suite à la rue de la Poissonnerie, au-delà de la place Royale, conduit à la place d'Alliance, aux rues des Champs et Sainte-Catherine. Le pavillon situé à droite et faisant angle à la rue de la Constitution, était réservé aux bureaux de la Préfecture, lorsque celle-ci était située dans le bâtiment de l'Ecole de Médecine. Le directeur du timbre et le payeur du département y eurent long-temps leurs hôtels.

DEUXIÈME RUE D'ALLIANCE,
(*De l'Evêque,* — *de Monsieur,* — *Girardet*).

Parallèle à la précédente, cette rue se nommait rue de l'Evêque, parce que M. Drouas, évèqué de Toul, y avait sa maison; la révolution lui donna ensuite le nom du grand peintre (1) qui l'avait habitée; puis, sous la restauration, elle s'appela rue de Monsieur, parce que le frère du Roi y séjourna, en rentrant en France, dans l'hôtel de M. Mique, qui fut préfet de la Meurthe. A l'extrémité de cette rue est située l'Ecole forestière, la seule pour toute la France, et qu'une ordonnance royale vient de tranférer à Saverne.

(1) Jean Girardet, d'origine hollandaise, naquit à Lunéville en 1709 et mourut à Nancy en 1778. Honoré de l'estime et de l'amitié de Stanislas, son nom est devenu presque aussi populaire en Lorraine que celui de Callot. Girardet eut le bonheur et la gloire de former un grand nombre d'élèves, qui perpétuèrent dignement la mémoire de leur maître.

Rue des Champs.

Ce nom lui vient de ce qu'elle fut long-temps hors de l'enceinte de la ville; elle est située derrière la place d'Alliance, et donne entrée au jardin botanique.

Jardin Botanique.

C'est aux sollicitations de M. Bagard, premier président du collége royal de médecine, près du roi de Pologne, que Nancy est redevable de cette utile fondation. Il fut commencé en 1788, et a eu pour directeurs depuis cette époque jusqu'à nos jours, des savants, célèbres non-seulement en Lorraine, mais encore dans tout le royaume. Il suffit de citer celui qui y professe aujourd'hui la botanique : M. Braconnot.

Rue Bailly, — (Chalier).

La rue Bailly, qui conduit de la place d'Alliance à la place Saint-Georges, n'était auparavant qu'un cul-de-sac formé par le potager. Son nom lui vient de celui du jardinier de S. A. qui y avait sa maison.

Rue de la Constitution,
(Des Etats-Unis, — de la Congrégation).

Cette rue n'existe que depuis 1751, époque à

laquelle elle fut percée par les ordres de Stanislas pour faire communiquer directement la place Royale à l'église cathédrale. Elle est bordée d'un côté par de belles maisons, et de l'autre, dans presque toute sa longueur, par le mur de clôture du jardin de l'hôpital Saint-Julien. On y voyait, avant la révolution, l'église et le couvent des Dames de la Congrégation, établies à Nancy, depuis 1618, par les soins du bienheureux Pierre Fourrier de Mattincourt, et sous la protection d'Antoine de Lénoncourt, second primat de Lorraine. Ces religieuses eurent pour institutrice et première supérieure Alix Leclerc, de Remiremont, morte en odeur de sainteté; le but de leur fondation était l'éducation des petites filles. Le bien qu'elles firent engagea plus tard la ville à leur accorder des subventions, et à augmenter, par des concessions de terrains, le domaine dont elles étaient propriétaires. Le couvent et l'église furent supprimés en 1790, aliénés et transformés en un vaste hôtellerie, appelée aujourd'hui le Petit-Paris. Du reste, l'église, fort simple, n'avait rien de remarquable : on y lisait, sur un grand marbre, les bienfaits du primat de Lenoncourt, mort en 1636, et l'épitaphe de Catherine-Diane de Bauvau, épouse en troisièmes noces du comte Eugène de Rouerck.

C'est dans cette rue, qui aboutit à la fois à la rue de la Constitution et à celle des Dominicains, qu'est placée l'entrée de l'église et de l'hôpital Saint-Julien, dont nous allons parler.

Hopital et Eglise Saint-Julien,
(*Hôpital de Bienfaisance*).

Cet hôpital avait été fondé à la Ville-Vieille, près de la fontaine de la Grande-Rue, en 1335, par un prêtre nommé Vernier, qui le dota. Mais, soumise, en 1589, à une mauvaise administration, cette fondation se serait éteinte sans la protection de Charles III. Ce prince lui conféra, par son ordonnance du 8 mai, le droit de percevoir la moitié des francs-vins de tous les contrats qui se passeraient à Nancy et dans les faubourgs, et en outre d'avoir le meilleur habit de toutes les personnes qui décéderaient dans ladite ville, au-dessus de 7 ans.

En 1590, le même prince transféra cet hôpital où nous le voyons et ajouta à ses bienfaits, en 1591, celui de 30 resaux de blé, mesure de Nancy, que Saint-Julien devait prendre sur les greniers du duc. Il nomma pour son gouverneur Denys Costart (ou Constant, Contract), auquel il attribua 200 francs de gages, et voulut que lorsque cette place viendrait à vaquer, les bourgeois lui présentassent trois sujets, entre lesquels il en choisirait un pour le remplacer, et, par ordonnance du 7 janvier 1594, il nomma deux intendants pour surveiller l'administration de cet hôpital.

Dans l'origine, il était destiné aux vieillards infirmes, aux pauvres souffreteux et aux orphelins que la religion et la pitié adoptaient. Le successeur de Charles III, Henri II, l'enrichit par ses libéralités, et les princes qui régnèrent après lui suivirent son exemple. Stanislas, dans son inépuisable bonté, y fit ajouter vingt-quatre lits pour les enfants des deux sexes. Ils y restaient jusqu'à l'âge de quatorze ans, et lorsqu'ils en sortaient, une somme de 300 fr. était remise aux garçons et une de 500 aux filles. Stanislas fit aussi augmenter les bâtiments, et, sur la porte située en la rue Saint-Julien, on grava cette inscription :

Pater meus et mater mea dereliquerunt me,
Deus autem assumpsit me.

Aujourd'hui cet hôpital est destiné uniquement à des vieillards infirmes. Quelques-uns paient une rente pour obtenir le droit d'y finir tranquillement leurs jours. Les sœurs de Saint-Charles en sont les desservantes. Il fut spolié presque entièrement sous la révolution, et ne s'est relevé que grâce à ses économies et à de charitables dotations, lorsqu'après 1810, il eût été rendu à sa destination première. Sur la porte principale on lit : *Hôpital de Bienfaisance.* Cette maison compte, parmi ses plus ardents protecteurs, le célèbre avocat François Guinet et les comtes de Bouzey et de Mahuet.

L'Eglise Saint-Julien n'offre rien de remarquable dans son architecture ; elle est petite, basse et décorée avec la plus grande simplicité. Au-dessous d'une image de la Vierge, placée sur le portail, on lit : *Domus Dei.* Avant la spoliation de cette église, on y voyait sur deux tables de marbre, l'énumération des bienfaits des comtes de Bouzey et de Mahuet. On y lisait aussi les épitaphes de François de Serre, seigneur de Clévant, conseiller d'état, mort en 1685, et de Jean-Georges de Serre, son fils, seigneur de Ventrou, avocat-général à la cour souveraine, mort en 1686. Au nombre de ses bienfaiteurs actuels, la maison de Saint-Julien, place la famille de Ludres.

Rue Saint-Julien, — (*des Piques*, — *Socrate*).

La rue Saint-Julien, divisée en deux parties par la rue Saint-Georges, forme une sorte d'impasse près du perron de l'Hôtel-de-Ville; elle est peu fréquentée; d'un côté, c'est le derrière des maisons de la rue des Dominicains, et de l'autre le grand mur de l'Hôpital.

La question de translation de la maison de Saint-Julien à la place qu'occupe l'hôpital militaire, question depuis si long-temps agitée, n'est pas encore résolue. La démolition de Saint-Julien rendrait au commerce, non-seulement la rue qui porte son nom, mais encore celle de la Constitution, et ferait de ce carré entier un centre de population qui animerait un des plus beaux et des plus tristes quartiers de la ville.

Place Saint-Georges, — (*de la Fédération*).

Ce n'est que depuis la construction de la Porte Saint-Georges, que cette place existe; son emplacement était auparavant hors des murs. Elle n'a rien de remarquable, si ce n'est, à droite, un hôtel assez ancien, et une fontaine au côté opposé.

Porte Saint-Georges, — (*de la Fédération*).

La porte St-Georges, formée par une voûte noire

et enfumée supportant une espèce d'arc-de-
triomphe, a été élevée en février 1606, Elisée
d'Haraucourt étant gouverneur de Nancy. On
la désigna d'abord sous le nom de Porte-Neuve
ou porte des Moulins, nom qu'elle conserva jusqu'en 1608. Son plan, dressé par le fameux Richier
de Saint-Mihiel, qui a enrichi sa ville natale d'un
magnifique sépulcre, fut mis à exécution par
Nicolas Drouin. Le fronton est surmonté d'une
statue équestre de Saint-Georges de chaque côté
de laquelle sont deux figures, dont l'une soutient une corne d'abondance et l'autre tient une
épée; sous cette porte sont des habitations où
le jour ne pénètre presque jamais, et au-dessus
une école mutuelle, sous la direction d'un élève-
maitre de l'Ecole normale de Nancy, fondation qui ne date encore que de quelques
années, et qui, en enlevant aux frères de la doctrine chrétienne le monopole dont ils avaient
joui jusqu'alors, est venu répandre l'instruction
sur les enfants du peuple, non plus seulement
à l'aide de la ferrule du maître, mais par des
soins et une douceur presque paternelle.

PLACE DE LA CATHÉDRALE, — (de la Raison).

Cette place n'a plus aujourd'hui d'autre monument que la maison de cure et les ruines de

l'ancien palais épiscopal, dont dépendaient tous les bâtiments à droite de la Cathédrale, au-dessus de la voûte. La rue qui, en longeant l'é-glise, conduit à la rue des Tiercelins et dans le quartier Paille-Maille, a été prise, en 1742, sur le jardin de M. de Bauveau alors primat.

ANCIEN PALAIS ÉPISCOLAL.

A l'est de l'église cathédrale sont les restes du magnifique palais primatial, construit par An-toine de Lenoncourt, second primat de Lorraine, en partie des deniers de l'église et en partie des siens. Il fut commencé au mois de mars 1609 et habité le 1.er octobre suivant. Plus tard, le cardinal de Choiseul, archevêque de Besançon, et avant-dernier primat de Nancy, le fit rebâtir à neuf et fit sculpter ses armes sur la grande porte d'entrée. C'était alors un des plus beaux hôtels de la ville, et extrêmement commode en raison de sa proximité de la cathédrale. La révolution en fit une propriété nationale, le vendit, et l'acheteur le transforma en une vaste hôtellerie.

Le second bâtiment voisin de la Cathédrale, et qui sert aujourd'hui de maison de cure, est l'ancienne bibliothèque du chapitre, où étaient

élevés et nourris les enfants de chœur, chez le
maître de musique,

Ancienne église primatiale.

La première église primatiale fut commencée
vers 1600; mais le défaut de sa situation reconnu trop tard, fit qu'elle resta inachevée,
jusqu'à ce qu'elle fut entièrement démolie en
1744, et qu'on éleva sur son emplacement les
maisons qui font face au chœur de la cathédrale
actuelle, dont nous allons parler,

Eglise Cathédrale-Primatiale (1),

(*Temple de l'Être suprême et de la Raison*).

Le 14 septembre de l'an 1603, les habitants
de Nancy s'éveillèrent au son des cloches de
toutes les paroisses, et bientôt les rues furent
remplies du peuple vêtu de ses plus beaux habits
de fête. L'affluence devint surtout considérable
dans les rues St-Jacques, des Ponts, Notre-Dame
et la Rue-Neuve. A neuf heures du matin, les
portes de l'église Saint-Epvre s'ouvrirent au large
et laissèrent voir son enceinte, depuis l'entrée jus-

(1) Nous donnons cet article à peu près tel qu'il a été
publié au mois d'avril dernier dans le *Journal de la
Meurthe*, quoique la manière dont il est écrit diffère de
celle que nous employons dans le cours de notre histoire,

qu'au fond de la nef, envahie par une foule immense. A un signal, toute cette multitude se rangea, non sans peine, des deux côtés de la grande allée, pour faire place à la procession. Quelques instants après, les enfants de chœur firent briller leurs croix d'argent aux rayons du soleil, et les bannières de diverses couleurs des congrégations se déroulèrent au vent. Puis s'avança le clergé de toutes les paroisses, le chapitre de la collégiale Saint-Georges, tous portant les habits des grandes solennités ; puis sous un dais magnifique que précédaient deux officiants avec les burettes et la crosse, marchait messire de Lenoncourt, primat de Lorraine, tenant dans ses mains le Saint-Sacrement. Aux quatre coins du dais on voyait les plus puissants seigneurs de Lorraine, et avec eux le duc Charles III lui-même, plus fier d'avoir obtenu du pape Clément VIII une primatiale pour sa province que s'il eût conquis un royaume. Derrière marchaient immédiatement les nobles et les gentilshommes, puis les congrégations d'hommes et les corps de métiers, puis enfin tout ce qu'il y avait de soldats et d'hommes d'armes, formant deux haies au milieu desquelles se pressait le peuple. Arrivé devant le portail de Saint-Sébastien, qui devait tenir lieu de Primatiale, en attendant que celle-ci fût construite, le nouvel évêque, en l'absence du primat, le cardinal de Lorraine, la bénit solennellement. La messe y fut dite en grande pompe et cérémonie, les vêpres et complies y furent très-dévotement chantées devant le duc de Lorraine, qui voulut assister à tous les offices.

Trois ans après on posa la première pierre de l'église primatiale, qui n'avait légué que pour un temps à l'église Saint-Sébastien l'honneur de voir un évêque s'asseoir sous la voûte de son sanctuaire. Cependant les premières constructions furent lentes à s'élever, et, l'an 1610, on démolit ce qui avait été bâti, pour tourner d'un autre côté le portail, qui d'abord devait regarder la porte Saint Jean. Pour consacrer ce souvenir, on grava sur une bande de cuivre que l'on enferma dans une pierre creusée à cet effet, l'inscription suivante : *Charles III, duc de Lorraine, a voué à Dieu ce temple en église primatiale, sous la garde et tutelle de la Sainte Vierge Marie, mère de Dieu, Charles son fils, cardinal et légat du saint-siége apostolique, en étant premier primat, l'an de Notre-Seigneur 1607, le 1.er jour de juillet, sous le pape Paul V, la pierre mise ci-dessus ayant été provisoirement posée vers le midi, fut transportée ici*

vers l'orient, sous Henri II, duc de Lorraine,
Antoine de Lenoncourt primat, le 6 mai 1610,
en place de l'inscription latine, qni avait été
gravée lorsque Charles III en fit jeter les premiers fondements. Nancy put alors rivaliser avec
les vieux évêchés de Toul et de Verdun. Cependant ce ne fut que cent ans après l'érection
de son église en primatiale que la capitale de
la Lorraine put offrir un temple digne de lui à
son premier pasteur. Mais , privée de richesses ,
la primatiale ne pouvait suffire aux besoins du
clergé qui la desservait; aussi le duc de Lorraine fut-il obligé de la doter des biens d'un
grand nombre d'abbayes et de prieurés. Il lui
unit et incorpora la mense abbatiale de l'abbaye de Saint-Mihiel, et la très-ancienne abbaye de Saint-Martin-les-Metz. Il joignit en
outre à la primatiale de Nancy trois canonicats
de l'église de Saint-Dié, l'église collégiale de St-
Laurent de Dieulouard, consistant en deux dignités et quatre chanoines, les prieurés de St-
Nicolas, Saint-Dagobert de Stenay, et celui de
Varangéville,

Par une ordonnance du 23 décembre 1603,
Charles III, pour subvenir aux dépenses qu'a-
vait occasionnées la construction de la cathédrale, « avait mis une taxe sur toutes les lettres de

» grâces qui s'obtiendraient pendant quinze ans,
» dont le produit devoit être employé à la cons-
» truction de l'église primatiale de Nancy; sa-
» voir, vingt écus sols par lettre de noblesse;
» le quart d'une année sur toutes les pensions
» qui seroient accordées; moitié du droit de
» sceau ordinaire sur les lettres obtenues par
» les serviteurs et domestiques de la maison
» royale, dont ils étoient exempts par l'ordon-
» nance du 10 août 1581. A l'égard des ec-
» clésiastiques qui obtiendroient des bénéfices,
» ils ne furent pas taxés, mais seulement invités
» de donner une somme à leur volonté (1). »
Le chapitre de la cathédrale était composé de
quatre dignités : le primat, le doyen, le chantre
et l'écolâtre; de treize chanoines, treize pré-
bendes et huit chapelains ou vicaires; dans la
suite il s'augmenta de deux chanoines, de deux
sous-chantres et d'un sacristain.

Le chapitre de la collégiale Saint-Georges n'a-
vait pu voir sans jalousie s'élever près de lui un
second chapitre dont la puissance menaçait de
l'emporter sur celle que lui avaient accordée jusqu'à ce jour les ducs de Lorraine, aussi avait-

(1) *Dictionnaire des Ordonnances des Tribunaux*,
par M. de Rogéville.

il constamment refusé de se réunir à la primatiale. Déjà quelques-uns de ses priviléges lui avaient été enlevés au profit de la nouvelle église, lorsque Stanislas, mécontent de cette scission entre les membres du clergé nancéïen, ordonna « que l'église primatiale serait désormais ouverte aux deux chapitres séculiers de sa bonne ville de Nancy, et que la collégiale Saint-Georges lui serait à tout jamais unie et incorporée, pour ne plus former qu'un seul et même collége dont les biens et revenus seraient réunis dans une mense commune. » Il fallut obéir, et le 1.er novembre 1742, jour de la Toussaint, les premières vêpres y furent chantées par tous les chanoines assemblés.

Depuis l'époque de sa fondation, la primatiale de Nancy a vu seize prélats se succéder sur son siége ; ce furent : le prince Charles de Lorraine, cardinal légat du saint-siége dans les duchés de Lorraine, évêque de Metz et de Strasbourg ; Antoine de Lenoncourt, abbé de Beaupré, prieur de Lay ; Charles de Lorraine, abbé de Gorze, fils naturel du duc Charles III ; Charles V ; Louis-Alphonse de Lorraine, chevalier d'Harcourt ; Charles de Lorraine, électeur de Trèves, évêque d'Osnabruck et d'Olmutz, grand-prieur de Castille ; François de Bauveau, fils du prince

de Craon ; Antoine de Choiseul-Beaupré qui mourut cardinal ; Louis de Sabran , qui fut nommé
à l'évêché-duché-pairie de Laon avant d'avoir
pris possession de son épiscopat ; M. François
de Fontanges , officier de la Légion-d'Honneur,
qui fut dans la suite archevêque de Bourges et
de Toulouse , élu député aux états-généraux pour
le clergé de la sénéchaussée de cette ville ; rentré
en France après l'émigration , il fut nommé évêque d'Autun , en conservant toutefois le titre
d'archevêque ; Anne-Louis-Henri de Lafare , député du clergé aux états généraux en 1789 ; il y
défendit avec ardeur la religion catholique ; ayant
été obligé de quitter la France, il alla à Vienne
où il négocia le mariage du duc d'Angoulême ;
il fut chargé de la correspondance des princes ,
et devint l'agent des émigrés français répandus
sur le continent ; il revint en France avec la famille royale, et la duchesse d'Angoulême en fit
son aumônier, puis il fut nommé cardinal-ar-
chevêque de Sens et Auxerre ; Louis-François
Lalande, prêtre oratorien , élu évêque constitutionnel du département de la Meurthe en 1793,
député à la convention nationale et après membre du conseil des Cinq-Cents ; l'abbé Nicolas,
ancien curé de Tantonville, professeur d'éloquence à l'université de Nancy , nommé évêque

par un concile de l'église gallicane tenu à la cathédrale de Paris ; sa mort faillit être la cause d'une insurrection populaire à Nancy, le chapitre ayant refusé de lui rendre les derniers honneurs comme évêque; Eustache d'Osmond, commandeur de la Légion-d'Honneur, de l'ordre de Notre-Dame du Mont-Carmel et de St-Lazare de Jérusalem, ex-aumônier de Louis Bonaparte, ancien évêque de Comminge; après avoir été onze ans évêque de Nancy, il fut appelé à l'archevêché de Florence qu'il quitta trois années après pour venir reprendre l'épiscopat de Nancy, où il mourut en 1823; il a été inhumé dans une des chapelles de la cathédrale; Benoit Costaz, baron de l'empire, évêque de Nancy pendant l'absence de M. d'Osmond ; Charles-Auguste-Marie-Joseph de Forbin-Janson, d'abord auditeur au conseil-d'état sous Napoléon, puis vicaire-général de Chambéry, et banni de son siége épiscopal pour avoir fait de la chaire de vérité une tribune d'intolérance et de fanatisme; enfin M. Donnet, évêque de Rose, coadjuteur de Nancy, appelé à remplacer le cardinal de Cheverus à l'archi-épiscopat de Bordeaux.

Depuis plus de sept ans qu'elle est sans évêque, la ville de Nancy attend encore un successeur à son dernier prélat.

Les ducs de Lorraine furent si glorieux de l'obtention d'un évêché pour leur capitale, qu'ils sollicitèrent du pape l'honneur d'être comptés au nombre des chanoines du chapitre primatial, honneur qu'une bulle pontificale leur octroya sur-le-champ. Après la mort du roi de Pologne, Louis XV, devenu possesseur des duchés de Lorraine et de Bar, fut revêtu de cette dignité.

Comme on le voit, l'origine de l'épiscopat de Nancy et de l'érection de sa cathédrale ne date pas d'une époque très-reculée, et son histoire ne renferme qu'une suite non interrompue de prélats, pour la plupart issus des premières maisons de Lorraine. De simple primatiale qu'elle avait été pendant long-temps, l'église de Nancy fut érigée en cathédrale-primatiale par une bulle du pape Pie VI, du 19 novembre 1777, et son évêque prit le titre d'évêque-primat, sans jouir toutefois de plus de priviléges que les autres évêques.

Le diocèse de Nancy est formé de 168 cures et de 125 annexes; il comprenait, avant la révolution, 45 communautés d'hommes et 25 de femmes, sans compter les maisons de charité.

L'architecture de la cathédrale, toute moderne, est d'une froide et monotone régularité, hors la façade qui est décorée de quelques ornements. Au milieu de ses colonnes accouplées est un vitrail coupé dans le milieu, supportant un fronton où sont les armes pleines de Lorraine avec la croix ducale, les deux aigles pour supports, la croix de Lorraine pendant à leur cou. Cette façade, où se trouvent réunis les deux ordres composite et corinthien, est large de 150 pieds. Malgré son archivolte et ses impostes ornés de moulures, son pourtour, ses arrière-corps, ses tours même décorées de pilastres et ayant chacune un vitrail ceintré, la primatiale est un monument qui n'offre qu'un pâle assemblage de pierres de taille plus ou moins belles. Si l'architecte le regarde comme un édifice d'une construction parfaitement régulière, il n'est aux yeux de l'artiste qu'un édifice sans couleur, sans expression et sans vie. On devait placer entre les tours un troisième ordre destiné à remédier au mauvais effet que produit leur écartement. On en demanda le plan aux divers architectes de Nancy, qui ne purent en donner un satisfaisant ; celui qu'on adopta, mais qui ne reçut pas son exécution, fut tracé par Jean-François Barbe, habile horloger de cette ville.

La Cathédrale devait en outre avoir un dôme sur le devant et une chapelle de plus qui aurait allongé la nef d'un quart ; les tours, à une certaine hauteur, devaient être terminées par une charpente recouverte d'ardoises ; le premier projet ne fut pas mis à exécution , et, grâce aux conseils du graveur Saint-Urbain, les tours furent construites entièrement en pierres de taille.

Ainsi les deux hommes dont le nom se rattache à la fondation de cette église étaient tous deux célèbres dans un art qui n'a rien de commun avec l'architecture.

C'est un nommé Quérat qui a fondu les cloches.

La monotonie de l'extérieur vous frappe encore lorsque vous pénétrez à l'intérieur. Les chapelles, symétriquement rangées à droite et à gauche, toutes à peu près de la même architecture, sont aussi pauvres d'ornements les unes que les autres. Des reliques enfermées dans des chasses sont posées sur quelques autels. Celles qui sont le plus en vénération sont celles de saint Sigisbert, roi d'Austrasie, que l'on invoque dans les calamités publiques ; celles de Saint-Gauzelin, évêque de Toul, provenant du chapitre de Bouxières, et celles de Sainte-Concorde, qui appartenaient à l'église de la Visitation, à laquelle en avait fait don la duchesse de Clèves ; enfin cette église possède l'image de Notre-Dame-de-Bonne-Nouvelle, qui y est l'objet d'un culte particulier. La Cathédrale a perdu, pendant la révolution, celle de Notre-Dame de Montaigu de Brabant.

Près des portes d'entrée, du côté du grand portail, sont deux bénitiers en granit, donnés en 1807, par M. Charles d'Ourches. La grosse lampe d'argent est un présent d'un prince espagnol, prisonnier à Nancy, en 1809.

Au-dessus du portail est un jeu d'orgues complet, qui y a été placé en 1757 et 1758. Enfin la chapelle des congréganistes est ornée de trois beaux tableaux de Girardet. Dans les deux dernières chapelles, près de la grille qui sépare la nef du sanctuaire, sont les statues des quatre docteurs de l'église, détachées du tombeau du cardinal de Vaudémont, aux Cordeliers, qui sont du fameux Nicolas Drouin. Autrefois, en face de la petite porte d'entrée, près du chapitre, au collatéral de l'évangile, était un monument antique et curieux, élevé à un membre de la famille des comtes de Ludres. Il était formé de deux colonnes en marbre noir, placées sur des consoles renfermant un grand écu à la croix engrelée de gueules, écartelé d'azur, au lion d'or, orné de ses lambrequins, d'un casque à onze grilles, ayant pour cimier une tête de cerf. Sur l'entablement des colonnes, était le chevalier de grandeur na-

turelle, à genoux sur un carreau de velours cramoisi, la tête couverte d'un bonnet bordé de
fourrure, ayant une longue barbe, un demi-
manteau à larges manches, laissant apercevoir
ses brasselets et toute l'armure d'un chevalier,
ayant l'épée au côté. On lisait au-dessous cette
inscription en vers gothiques, qui peuvent donner une idée de la poésie et du langage du
temps.

Ne mort ne vist gist le preux chevalier
Nicol.. de Ludres auprès de ce pillier
De son renom , puis le cours de nature
En fera foy condigne sépulture ;
Car ce que mort luy prétendoit ravir,
Los immortel le nous faict rétablir.
Roys , Ducz , Chiefz trouvé l'ont autentique ,
Dont des Lorrains est prouvé magnifique ,
Et s'il n'a vie au rencs des gens mortels ,
Si vivra-il entre les immortelz...
Assez long-temps en assault et bataille
S'est présenté d'estoc et de taille
Ja sois que Mars moins que mort lui a fait,
Quand Atropos le vint saisir de fait,
Mil cinq cent trente et ix jo' vingt-sixiesme
Fust en Febvrier l'an soixante-quinziesme.
Or prions Dieu qu'en paradis réclus
Soit l'esprit sien à tout jamais sans plus.

La nef a un dôme de pierre, de quarante-
huit pieds de diamètre, peint à fresque par Claude
Jacquart, et représentant un ciel ouvert. Mais

les personnages ont de si petites dimensions qu'il est difficile de les bien distinguer à l'œil nu (1). Dans le sanctuaire, pavé de carreaux de marbre noir et blanc et garni de stalles, sont deux grands tableaux de Charles, célèbre peintre lorrain; l'un représentant le couronnement de Saint-Sigisbert, et l'autre un banquet de pauvres servis à table par ce pieux roi. Dans le fond, au-dessus du trône épiscopal, sous un dôme soutenu par des colonnes de marbre veiné et éclairé par le faîte, est une belle statue de la Vierge sculptée par Bagard. Les autres antiquités que renfermait la Cathédrale en ont disparu pendant la tourmente révolutionnaire; elle a été dévastée, on l'a dépouillée de ses ornements et on en a fait un temple de l'Être suprême. Peu s'en est fallu qu'elle ne fût adjugée pour un million à un acquéreur de biens nationaux. Depuis cette époque, et malgré les dons de quelques-uns de ses premiers pasteurs, elle a conservé un air de pauvreté et de mesquinerie qui fait mal, surtout lorsqu'on

(1) Quelques historiens racontent, au sujet de ce tableau, une anecdote dont Lionnais conteste la véracité. Lorsque Jacquart, dit-on, eut fait enlever l'échafaud, il pria la duchesse de Lorraine de venir voir l'ouvrage qu'il avait peint. L'ayant bien considéré, la princesse répondit : « Jacquart, tu m'avais promis de me faire voir un ciel ouvert, et il me semble voir un enfer! » Le malheureux peintre tomba à la renverse et on l'enterra le lendemain.

---

pense qu'elle porte le titre pompeux de cathédrale-primatiale. N'allez jamais la voir que le soir, lorsque sa grosse lampe d'argent balance une pâle lueur au-dessus de la nef et du sanctuaire, que les voix sonores des chantres roulent sous ses larges voûtes et vont répondre à la voix harmonieuse de l'orgue. Pas une page d'histoire n'est écrite sur les dalles qui la pavent; le bruit de vos pas n'y éveille pas un souvenir. Pour moi, j'aime mieux la chapelle de Bonsecours avec ses vieux drapeaux qui pendent en haillons, ses fondations pilotées sur des ossements; Saint-Epvre, la sombre église, environnée des rues plus sombres encore de notre vieille cité; et la chapelle des Cordeliers où l'histoire entière de Lorraine se lit sur la pierre et le marbre qui couvrent ses tombeaux.

RUE MONTESQUIEU. — (*De la Vieille-Primatiale*).

Cette rue, appelée, dans le plan qui accompagne l'histoire de Dom Calmet, rue de la Primatiale, est celle dans laquelle fut placée la première église destinée à servir de Primatiale; elle conduit de la place de la Cathédrale à la rue des Tiercelins. Les maisons qui forment une partie de son côté gauche sont adossées au mur de la cathédrale et furent long-temps une dépendance de son chapitre, qui les louait à son profit. A droite, ce sont des hôtels ou des maisons de commerce.

PREMIÈRE RUE DES CHANOINES, — (*Mably*).

DEUXIÈME RUE DES CHANOINES,

(*De l'Homme de Bien ou de l'Abbé de Saint-Pierre*).

Ces deux rues, solitaires, conduisent de la rue des Tiercelins à ce qu'on appelle la petite place de la Cathédrale, derrière le chœur de cette église; elles sont formées de maisons autrefois canoniales, aliénées pendant la révolution, et qui, au temps du chapitre de la cathédrale, et depuis 1608, formaient le cloître des chanoines. On y remarquait l'hôtel du grand-doyen, bâti par M. de Stainville, réparé par le prélat de Bouzey et embelli encore par M. de Lascaris, grand chantre, qui en fut le troisième propriétaire.

RUE DU MANÉGE, — *de Châteaufort*.

Cette rue, parallèle aux deux précédentes, n'existe que depuis l'avènement du duc Léopold, qui y établit un manége pour les pages de sa eour. Sous la révolution, elle a pris le nom de Châteaufort, conseiller à la cour souveraine, qui se sacrifia pour les intérêts du peuple et mourut en 1765.

Rue des Tiercelins, — (*Loustrator*).
Ancien Couvent des Tiercelins.

Cette rue, qui n'a plus rien de remarquable, renfermait autrefois le couvent des Tiercelins, communauté d'hommes, transférée de Notre-Dame-des-Anges à Nancy, en 1643, et supprimée en 1791, époque où leur monastère fut converti en une filature de coton. Les Tiercelins avaient été fondés par messire Charles Bowet de Romémont, chambellan du duc Henri, et par la dame Le Pougnant, auxquels les Tiercelines durent aussi leur origine. Ces moines comptèrent parmi eux le père Vincent Gérard, auteur d'une histoire de Lorraine qui est restée manuscrite. Leur église fut construite en 1702, avec les secours que leur accorda le duc Léopold, et ils la placèrent sous l'invocation du Saint-Esprit. Du reste, elle était peu remarquable, si ce n'est par les tableaux de Du Lys, parent de la Pucelle d'Orléans, et qui mourut à Nancy en 1732; et par un assez grand nombre de mausolées qui y étaient renfermés. On y lisait les épitaphes de Louis Coquet, chanoine de la Primatiale, mort en 1706; d'Etienne-Charles Abram, avocat célèbre de la cour souveraine de Nancy, mort en 1720; d'Antoinette-Louise comtesse de Lamber-

tye, morte en 1737, épouse du comte de Tornielle, marquis de Gerbéviller, conseiller-d'état
des ducs Léopold et François III; de Gertrude
Abram, épouse de François Collin, avocat à la
cour souveraine, morte en 1738; enfin de Charles
Roidat, aussi avocat à la cour souveraine; de
Henri Fournier, avocat au conseil, de Marguerite Lefebvre, son épouse, et de Joseph Pierre,
tous morts de 1751 à 1770.

PAILLE-MAILLE.

On comprend assez généralement sous ee nom
toutes les rues renfermées dans l'île formée par la
rue des Tiercelins et celle du faubourg Saint-
Nicolas. Leur peu d'importance nous dispense de
donner à chacune une mention particulière. La
plus longue est celle qui conduit de la porte
Saint-Georges à la rue Saint-Nicolas; on l'appelait autrefois rue *Paille-Maille*, à cause du
jeu, destiné à l'amusement des princes, que l'on
avait établi dans ce quartier, et du *Rempart*,
paree qu'elle longeait les anciens remparts de la
ville; sous la révolution, on l'appela rue des
Manufactures, et enfin elle porte aujourd'hui le
double nom de rue *des Jardins*, et *des Fabriques*; la rue *Sainte-Catherine*, maintenant
rue *Ancienne Gendarmerie*, parce que les gen-

darmes du duc Léopold y avaient une espèce de
caserne; la rue *Sainte-Anne* (du *Mûrier*), ainsi
nommée à cause d'une chapelle qui y subsista
long-temps; enfin la ruelle *Sainte-Catherine*, à
laquelle un événement tragique fit donner la dénomination de *ruelle du Pendu*. On raconte
qu'un maître carrieur ayant eu une dispute avec
un de ses ouvriers, blessa ce dernier assez griè-
vement, et que, pour se soustraire à la sévérité
des lois, il se pendit aussitôt à sa fenêtre. Il parait
qu'à cette époque le suicide était plus rare qu'aujourd'hui, car, si l'on voulait changer le nom
des rues à mesure qu'elles servent de théâtre à
une mort volontaire, les quartiers de la ville
porteraient bientôt toutes des noms rappelant
quelque triste souvenir. Voilà de quoi se compose, à part la rue des Orphelines, dont nous
parlerons tout-à-l'heure, ce vaste quartier, qui
est le réceptacle de la misère et du travail. Depuis quelques années la poste aux chevaux y est
établie, ainsi qu'une usine destinée à la fabrication du gaz portatif. On y a transféré aussi ,
nous ne savons pourquoi, les bureaux du timbre,
que l'on a éloignés ainsi du centre de toutes les
communications. Au fond de la Paille-Maille est
une maison qui servait autrefois de remise au
bourreau, et qui a conservé le nom de *Maison*

de la Guillotine. Mais si c'est dans ce quartier que la misère semble s'être réfugiée, il est consolant de voir la bienfaisance venir jusque-là lui tendre la main, et, au sein de la pauvreté, recueillir sous le toit d'une salle d'asile, l'enfant du malheureux qui peut ainsi aller tranquillement à sa journée. Ces salles d'asile ont un autre but d'utilité morale, c'est d'accoutumer les enfants à la propreté, cette compagne inséparable du travail, qui les sauve du dévergondage et de la prostitution. Plus tard, lorsque notre statistique sera terminée, nous essaierons de développer les causes qui engendrent, selon nous, tant de vices au milieu de notre cité, portent la corruption jusqu'au cœur des familles, et grossissent chaque jour les registres des filles perdues.

Rue et maison des Orphelines.

Cette maison, destinée à recevoir, nourrir et élever les jeunes filles nées en loyal mariage, orphelines de père ou de mère, a été fondée à Nancy par la dame Françoise-Catherine Croiset, dame d'Heillecourt, veuve de Zénobi Vireau, seigneur de Sombreuil, et autorisée par lettres-patentes du duc Léopold, du 20 janvier 1715. Les premières supérieure et officières qui administrèrent cette maison, étaient des filles dévotes qui, par zèle et charité, se chargèrent de cette bonne œuvre envers de pauvres enfants. (1) Cette institution si utile fut supprimée en 1791, mais Louis XVIII la rétablit le 9 septembre 1818, et elle fut rouverte le 19 mars 1819. Les filles orphelines qu'on élevait à l'hospice général des Enfants-Trouvés sont rentrées dans cette maison, qui a servi de pensionnat, et où beaucoup de jeunes filles vont encore apprendre à travailler. Leur église, qui fut démolie et long-temps fermée, et qui possédait, comme les Tiercelins, plusieurs tableaux de Du Lys, a été restaurée proprement quoiqu'avec simplicité. Elle sert de sépulture à la fondatrice de la maison des Orphelines, morte en 1739, et que le marquis de Bauveau, dans ses mémoires, dit avoir été la maîtresse de Léopold; à Antoine-Melchior, Gaspard et Nicolas Balthazard, tous trois prêtres et bienfaiteurs de cette maison, morts en 1730, 1738 et 1756; à Jean-François Bouvier-Dumolard, bachelier en théologie, ancien curé de Maxéville, ensuite éeolàtre de la Primatiale, puis aumônier des ducs de Lorraine, mort en 1747; et enfin à Marie-

(1) Avant d'avoir cette destination, la maison des Orphelines s'appelait l'*hôpital Madommé*, et servait à recevoir les pauvres étrangers.

Louise-Eugénie de Bauveau, abbesse d'Epinal, fille de Marc de Bauveau-Craon et de Marguerite de Lignéville, morte en 1734.

RUE DES DOMINICAINS,

(Rue Neuve Saint-Nicolas, — des Jacobins,

Jean-Jacques Rousseau).

Avant de continuer la description des rues de la Ville-Neuve, il est bon d'indiquer la marche que nous voulons suivre, pour que le lecteur puisse facilement nous accompagner dans les lieux que nous allons parcourir. Nous commencerons par la rue des Dominicains et son prolongement jusqu'au fond du faubourg Saint-Nicolas, ensuite par la rue Saint-Dizier dans toute sa longueur, en comprenant dans cette statistique l'histoire des maisons renfermées entre ces deux rues qui traversent la Ville-Neuve dans presque toute son étendue; nous remonterons après les rues Stanislas, de la Poissonnerie et Saint-Georges et toutes les rues qu'elles enserrent, et enfin nous terminerons par la description de l'immense carré formé par les rues Saint-Georges et Saint-Dizier, jusqu'aux portes Saint-Jean et Saint-Nicolas.

Les rues des Dominicains, du Pont-Moujà et du faubourg Saint-Nicolas formaient, avant la construction de la Ville-Neuve, ce qu'on appelait le faubourg Saint-Nicolas-lez-Nancy. Les maisons, d'assez pauvre apparence, étaient bâties sans ordre et sans alignement ; ce fut Stanislas qui fit tirer ces rues au cordeau, afin de les rendre dignes de servir de communication à la place Royale ; c'est depuis cette époque que la rue des Dominicains devint ce qu'elle est aujourd'hui, c'est-à-dire une des plus belles et des plus commerçantes de la Ville-Neuve.

Avant la révolution, deux couvents occupaient presque entièrement le carré compris entre cette rue et la portion de la rue Saint-Dizier qui lui est parallèle : c'étaient les sœurs Grises ou religieuses hospitalières de Sainte-Elisabeth, et les Jacobins ou Dominicains.

LES SOEURS GRISES OU RELIGIEUSES HOSPITALIÈRES DE SAINTE-ELISABETH.

Ces religieuses durent leur établissement à Nancy au duc René II, qui leur donna, en 1495, l'hôpital Notre-Dame, hôpital fondé pour y recevoir les pauvres passants infirmes et autres personnes misérables de l'un ou de l'autre sexe. Cet hôpital fut desservi d'abord par des ecclésiastiques et administré par un gouverneur qui en régissait les biens et en justifiait l'emploi à la chambre des comptes du prince. Pendant les deux siéges de Nancy, cette maison eut beaucoup à souffrir et fut reconstruite presque entièrement par Pierre de Blarue, auteur de la *Nancéïde*, à qui le duc en avait confié le gouvernement. Mais sous ceux qui le régirent après lui, cet hôpital perdit presque tous ses revenus et fut sur le penchant de sa ruine. A cette époque, les religieuses de Sainte-Elisabeth l'habitaient déjà et ne s'y maintinrent qu'à l'aide des secours que leur accorda René, et de la protection des successeurs de ce prince.

Du reste, il paraît que, long-temps avant leur abolition (1790), ces religieuses s'étaient singulièrement relâchés de la sévérité de leurs principes, oublant les pauvres pour les riches, et négligeant de porter leurs secours aux malheureux, qui seuls avaient droit de les réclamer.

Leur couvent était situé à peu-près vis-à-vis la rue de l'Hôpital Saint-Julien; l'église était petite, mais assez bien décorée; elle possédait une superbe *Assomption* du pinceau de Claude Charles, entourée d'un beau paysage peint par Claudot, et une statue de la Vierge sculptée par Adam. Cette église servait de sépulture à quelques nobles et anciennes familles de Lorraine.

Un cimetière s'étendait derrière le couvent et l'église.

Les Dominicains.

Les religieux de Saint-Dominique, appelés indistinctement Jacobins ou Dominicains, s'établirent à Nancy, en 1642, par la protection et les libéralités de François de l'Hôpital, comte de Rosnay, seigneur Du Hallier, qui était gouverneur, pour la France, des villes et citadelle de Nancy. Pendant les guerres qui désolèrent la Lorraine, sous le règne de Charles IV, ces religieux ouvrirent un cours de philosophie et de théologie, que le duc Léopold fit fermer pour rendre aux Jésuites le privilège de l'enseignement public. Leur monastère et leur église assez vaste, mais qui n'avaient rien de remarquable, furent fermés, ainsi que la maison des religieuses de Sainte-Elisabeth, aliénés et vendus, à l'époque de la révolution, à des particuliers, qui en changèrent tout-à-fait la destination.

Le couvent des Dominicains était bâti sur l'emplacement qu'occupe aujourd'hui le Casino. Ses premiers acquéreurs furent les sieurs Hœner et Lamort, imprimeurs. Depuis, ses bâtiments servirent à un cercle du commerce, puis à une librairie; ils sont occupés maintenant par un bel

établissement de bains et par un lavoir, le second qui ait été construit au centre de la ville.

Le côté de la rue des Dominicains, opposé à
celui dont nous venons de parler, est formé par
d'assez belles maisons, dont quelques-unes furent
habitées par des savants et des artistes célèbres :
Hardy, graveur du duc Charles IV, né à Nancy,
où il mourut en 1669; Capechon, peintre distingué, vivant aussi sous Charles IV; Jean-
Georges Gérard, d'Epinal, mort à Nancy en
1690, occupèrent les maisons situées entre l'Hôtel-de-Ville et la rue de l'Hôpital. Dans l'autre
portion de la rue des Dominicains demeurèrent
M. Willemet, botaniste célèbre, démonstrateur
de botanique et de chimie au collége royal de
médecine; Jacob Sigisbert Adam, fameux sculpteur, né à Nancy en 1670, dont la maison était
remarquable par le luxe et l'originalité de son
architecture; et enfin Ransonnet, horloger très-
habile dans son art. La maison n.º 53, où fut
long-temps la librairie Bontoux, était ornée d'un
grand médaillon du roi de Pologne, qui fut brisé
pendant la révolution. Le bâtiment qui terminait
la rue des Dominicains, et qui conserva long-
temps sa première architecture, servait de demeure à un nommé Claudin Durand, dit Meu-
géart, qui fit donner son nom à une partie du

faubourg Saint-Nicolas. Ce Meugeart était save-
tier et avait son échoppe devant sa maison, le
long de laquelle coulait, à découvert, le ruisseau
du moulin, renfermé aujourd'hui dans un canal
qui descend le long de la rue Saint-Georges, et,
passant par le jardin botanique et les Tanneries,
va se perdre dans la Meurthe près des Grands-
Moulins. Lorsque les eaux du moulin étaient
grossies par la pluie de quelque orage, elles dé-
bordaient et inondaient une partie de ce quartier, dont les communications étaient ainsi rom-
pues. Alors Meugeart mettait une planche sur
le ruisseau et exigeait pour droit de péage, une
pièce de monnaie de tous ceux qui voulaient y
passer. Charles III ayant fait paver les rues de la
Ville-Neuve, fit construire en cet endroit, un
pont en pierre avec une pyramide placée au milieu du garde-fou occidental, sur laquelle était
une statue de Neptune, qui orna plus tard la fontaine du pont Mougeart.

Rue du Pont-Mouja, — (du Pont-Meugeart).

Nous venons de voir, en parlant de la rue
des Dominicains, où cette rue a pris le nom
qu'elle porte encore aujourd'hui; à l'angle qu'elle
forme avec la rue Saint-Georges était une fontaine
appelée fontaine de Neptune, à cause de la statue

qui la surmontait. Dom Calmet, dans le plan annexé à son *Histoire de Lorraine*, dit que la seconde maison à droite était l'hôtel de l'Envoyé de France. L'abbé de Senones a voulu sans doute dire une des faces de cet hôtel, car l'entrée principale était dans la rue Saint-Georges. Au-delà du ruisseau qui, en cet endroit, traversait la rue, était la maison ou plutôt l'assemblage de maisons connu sous le nom d'*Enfer*, nom qui s'est conservé, et dont voici l'origine : Ce bâtiment, d'une vaste étendue, tant sur le Pont-Moujà que sur la rue Saint-Dizier, contenait des écuries dans lesquelles on plaça les chevaux de la cavalerie pendant l'occupation de Nancy par les troupes de la France. Les soldats, en venant panser leurs chevaux, lançaient souvent, contre le duc de Lorraine, des propos injurieux que les habitants ne pouvaient entendre sans colère. De là des querelles et des batailles continuelles entre les uns et les autres, ce qui fit dire que cette maison était un *enfer*, parce qu'on ne pouvait y vivre tranquille ; mais cette qualification lui fut spécialement attribuée à cause d'un crime horrible qui y fut commis. Deux malheureuses femmes, poussées par la faim, égorgèrent leurs enfants pour les manger, et en jetèrent dans le ruisseau

17.

les ossements que l'on y découvrit, avant qu'ils n'eussent été entraînés à la rivière. Ces femmes furent saisies, mises en prison, et, après l'aveu de leur forfait, exécutées à la porte de la ville. La partie de la maison de l'Enfer, faisant face sur la rue Saint-Dizier, avait été construite par M. Lenoir, avocat célèbre. Les murs étaient décorés de peintures qui ont été effacées. Ce bâtiment fut la première demeure des Annonciades, dont nous parlerons plus tard. Le reste des maisons de cette rue n'offre rien de remarquable.

Le côté opposé à celui que nous venons de décrire, est désigné, dans l'abbé Lionnais, sous le nom de Carré des Trois-Maures, du nom d'une hôtellerie très-ancienne et très-vaste, qui en occupait la plus grande partie (1).

(1) Voici une chronique rapportée par l'abbé Lionnais que nous copions textuellement : « C'est dans » cette rue que demeurait un honnête citoyen de cette » ville, dans les premières années du règne de Léo- » pold, lequel fut assassiné par un jeune gentilhomme, » cadet ou page de ce prince. Comme il ne faisait que » d'arriver à l'Académie, et que ses anciens camarades pré- » tendaient avoir le droit de faire faire leurs commissions » aux nouveaux entrants, l'un de ces premiers lui dit d'al- » ler lui chercher de *l'huile de cotteré*; en l'assurant qu'il » en trouverait près du Pont-Mougeart. Obéissant à l'ordre » de celui qu'il croit son supérieur, il entre chez ce citoyen » et lui demande l'objet de sa commission. Celui-ci, peu » prudent, lui répond qu'il n'en vend pas, mais qu'il en » trouvera chez un apothicaire du voisinage. Il s'y rend,

Rue du faubourg Saint-Nicolas, —(*des Sans-Culottes*).
Rue de la Fontaine Rouge.

Ces deux rues, qui ne portent aujourd'hui
que le seul nom de rue du faubourg Saint-
Nicolas, s'étendent depuis la rue de la Fayencerie
jusqu'aux murs de clôture de la ville. Les
bureaux de la poste y étaient situés autrefois,
vis-à-vis la rue des Tiercelins. Un peu plus loin,
à gauche, à l'angle formé par la rue dont nous parlons et celle de la Hache, était l'hospice des chanoines réguliers, dont l'établissement avait été autorisé à Nancy par lettres-patentes de Léopold, du
23 février 1715. Leur église n'était qu'une chapelle, sous l'invocation de Saint-Pierre Fourier,

» et on lui apprend que cette *huile de cotteré* signifie *des*
» *coups de bâton*, et qu'on serait bien fâché de lui en
» donner. Ce jeune homme, transporté de fureur, court à
» la maison du citoyen qui, la veille des Rois, et à souper,
» se divertissait avec sa famille et ses amis, comme c'est
» l'usage en ce jour, le demande à la porte, lui plonge son
» épée au travers du corps et l'étend mort sur le pavé. Il
» s'enfuit aussitôt des états de Lorraine; mais son procès
» lui fut fait par contumace, il fut condamné à avoir la
» tête tranchée comme gentilhomme. Il resta dix-neuf ans
» éloigné du pays. L'amour de la patrie et l'espérance d'ap-
» paiser la famille du citoyen assassiné le portèrent à reve-
» nir à Nancy sous la régence de la Duchesse douairière de
» Lorraine. Il fut arrêté, conduit en prison et exécuté à
» neuf heures du soir sur la place de Grève, malgré toutes
» les instances et réclamations de ses parents auprès de la
» duchesse, qui refusa d'accorder la grâce qu'on lui de-
» mandait. »

réformateur de leur congrégation. Ces religieux n'habitèrent la maison de la rue Saint-Nicolas que jusqu'à l'époque où l'instruction publique leur ayant été confiée, ils allèrent s'établir au collége de Nancy. A l'extrémité de cette rue, entre la rue du Rempart èt celle qu'on appelle aujourd'hui rue de Grève, étaient les bâtiments des casernes, construits sous le règne de Léopold, et que remplaça plus tard (1770) une maison de force ou dépôt de mendicité, où l'on recueillait les pauvres malades et où on leur distribuait tous les secours dont ils avaient besoin.

Le prolongement de là rue du faubourg Saint-Nicolas s'appelait rue de la Fontaine-Rouge, à cause d'une fontaine surmontée d'une statue de saint Nicolas peint en rouge.

Rue Saint-Dizier, — (*de la Constitution républicaine*).

Cette rue, la plus grande et la plus belle de Nancy, dont elle partage la Ville-Neuve en deux parties presque égales, tient son nom du village de Saint-Dizier, aujourd'hui les Trois Maisons, qui fut, comme nous l'avons dit, détruit en 1590. Elle s'étend depuis la rue d'Amerval, qui lui fait suite, jusqu'à la porte Saint-Nicolas. Quinze rues y aboutissent. Avant la révolution, elle renfermait plusieurs maisons religieuses

qui, à cette époque, ont changé de destination.
On y voyait quelques hôtels et de vieux bâti-
ments d'une origine plus ancienne que celle de la
Ville-Neuve.

La Poissonnerie.

La maison qui termine la rue Saint-Dizier,
en faisant angle à la rue Stanislas, est la Poissonnerie, démolie, il y a quelques années, et
sur les ruines de laquelle s'est élevé un vaste
bâtiment d'architecture moderne. Avant la construction de la Ville-Neuve, le marché aux poissons se tenait devant et autour de la fontaine
de la place Saint-Epvre; plus tard, lorsque la
Ville-Neuve se fût agrandie et peuplée, il fallut
partager les marchés, pour la commodité des habitants. Les marchands étrangers étalèrent entre
les deux villes et les poissonniers sur le marché
de la Ville-Neuve, près de l'ancien Hôtel-de-
Ville. Sous la régence d'Elisabeth-Charlotte d'Orléans, douairière du duc Léopold, on construisit, sur l'Esplanade, une salle de Comédie,
sous laquelle on plaça une fontaine pour la
poissonnerie des deux villes. Du côté de la rue
Saint-Dizier, on mit un marbre dans le mur
avec ce mot: *Comédie*, et sur la rue Saint-Jean,
qui depuis a pris le nom de Poissonnerie, un

autre marbre portant cet autre mot : *Poissonnerie*, 1732. On joua dans cette salle de Comédie jusqu'au 8 février 1750, qu'on commença
à se servir de l'ancien opéra, derrière les Cordeliers, reconstruit à grands frais par l'Hôtel-
de-Ville, qui le transforma, peu de temps
après, en un corps de casernes.

En 1754, la nouvelle salle de la Comédie, sur
la place Royale, paraissant devoir toujours servir
à cet usage, on résolut de changer la destination
du bâtiment de la Poissonnerie, dont on avait
fait un magasin à blé, et de le convertir en une
Renfermerie pour les femmes et filles libertines.
Cette maison de correction prit le nom de *Ciment*, parce que, d'après l'ordonnance de police, du 17 août 1754, celles qui y étaient renfermées devaient être obligées de piler du ciment. Le marché du poisson fut donc établi
de nouveau sur la place de la Ville-Neuve, et
le bâtiment de la Poissonnerie et Comédie transformé en maison de correction. Le rez-de-
chaussée fut occupé par le concierge, les ateliers
pour le ciment, les cachots pour les rebelles,
et une infirmerie pour celles qui étaient in-
fectées de quelque maladie honteuse. Le premier étage fut destiné à la chapelle, à une infirmerie pour les malades ordinaires, et à deux

grands ouvroirs où elles filaient la laine; car l'article des lettres-patentes, qui condamnait ces malheureuses au ciment, n'a jamais reçu son exé-cution. Enfin les second et troisième étage ser-vaient de dortoirs. Pendant les trois premières années, ces filles furent logées aux frais du Roi, qui donnait, pour chacune d'elles, 6 sous par jour, et leur travail était à leur profit. Mais, dans la suite, leur nombre étant devenu très-consi-dérable et le Roi ayant cessé de payer pour elles, la ville, qui en fut chargée, trouva la dépense trop forte; la plupart furent renvoyées, et les autres, à la fin de la quatrième année, furent confiées à un manufacturier qui les fit travailler dans ses ateliers. Lorsque M. de Bou-zay eut fait sa fondation à la maison du Refuge, les femmes et filles libertines y furent trans-férées, la Poissonnerie reprit sa première des-tination et les étages supérieurs furent convertis en magasins de blé. Elle a servi depuis d'espèce d'arsenal et de corps-de-garde aux pompiers, jusqu'à ce qu'on ait élevé à sa place le ma-gnifique bâtiment qui l'occupe aujourd'hui. La fontaine, située primitivement sur la rue Saint-Dizier a été transportée sur la rue de la Poissonnerie. Comme on voit, cette maison est

peut-être celle de la Ville-Neuve qui ait subi le
plus de tranformations.

Du même côté que la Poissonnerie, et presque vis-à-vis la petite rue des Carmes, se trouve
le vieil hôtel de Lupcourt, bâti en 1715, par
Marc-Antoine baron de Mahuet, ministre-d'é-
tat. Il a été habité par la plupart des membres
de cette famille, l'une des plus anciennes et
des plus honorables de Nancy. En face est une
maison, appartenant aujourd'hui à M. Michel,
notaire, dont l'existence semble antérieure à
celle de la Ville-Neuve ; c'était une espèce de
maison de campagne, dont les premiers propriétaires furent les comtes de Beauveau.

C'est encore du même côté de la rue Saint-
Dizier, près de la place du Marché, qu'était la
belle pharmacie de M. François Mandel, administrateur des hospices civils de Nancy, docteur
et professeur du collége de médecine, né en
1749 et mort en 1820. M. Mandel a laissé plusieurs ouvrages qui sont très-estimés.

Enfin, un peu plus loin, la maison de M.
Heurion-Berthier, dans laquelle fut établi, en
1630, par lettres-patentes du duc Charles IV,
le Mont-de-Piété de Nancy. Le dessein de ce
prince était de faciliter le prêt de l'argent à ses

sujets, en donnant quelque nantissement à prix raisonnable, à l'imitation des Monts-de-Piété établis à Rome. Un nommé Charles Mus fut chargé de l'exécution de cet établissement; mais les guerres et les malheurs qui désolèrent la Lorraine en empêchèrent le succès. De l'avis des théologiens et casuistes de ce pays, on y toléra au commencement l'intérêt de quinze pour cent, à cause des grands frais que l'on disait faire pour cette fondation dans l'espérance que l'intérêt diminuerait d'année à autre, à mesure que les facultés du Mont-de-Piété s'augmenteraient. Charles Mus étant mort en 1647, sa veuve, Hélène de Graffis, fit banqueroute et se retira en Flandres. Ses créanciers voulurent rétablir le Mont-de-Piété avec les mêmes intérêts de quinze pour cent, mais on y forma opposition; de sorte qu'il fut supprimé. Dans la suite, il a été rétabli et organisé à l'instar des Monts-de-Piété de Paris. Il fut transféré d'abord dans l'ancien hôtel des comtes de Ludres, sur la même face de la rue Saint-Dizier, enfin, il l'a été, il y a quelques années, sur la place Saint-Jean, dans la même maison que la caisse d'épargne, autre établissement d'une utilité bien plus grande encore, utilité que confirme chaque jour le grand nombre de ceux qui vont y déposer le fruit de leurs économies.

La maison dont nous parlons fut long-temps habitée par un des bons peintres qu'ait produits la Lorraine, Jean-Baptiste-Charles Claudot. Cet artiste naquit à Badonviller en 1733 et mourut à Nancy en 1804. Professeur de dessin et de peinture au pensionnat des Jésuites, à Pont-à-Mousson, il vint s'établir à Nancy à la dissolution de cette société. Il est connu par une infinité de beaux tableaux qui ornent nos temples, nos édifices publics et les cabinets des curieux. Le plus bel éloge que l'on puisse faire de lui, c'est de dire qu'il fut l'ami des Girardet et des Vernet.

Cette maison fut habitée aussi par un prince de Lorraine et un évêque de Toul, qui y moururent.

DAMES DU SAINT-SACREMENT.

Il ne reste plus rien de cette ancienne maison ; une fontaine seule indique la place qu'elle occupait. La communauté, assez nombreuse, composée de filles très-respectables auxquelles Stanislas avait confié un pensionnat de jeunes demoiselles nobles, qu'il avait fondé à l'instar de la maison de Saint-Cyr, jouissait d'une réputation

méritée, que justifiait encore la protection spé-
ciale du Roi. Catherine de Lorraine, abbesse
de Remiremont, sœur du duc Charles IV, morte
à Paris le 7 janvier 1648, avait construit cette maison, dans le but d'en faire une abbaye, sous la
règle de Saint-Benoit, projet qui ne reçut pas
son accomplissement. C'est dans ce cloître que
Gaston d'Orléans, frère de Louis XIII, épousa
clandestinement, en 1631, Marguerite de Lorraine, coadjutrice de Remiremont, autre sœur
de Charles IV; mariage désavoué par le Roi, et
qui fut la cause première de tous les fléaux qui
désolèrent la Lorraine sous le règne de ce prince.

L'église qui dépendait de ce monastère, était
très-élevée, très-spacieuse et bien distribuée, mais
ne fut jamais entièrement achevée. La plupart des
tableaux qui décoraient ses chapelles étaient du
pinceau de Claude Christophe, peintre ordinaire
du duc Léopold, et frère de Joseph Christophe,
de l'académie royale de peinture et sculpture de
Paris. Cet artiste, né à Verdun en 1667, excellait surtout dans le portrait; il était l'élève de
Rigaud, qu'il quitta, en 1712, pour venir s'établir à Nancy, où l'accueillirent les bontés du
duc. Christophe était aussi bienfaisant qu'il
était bon peintre, et, pour rendre hommage à
ses vertus, Léopold l'ennoblit en 1726; il a

donné plus de 1,200 tableaux, dont près de cinquante aux dames du Saint-Sacrement, dans
l'église desquelles il avait fait ériger la chapelle
Sainte-Catherine, pour lui servir de sépulture.
Ce peintre, non content d'avoir répandu ses
ouvrages dans la province, en envoya aux missionnaires qui prêchaient le christianisme à Alep
et sur le mont Liban. Le frère de Claude Christophe a laissé aussi un nom célèbre dans la peinture. On conservait, dans une chapelle de l'église
du Saint-Sacrement, le cœur de l'illustre fondatrice de cette maison, conformément à ses dernières volontés. La belle Isabelle, comtesse de
Ludres, chanoinesse de Poussey, si connue par
ses amours avec Charles IV, qui l'aurait épousée
sans l'opposition de la princesse de Cantecroix,
y reçut la sépulture. Elle était aussi celle de
François Boussemard, conseiller à la cour souveraine, mort en 1708. Son épitaphe était du
ciseau de Chaffel, sculpteur issu d'une ancienne
famille de Nancy. François Humbert, comte de
Gircourt, conseiller-d'état et ancien chancelier
de Madame Royale, souveraine de Commercy,
mort le 17 novembre 1754, avait été inhumé
dans cette église.

Près du monastère dont nous venons de parler
était la maison de Claude Jacquart, peintre re-

nommé, élève de Claude Charles, né en 1685 à
Nancy, où il est mort en 1736. Cet artiste,
auquel on doit un très-grand nombre de tableaux, avait remporté plusieurs prix à l'académie
de Saint-Luc à Rome. Il excellait surtout à peindre
les batailles.

EGLISE ET COUVENT DES CAPUCINS.

Le couvent des Capucins, qui s'étendait le
long de la rue de ce nom et descendait jusqu'à la
rue Saint-Nicolas, avait seulement son église sur
la rue Saint-Dizier. Les Capucins avaient été établis à Nancy, en 1592, par Charles, cardinal de
Lorraine, légat du Saint-Siége, évèque de Strasbourg et de Metz : leur couvent fut rebâti en
1615, par Eric de Lorraine, évêque de Verdun,
et plus tard, par Léopold et Stanislas, en 1721
et 1745. L'architecture de leur église n'avait
rien de remarquable, si ce n'est, sur son portail, une effigie de Saint-Michel, auquel elle
était dédiée et consacrée. Parmi les hommes célèbres qui illustrèrent l'ordre des Capucins, on
cite principalement le père Norbert, dont Lionnais donne ainsi la biographie : « Pierre Pari-
sot, né à Bar-le-Duc sur la fin du XVIIe siècle,
fit profession en 1716, chez les Capucins de
Saint-Mihiel, sous le nom de père Norbert.

Génie vaste, caractère bouillant, plein de connaissances et d'ambition, il ne tarda pas à se
distinguer dans son ordre, et à souffrir aussi de
l'humiliation où le tenait l'ascendant de la société
de Jésus. Une lettre contre elle, qui lui fut attribuée, lui attira de fortes disgrâces. Afin de l'en
consoler, les siens l'envoyèrent à Rome pour
l'élection d'un général. Il y obtint une place
supérieure dans les missions étrangères. Il par-
courut donc l'Inde, ensuite l'Amérique Méridio-
nale, combattit partout les missionnaires jésuites,
et finit par succomber sous leur crédit. De retour
à Rome, il y fit bientôt paraître une partie de
son ouvrage sur les *Rites Malabares*, imprimé à
Lucques; ouvrage appuyé de citations fortes et
tout-à-fait contre les Jésuites; ouvrage qui l'obli-
gea à fuir Rome et la France pour se réfugier
dans les pays protestants où ses talents lui firent
trouver des secours et des protecteurs. Clément
XIII ayant succédé à Benoit XIV, autorisa son
retour et lui accorda des lettres de sécularisa-
tion sous le nom d'abbé Platel, qu'il s'était donné
à Londres, et qu'il conserva depuis. De retour
dans sa patrie, il y fut accueilli; le roi Stanislas
l'honora même de ses bontés; mais, de nouvelles traverses, dirigées par les mêmes mains,
le contrarièrent encore. De nouveau il s'éloi-

gna. Des mémoires historiques contre ses antago-
nistes, dédiés au roi de Portugal, furent joints
par lui à ses *Rites Malabares*. Revenu en France
après la suppression des Jésuites, qu'il avait tant
appelée, comblé des bienfaits de plusieurs princes,
pensionné par quelques autres, il se fixa à Commercy, où, après plusieurs années d'une vie régulière, il mourut en 1770, à l'âge de 73 ans. »
Les capucins furent supprimés à la révolution.

MAISON DES SŒURS DE LA CHARITÉ OU VATELOTTES.

Ces religieuses, qui portent le nom de leur
institutrice, doivent leur établissement à Nancy
au cardinal Charles de Lorraine. En 1808, lors
du décret qui réorganisa l'instruction publique,
on leur affecta l'ancienne maison des Capucins,
dont elles habitent une partie des bâtiments. Elles
s'occupent de l'enseignement des filles.

EGLISE SAINT-NICOLAS.

Cette église, dépendant autrefois du couvent
des Capucins, n'est ni vaste, ni élégante, mais
entretenue avec le plus grand soin. C'est depuis
1791 seulement qu'elle porte le titre de paroisse.
Dans une chapelle latérale est la sépulture de quelques membres de la famille Abram,
si célèbre dans la magistrature et dans le clergé;

et de Gaspard-Nicolas de Thomassin, président à mortier au parlement de Nancy, mort en 1780.

HOSPICE SAINT-STANISLAS OU NOVICIAT DES JÉSUITES,
(Hospice des Enfants-Trouvés, — Enfants de la Patrie).

Avant la fondation de la Ville-Neuve, ce vaste bâtiment était une maison de campagne appartenant à Antoine de Lenoncourt, prieur de Lay, second primat de Lorraine, mort en 1636. En 1602, il en disposa en faveur des Jésuites, dont le Noviciat était à Saint-Nicolas-de-Port, où ils n'avaient qu'une petite chapelle. Non content de la donation qu'il venait de leur faire, M. de Lenoncourt leur fit construire, en 1604, une belle église. Les Jésuites occupèrent cette maison jusqu'en 1678, époque de leur suppression en Lorraine. Les prêtres séculiers qui occupaient auparavant la maison de St.-Roch, vinrent les remplacer et y établirent leur collége sous la principalité de l'abbé Lionnais. Les nouveaux professeurs s'acquittèrent de leur mission avec zèle et talent; mais, en 1776, ils furent remplacés dans leurs chaires par les chanoines réguliers, de la Congrégation du Sauveur, qu'avait reformés le père Fourier, et qui n'apportèrent dans l'accomplissement de leurs devoirs, ni la science, ni l'amour d'instruire qui avaient animé leurs prédécesseurs. Les chanoines exercèrent cette charge jusqu'à la suppression de leur congrégation, en 1791. Les bâtiments restèrent quelque temps sans destination ; pendant la guerre, on y établit une ambulance, et durant cette occupation, ils eurent à souffrir de grandes dégradations. Cette mesure ayant cessé, on y réunit, en 1806, après la réorganisation des hôpitaux, les orphelines, les enfants trouvés et abandonnés, que l'on confia aux sœurs de la congrégation de Saint-Charles, qui venaient d'être rappelées à leur institution, et l'ancienne maison du Noviciat des Jésuites prit le nom d'Hospice général des Orphelins. Une loi du 15 pluviôse an IX avait concédé aux hospices de la ville les bâtiments de l'ancien collége. Une ordonnance, rendue par Louis XVIII, au mois de novembre 1818, ayant autorisé le rétablissement de l'ancienne maison des Orphelines, rue des Tiercelins, ces filles en prirent possession le 19 mars suivant, et il ne resta plus à l'hospice général que les enfants trouvés. Cette maison changea alors son nom en celui d'hospice Saint-Stanislas, pour perpétuer le souvenir des bienfaits de ce prince et la

reconnaissance de ceux sur qui il les avait répandus.

Cet hospice est administré par des sœurs de
Saint-Charles. Au temps des jésuites et du collége, il en dépendait une grande et belle église
que le primat Antoine de Lénoncourt fit bâtir
en 1603. Quelque temps avant sa mort, le duc
Léopold concéda aux Jésuites un terrain situé
près de la porte Saint-Nicolas et avoisinant leur
maison. Ces pères y firent construire un bâtiment
qui servait à leur collége. Le Noviciat des jésuites
eut la gloire d'entendre le célèbre Bourdaloue
y prêcher une retraite. Les offices de la paroisse Saint-Nicolas se célébrèrent dans l'église
des jésuites, où on les avait transférés des Capucins en 1771, et s'y continuèrent jusqu'à la
suppression de cette paroisse, en 1791, époque
à laquelle l'église fut fermée. Cette église renfermait plusieurs autels magnifiques : l'un, élevé
par les soins de Léopold, en accomplissement
d'un vœu qu'il avait fait pour une personne ma-
lade qui lui était chère, avait été mis sous l'invocation de Saint François-Xavier. Un tableau,
représentant cet apôtre prêchant le christianisme
aux Indiens, était du pinceau de Claude Charles.
Le maître-autel supportait plusieurs statues
sculptées par Bagard. Mais la plus belle et la

plus célèbre des chapelles de cette église, était celle érigée par la duchesse de Juliers et de Clèves, fille de Charles III, dans laquelle était une, image du bois du chêne où l'image de Notre-Dame fut trouvée par un berger au Montaigu en Brabant. On attribue à cette merveilleuse image un grand nombre de miracles qui furent cause de la vénération que les ducs de Lorraine ne cessèrent de lui porter. De là la magnificence de la chapelle où ce précieux trésor était renfermé. C'est la Cathédrale qui le possède aujourd'hui. L'église des Jésuites servait de sépulture à son fondateur, mort en 1636. Les cœurs de Charles III et de plusieurs princes et princesses y restèrent jusqu'en 1771, année dans laquelle ils furent transportés à la chapelle ducale. On y voyait aussi les mausolées de Dominique Hatton, de Ramberviller, seigneur de Lucy, conseiller d'état du duc Charles III, mort en 1608; de Claude Cornélie Sabaud, son épouse; d'un comte de Vintimille Lascaris, mort en 1627; de Joseph de Ville, curé de cette paroisse, mort en 1770; de François-Xavier Chavanne, docteur en droit, professeur à l'Université de Nancy, mort en 1774; et de Jeanne Malherbe, son épouse, morte en 1778.

Rue de Grève, — (*des Capucins*).
Rue de la Fayencerie, — (*Lazouski*).

Au côté de la rue Saint-Dizier, que nous venons de décrire, aboutissent plusieurs rues, dont la statistique ne présente rien de remarquable. La rue de Grève, autrefois appelée rue des Capucins, parce qu'elle longeait le monastère de ces religieux; la partie basse de la rue de la Hache; la rue de la Fayencerie, et une portion de la rue Saint-Georges, dont nous parlerons plus tard.

Ancien collége de Nancy.

Le carré compris entre la petite rue dés Carmes, les rues Saint-Dizier et Saint-Georges, renfermait autrefois les bâtiments du collége de Nancy et la paroisse Saint-Roch.

C'est en l'an 1612, sous le règne du duc Henri que fut fondé ce collége, à la demande de Nicolas Bourgeois, maître échevin de Nancy. Les lettres-patentes qui autorisent sa création sont du 10 mai de cette année. Sentant toute l'importance qu'avait pour la capitale de ses états l'établissement d'une école où la jeunesse pût s'instruire, Henri, non content de l'autorisation qu'il venait de donner, voulut encore y ajouter des bienfaits. De fortes sommes d'argent furent accordées

aux Jésuites, les premiers professeurs de ce collége. Mais malgré les dons du prince, trois
classes seulement purent être ouvertes en 1616.
Les malheurs arrivés peu après en Lorraine
ayant apparemment privé les Jésuites des revenus
que le souverain leur avait affectés sur l'état, les
classes furent fermées et abandonnées pendant
l'invasion de la France. La ville demanda alors
aux Bénédictins des maitres qui y enseignèrent
gratuitement les mathématiques et même la philosophie et la théologie. Sous Léopold et François III, l'administration du collége ne reçut
aucun changement. Mais Stanislas, sans cesse
occupé de ce qui pouvait être utile à ses sujets,
attacha à la place de professeur des mathématiques celle de secrétaire de la société royale,
créa une nouvelle chaire de philosophie, et une
d'histoire et de géographie, qu'occupèrent les
Jésuites, qui venaient d'être réintégrés dans
leurs charges, jusqu'à la fin de 1768. Le collége de Nancy renfermait une chapelle assez considérable, appelée la Congrégation des hommes,
sous la direction des Jésuites, qui cumulaient à
la fois les emplois profanes et religieux.

PAROISSE SAINT-ROCH.

Cette église qui appartenait primitivement aux

Jésuites du collége, fut destinée, en 1731, aux offices de la paroisse Saint-Roch, Saint-Sébastien ne pouvant plus suffire à la population de la Ville-Neuve. Elle avait été construite en 1615; c'était un monument de la piété de Jean des Porcelets de Maillane, évêque de Toul, mort en 1624, et qui avait été aussi le fondateur du collége. Le portail principal de cette église, remarquable par la singularité de son architecture, était sur la rue Saint-Jean. Le plafond du sanctuaire et de la nef était enrichi d'une magnifique peinture représentant divers traits de la vie de Saint-Ignace de Loyola, du pinceau de Claude Charles. On y voyait aussi huit superbes tableaux faits par Jean Leclerc, peintre lorrain, et le mausolée de M. de Maillane, sculpté par César Bagard. Le premier curé de la paroisse Saint-Roch fut M. de Tervenus, docteur en théologie. La constitution civile du clergé supprima, en 1790, cette église, qui, devenue propriété nationale, fut vendue ainsi que les bâtiments qui en dépendaient. Elle a servi de sépulture à Gérard Rousselot, seigneur d'Hédival, mort en 1662; à Catherine Fournier, son épouse, morte en 1646; à M. Joseph-Charles Lefebvre, président à la chambre des comptes de Lorraine, mort en 1758; à M. de Tervenus, premier desservant de cette paroisse, ancien curé d'Epinal, mort en 1758; à Jeanne-Charlotte de Klopstein, morte en 1769; à Pierre Petit-Jean, second curé de Saint-Roch, mort en 1776. Une inscription, gravée dans un des collatéraux, rappelait les bienfaits dont Errard de Maimbourg avait comblé cette église.

La maison qui fait l'angle aux rues Saint-Dizier et de la Douane a conservé le nom de maison de Saint-Roch, tant à cause de sa destination première qu'à cause de l'enseigne dont elle est décorée et qui représente un Saint-Roch avec son chien. Par une coïncidence assez bizarre, c'est dans ce bâtiment, transformé aujourd'hui en magasins, tenus par le gendre, que la belle-mère fit autrefois sa première communion.

PORTE SAINT-NICOLAS, — (*de la Constitution*).

Cette porte, située à l'extrémité de la rue Saint-Dizier et conduisant au faubourg Saint-Pierre, a été construite en 1608. Elevée d'abord, comme nous l'avons dit, sur le prolongement de la rue des Dames, dans le même alignement à peu près que la rue des Maréchaux, elle fut démolie pour être remplacée par l'Arc-de-Triomphe, et reprit son nom lorsqu'elle eut été réédifiée à l'endroit qu'elle occupe aujourd'hui. Sa face exté-

rieure eonserve encore son antique architecture;
quant à ses principaux ornements, on n'en voit
plus que de faibles traces; ils ont disparu pendant la révolution. Son frontispice du côté de la
ville a été renouvelé dans un goût plus moderne, à l'occasion du passage des princesses
Adélaïde et Victoire, allant aux eaux de Plom-
bières. C'est par la porte Saint-Nicolas que les
ducs de Lorraine entraient solennellement dans
la capitale de leurs états lorsqu'ils venaient y
prêter le serment de maintenir les droits et priviléges de leurs nouveaux sujets. Henri II, en
1610, Charles IV en 1626 et 1663, Léopold en
1698, François III en 1730, y furent reçus
avec cette pompe vraiment royale, ce faste orgueil-
leux que les souverains de notre province aimaient
tant à afficher, souvent même aux dépens de la
misère du peuple. Qu'on lise dans Lionnais le
récit de l'entrée solennelle de Léopold à Nancy,
et l'on s'étonnera du luxe qu'il déploya en prenant possession de cette Lorraine que les malheurs
du règne de Charles IV avaient, en quelque sorte,
réduite à la mendicité, comme on s'étonne des
fêtes si longues et si coûteuses qui suivirent
l'avènement de ce prince au trône. C'est encore
par la porte Saint-Nicolas que Stanislas, en 1738,
entra à Nancy. En 1770, Marie-Antoinette, dau-

phine de France, et l'empereur Joseph II, son frère, en 1773, y passèrent aussi lorsqu'ils visi. tèrent la ville qui leur rappelait tant de souve-nirs. Plus tard, ce fut l'archiduchesse Marie-Louise (1810), le frère de Louis XVIII, en 1814, et le duc d'Angoulême, en 1818 et 1820.

Sans vouloir transcrire ici les longues pages que des historiens ont consacrées à la description de l'entrée à Nancy des différents ducs de Lor-raine, nous nous contenterons de copier une pièce de vers, adressée à la duchesse Renée de Bourbon, épouse du duc Antoine, et qui lui fut chantée à sa réception près de la porte Saint-Nicolas.

> Très-haute souveraine princesse,
> De Lorraine et de Bar duchesse,
> Bien soyez venue à Nancy.
>
> Dame de Vaudémont comtesse,
> Ensemble toute la noblesse
> De bon cœur vous salue aussi.
>
> Dame triomphante, magnifique,
> Vaisseau rempli de prudence,
> De Bourbon maison authentique,
> Issue de couronne de France ;
> De nos cœurs vous faisons offrance ;
> Combien que soyons gens pers et vers ;
> Et pour vous faire obéissance
> Tous nos trésors vous sont ouverts.

Douceur longuement désirée
En ce bon pays de Lorraine,
Où perles et mines sont trouvées,
Salines et choses souveraines;
Votre plaisir soit d'être humaine
A vos obéissants sujets;
Car pour vous, soyez-en certaine,
Tous nos trésors vous sont ouverts.

Si gros Lorrains parlons par vers,
Tenant forme de rhétorique,
Louyaux sommes et non parvers,
Et qui nous point très-fort en pique (1).

Dame, notre vouloir s'applique
A vous servir sans nul travers,
Et pour découvrir la musique,
Tous nos trésors vous sont ouverts.
Princesse, s'il vous plaît, ouïrez
Ici présens votre noblesse,
La chanson, puis marcherez.

Vive le duc et la duchesse,
Dame RENÉE DE BOURBON,
La souveraine princesse
De Lorraine le pays bon;
Vive le duc et la duchesse,
De Lorraine le pays bon,
Dame RENÉE DE BOURBON.

Avant de donner la description du carré compris entre les rues Saint-Georges, Saint-Dizier et

(1) Pique; le chardon de Nancy.

Stanislas, nous allons parler des trois rues
situées à droite de cette dernière, et qui servent
de communication de la Ville-Neuve à la Ville-
Vieille.

Rue d'Amerval.

La rue d'Amerval n'est que le prolongement
de la rue Saint-Dizier au-delà de la rue Stanislas; elle porte le nom du premier propriétaire
des maisons qu'elle renferme; du reste, elle n'a
rien de remarquable.

Rue des Michottes, — (*Charlemont*).

Un bastion occupait autrefois l'emplacement
de cette rue. Son nom lui vient des petits pains
qu'un boulanger y cuisait, et qui étaient destinés
aux ouvriers travaillant au comblement des fossés.
Il y a eu long-temps dans cette rue une brasserie
très-considérable. Le magnifique hôtel qui remplit à lui seul presque tout un des côtés de la
place de Grève, y a son entrée principale.

Rue de la Vénerie.

Voici ce que dit M. Durival au sujet de cette
rue : « La manufacture appelée la Vénerie, où
» l'on fabrique des draps, des étoffes, des bas,
» était autrefois à Maréville. On l'a transférée où
» elle est (c'est-à-dire dans la rue à laquelle elle

» a donné son nom) suivant un traité passé
» entre des particuliers et l'Hôtel-de-Ville, le
» 11 août 1748. Elle a été très-utile à la police
» pendant plusieurs années. On y renfermait les
» libertins et les libertines. Ce qu'ils gagnaient
» par leur travail était pour eux. On y a mis
» l'hôpital des enfants trouvés des duchés de
» Lorraine et de Bar. » Pendant la révolution,
le bâtiment de la Vénerie (1) servait encore à cet
usage. Il y a, à l'extrémité de la rue, une gla-
cière considérable qu'une duchesse douairière
de Lorraine fit faire en 1735 ou 1736, et qui
appartient à la ville. C'est dans cette rue qu'ha-
bite un de nos peintres les plus distingués, M.
Pierre, qui vient, il y a quelque temps, d'être
nommé membre de l'Académie de Stanislas.

Rue Stanislas, — (de l'Esplanade, — de la Montagne).

Le vaste emplacement occupé aujourd'hui par
la rue Stanislas, n'était, long-temps même après
la fondation de la Ville-Neuve, qu'une vaste
esplanade formée par des glacis, et qui laissait à
découvert toute la Ville-Vieille. Un cimetière
tenait une portion des terrains. Pour cacher en

(1) Avant la construction de la place de Grève, la Vénerie était hors de la ville.

partie la nudité de cette esplanade, on y planta
deux rangées de tilleuls, puis, au commencement de son règne, Léopold fit construire, à
l'endroit où sont les Halles, des hangars en
planches, pour mettre à couvert les voitures
de la cour. Quelques petits merciers et des artisans demandèrent la permission d'élever d'autres
baraques près de ces hangars, ce qui leur fut
accordé, et c'est ainsi qu'insensiblement fut
formé un des côtés de la rue de l'Esplanade.
Un riche particulier ayant obtenu le terrain compris entre les Halles et la place de Grève, y fit
construire le premier une maison en pierres
(1718). Son exemple fut bientôt imité, et deux
ans après, de plus solides bâtiments avaient remplacé les baraques en planches, qui donnaient
le plus misérable aspect à ce quartier. Stanislas
ayant fait de nouvelles concessions à des habitants, les maisons couvrirent rapidement les glacis
et l'ancienne Esplanade. Mais lorsque ce prince
fit baisser le niveau de la rue pour lui donner
une pente plus douce, ces maisons se trouvèrent
bien au-dessus du sol, et les propriétaires se
virent contraints de se servir d'escaliers pour
monter à leur rez-de-chaussée. De là ces défec-
tuosités qui déparent, en quelques endroits encore, la rue Stanislas. A l'angle de la petite

place de Grève, vis-à-vis la rue des Michottes, un vaste hôtel, qui avait été bâti sous le règne de Léopold, fermait l'Esplanade. Le roi de Pologne l'acheta et le démolit lorsqu'il forma le projet d'élever la porte Stanislas, afin de rendre plus grande et plus belle la rue destinée à aboutir à la place Royale.

Les Halles.

La fondation de cet établissement ne semble pas remonter plus loin que le règne de Charles III; il parait que, sous les prédécesseurs de ce prince, le blé se vendait, comme toutes les autres denrées, sur le marché de la Ville-Vieille de Nancy (1). Charles III établit les Halles près de la place du Marché de la Ville-Neuve (1604) dans l'endroit où sont les petites boutiques de la place Mengin. Voici le texte de l'ordonnance rendue à cette occasion; le duc veut « que les deux an-
» ciens marchés qui se souloient (avaient cou-
» tume de se tenir) en l'enclos de la vieille
» ville, ès jours de mercredy et samedy y de-
« meurent pour y faire vente des grains comme
» du passé, au lieu qui sera à ces fins désigné
» au Commandeur de Saint-Jean ou à ses com-

(1) Le marché aux grains se tenait sous les arcades des maisons de la place Saint-Epvre.

» mis et procureurs auxquels il entend qu'il
» soit loisible de lever et percevoir le droit des
» *cuillerettes* (1) des grains qui se vendront
» pendant lesdits deux marchés; et néanmoins
» pour bonnes et justes considérations, de son
» autorité souveraine, il érige un autre marché
» en la Ville-Neuve, qui s'y tiendra par le jour
» de lundy de chaque semaine, au-devant de la
» Grand-Maison, appelée la *Maison de Ville;*
» voulant que les profits et droits des *coppels*
» et cuillerettes de tous les grains qui se ven-
» dront audit marché du lundy, appartiennent

(2) Ce droit, fixé au 32.ᵉ de tous les grains, avait été
concédé au Commandeur du Vieil-Aitre (commanderie de
Saint-Jean) par un duc Mathieu, en 1176 et 1250, nous
ne savons à quelle occasion. En 1615, une plainte ayant
été portée au duc Henri par le conseil de ville, ce prince,
par lettres-patentes du 25 décembre, ordonna que tous les
grains amenés à Nancy et conduits sous la Halle pour y
être vendus, seraient soumis à la totalité du droit des *coppels*, payable par les propriétaires de ces grains ou par
leurs envoyés; mais il exempta de cette servitude les bourgeois vendant leurs grains dans leurs maisons, et réduisit
de moitié le droit des coppels en faveur de ceux qui les
porteraient à la Halle. Quant aux étrangers, il leur fut défendu de trafiquer ailleurs qu'à la Halle. Un arrêt du conseil
des finances de Stanislas, du 19 mai 1764, confirma cette
ordonnance. Dans la suite, différents autres arrêtés dimi-
nuèrent le droit qui soumettait les grains à une espèce d'impôt, et enfin le 1.ᵉʳ septembre 1776, les vendeurs en furent
tout-à-fait affranchis, les marchés établis à la Ville-Vieille,
sous les arcades de la place Saint-Epvre, furent supprimés,
et les Halles furent seules destinées à cet usage.

» ladite ville, à laquelle il en fait pleine et en-
» tière donation, pour supporter les grands frais
» desquels l'une et l'autre ville se trouvent
» chargées.

Les Halles, placées par Charles III, près de
l'ancien Hôtel-de-Ville, furent transférées, en
1732, dans le lieu qu'elles occupent aujourd'hui,
et louées par bail à un fermier, moyennant une
rente annuelle de 1,500 payable par lui au trésorier de la ville. C'est le nommé Corneille Dubois,
chargé du fermage perpétuel des Halles en 1750,
qui y a fait construire une hôtellerie.

L'UNIVERSITÉ.

L'Université, fondée d'abord à Pont-à-Mousson, doit son établissement (1572) au célèbre
cardinal Charles de Lorraine et à Charles III,
son neveu. Les Jésuites en furent long-temps
les maîtres. Mais lorsqu'ils eurent été supprimés
en Lorraine comme ils venaient de l'être dans
toute la France, l'instruction publique passa dans
d'autres mains. Louis XV, afin de continuer
l'œuvre ébauchée déjà par Stanislas, confirma,
par lettres-patentes du 31 juillet 1768, le collége de Nancy, et, pour le rendre plus florissant,
y réunit les biens et revenus de celui de Saint-
Nicolas. Voulant enfin donner une pleine exé-

cution au projet formé par le Roi de Pologne, ce prince ordonna la translation à Nancy de l'Université de Pont-à-Mousson. On s'étonne que les ducs de Lorraine, si jaloux de l'illustration de leur capitale, l'aient laissée si long-temps privée d'un établissement aussi utile et aussi propre à accroître sa prospérité. Il appartenait à la France d'accomplir le vœu formé par Léopold et Stanislas.

Les constructions du bâtiment de l'Université furent commencées au mois de septembre 1770; mais les fonds ayant manqué, on interrompit les travaux jusqu'en 1778, année dans laquelle ils furent terminés. En attendant, les facultés s'étaient installées dans les salles du collége, qui venait d'être transféré de Saint-Roch au Noviciat des Jésuites, et, deux ans après au palais de la Bourse, sur la Carrière, où elles restèrent jusqu'à l'entier achèvement de l'hôtel qu'elles devaient occuper. L'École centrale, qui succéda à l'Université, y avait été établie et y fut supprimée en l'an X.

Ce magnifique bâtiment, le principal ornement de la rue Stanislas, renferme, outre le logement et les bureaux du recteur de l'Académie, les salles destinées à l'Ecole de Médecine, la Bibliothèque publique, et le grand salon dans

19.

lequel ont lieu les cérémonies universitaires, les
expositions des objets d'art et des produits de
l'industrie et quelques solennités artistiques.

Académie de Nancy.

C'est à Stanislas, le protecteur éclairé des
sciences et des arts, que Nancy doit la fondation de son académie (1750). Cette société commença d'abord par tenir ses séances dans la salle
des Cerfs, au palais ducal, puis ensuite dans le
grand salon de l'Hôtel-de-Ville. Dès sa naissance,
elle a compté parmi ses membres les hommes
les plus marquants de la Lorraine. Elle a eu
pour secrétaires perpétuels le chevalier de Solignac, élève de Fontenelle, associé à l'Académie
des Inscriptions et belles-lettres de Paris, et à
celles de Berlin, Rome, Lyon, etc.; M. de Sivry,
conseiller au parlement de Nancy, et Jean-
François Coster, littérateur distingué. C'est l'A-
cadémie qui, sur la proposition d'un de ses
membres, M. Thibaut, lieutenant-général de police, a décerné à Stanislas le surnom de Bienfaisant, que ce prince méritait à tant de titres.
Dissoute en 92, l'Académie de Nancy n'a été
réorganisée qu'en 1801, sous le nom de Société
royale des Sciences, Lettres et Arts. Depuis lors,
quelques-uns des hommes qui ont pris place dans

ses rangs, ont, par leur science et leurs travaux, dignement continué l'œuvre de leurs devanciers. Cette société, qui possède dans son sein les Braconnot, les Willemet, les Guerrier de Dumast, les Caumont, les Guibal, a pour secrétaire perpétuel le savant M. de Haldat.

Collége Royal de Médecine de Nancy.

Le collége royal de Médecine fut établi à Nancy, par patentes de Stanislas, du 15 mai 1752, et tint ses assemblées dans le pavillon de la Comédie. Son premier président fut M. Bagard, médecin du roi de Pologne, auquel ont succédé MM. Cupers, Desvillers, Harmant et Lallemand. Non content d'avoir fondé un établissement aussi utile dans la capitale de ses états, Stanislas voulut lui-même en rédiger les réglements et statuts. Les quatre officiers de ce collége étaient électifs, le président et les deux conseillers pour trois ans et le secrétaire était perpétuel. Par une ordonnance du 27 avril 1757, Stanislas, désirant étendre les avantages de la fondation de ce collége aux autres villes de ses états, en leur procurant des médecins, dont la capacité fût constatée par les épreuves que le collége jugerait nécessaires, voulut que ces médecins fussent présentés aux officiers municipaux par les membres du collége de médecine de Nancy, qui devait juger s'ils étaient capables de remplir dignement la charge qu'ils sollicitaient.

Ecole royale de chirurgie de Nancy.

Lorsque Stanislas fonda le collége de médecine, les chirurgiens demanèrent l'établissement d'une école de chirurgie. Leur demande resta d'abord sans résultat, et ce ne fut qu'en 1770, qu'ils virent se réaliser le vœu qu'ils formaient depuis si long-temps. L'école royale de chirurgie de Nancy, organisée à l'instar de celles des autres grandes villes du royaume, fut composée de cinq professeurs qui se partageaient entre eux le cours complet des études. Les professeurs firent leurs leçons et leurs démonstrations dans la serre du jardin botanique jusqu'à ce qu'ils eussent obtenu une salle dans le bâtiment de l'Université.

En 1786, il fut établi à Nancy un cours gratuit d'accouchement, sous la protection du gouverment et sous l'inspection de l'évêque de Nancy et de l'intendant de Lorraine. Ce cours était destiné à l'instruction de quinze sages-femmes de la province qui y étaient admises sur les certificats des curés de leurs paroisses, des maires et des gens de justice des lieux. Elles y étaient instruites, nourries et logées gratuitement pendant tout le temps que durait leur cours. Après l'examen qui le terminait, les trois plus instruites recevaient des prix et les autres des brevets de capacité.

« Les apothicaires de Nancy, dit M. Durival,
» n'ayant sur la pharmacie que des réglements
» provisionnels donnés par Henri-le-Bon, en
» 1615 et 1623, et s'étant appliqués pendant
» plusieurs années à rechercher les moyens d'éta
» blir en la ville de Nancy une maîtrise dans
» laquelle, par bonnes et justes lois, soit réglée
» la dispensation des médicaments qui doivent
» être soumis à la nécessité des maladies, arrê-
» tèrent entre eux plusieurs articles, les 20 avril
» 1624 et 2 avril 1626. Ces articles furent ap-
» prouvés et autorisés par Ferri d'Haraucourt,
» bailli de Nancy, en 1640. Charles IV donna
» un réglement plus étendu, par ses lettres-pa-
» tentes du 4 mai 1665. Les chefs de la commu-
» nauté étaient deux maîtres jurés. Chaque année
» on en choisissait un à plus de voix, pour, avec
» l'ancien de l'an précédent, porter ladite charge
» de juré. Les aspirants de toute la province,
» après trois ans d'apprentissage, sont examinés
» et font chef-d'œuvre devant les apothicaires de
» Nancy, en présence des médecins. Il y a en—

» core sur la pharmacie une ordonnance du duc
» Léopold, du 28 mars 1708, un arrêt du conseil
» d'état, du 20 juillet 1730, et un autre du 11
» juin 1751. Les lettres de 1755 avaient réduit le
» nombre des apothicaires à dix. Il a paru encore
» trop grand, et il a été fixé à six seulement, par
» arrêt du conseil d'état, du 11 juin 1751. »

Le traitement, affecté aux médecins et aux chirurgiens qui soignaient gratuitement les pauvres, ne s'étendait pas aux pharmaciens. Le 8 mai 1764, ils firent d'eux-mêmes une délibération, par laquelle ils s'engagèrent à fournir, sans rétribution, aux pauvres malades de la campagne seulement, sur les certificats des curés, tous les remèdes prescrits par les ordonnances de la chambre des consultations du collège royal de médecine. Chaque apothicaire portait à son tour cette charge charitable pendant deux mois de l'année. M. Remi Willemet et François Maudel sont les deux pharmaciens qui aient exercé avec le plus d'éclat leur profession à Nancy.

ECOLE SECONDAIRE DE MÉDECINE DE NANCY.

A la révolution, les collèges de médecine et de chirurgie furent supprimés. Quelques professeurs continuèrent cependant à faire des cours particuliers. Enfin, en 1823, une ordonnance royale

établit à Nancy une école secondaire de médecine, où l'on enseigna tout à la fois la médecine
et la chirurgie Depuis le mois de septembre
1837, cette école, comme toutes celles du royaume,
a reçu d'importantes et utiles modifications.

Dans la salle de chimie et dans l'amphithéâtre
d'anatomie sont les portraits de la plupart des médecins célèbres qui naquirent en Lorraine. On y
voit ceux de Gui de Cauliac, médecin de l'Université de Montpellier, qui fleurissait dans le XIVe
siècle; — de Charles Rousselot, médecin de la ville
de Nancy, annobli par Charles IV, et mort en
1669; — de Nicolas Louviot; — de Toussaint-
Fournier, médecin et professeur de l'Université
de Pont-à-Mousson, mort en 1614; — de Nicolas
Le Pois, médecin de la ville de Nancy et doyen
de la faculté de médecine de Pont-à-Mousson,
mort en 1633; — d'Antoine le Pois, mort en
1578; — de Christophe Cachet, conseiller et
premier médecin des ducs Charles III, Henri II,
François II et Charles IV, mort en 1624; — de
M. Antoine Louis, agrégé honoraire du collége
de médecine de Nancy; — de Nicolas Marquet,
mort en 1759; — de Claude François, doyen
des médecins de Nancy, mort en 1746; — de
Jean-Baptiste Alliot, conseiller et médecin du
duc Léopold, mort en 1729; — de Jean-Claude-

Adrian Helvélius, conseiller du roi et médecin de la reine de France, mort en 1755, à l'âge de 71 ans; — de Charles Bagard, premier président du collége royal de médecine, né en 1696 et mort en 1772; — de M. Ronnow, premier médecin de Stanislas; — d'Antoine Bagard, conseiller et médecin du duc Léopold, mort à l'âge de 75 ans; — de Nicolas-Joseph Gormand, docteur agrégé et premier secrétaire perpétuel du collége, mort en 1765; — de Dominique et de Jean Perrin, doyens des médecins de Nancy, morts, le premier en 1665, et le second en 1695; — de M. Cuppers, président du collége, mort en 1775; — de M. Desvillers, docteur de l'Université de Montpellier, et directeur du jardin botanique de Nancy; — de M. Harmand, conseiller et médecin ordinaire du roi de Pologne; — de François Lallemand, président du collége en 1788; — et de M. Bonfils, professeur à l'école de médecine, mort il n'y a que quelques années.

Stanislas, en établissant à Nancy un collége de médecine et de chirurgie, y joignit un collége de droit et une faculté de théologie, que plusieurs de leurs membres rendirent célèbres. Notre ville réclame depuis long-temps une école de droit que jusqu'à présent on a constamment refusé de lui accorder.

Dans le rez-de-chaussée du bâtiment de l'Université est encore le grand salon destiné spécialement aux solennités universitaires et expositions d'objets d'art et d'industrie. Ces expositions, auxquelles sont admis les ouvrages des artistes des départements voisins, est une belle et utile institution qui, depuis quelques années, se propage par toute la France, et, en excitant l'émulation de tous, rend leurs travaux utiles aux progrès de l'art et de l'industrie

BIBLIOTHÈQUE PUBLIQUE.

La Bibliothèque publique, fondée par Stanislas en 1751, occupe le second étage. A sa formation, elle avait été placée dans la salle des Cerfs, au Palais Ducal, d'où elle fut transférée à l'Hôtel-de-Ville (1763); ce n'est qu'en 1778, qu'on lui assigna un local dans le bâtiment de l'Université. Elle a eu pour directeurs MM. de Sivry, Marquet, Fachot, le Soin et Foissy. C'est le modeste et savant M. Soyer-Willemet qui occupe maintenant cette charge. La Bibliothèque de Nancy, enrichie des débris des bibliothèques des maisons religieuses fermées à la révolution, et de celles des émigrés, possède, outre un très-grand nombre de livres et de manuscrits curieux, des machines, gravures, monnaies et médailles extrêmement précieuses. Elle a des manuscrits du XII.ᵉ siècle, des ouvrages imprimés en 1481 et 1500, et un camée romain inappréciable, l'un des plus beaux qui soient connus. On y voit un magnifique portrait de Stanislas, du pinceau de Girardet.

PORTE STANISLAS, — (de la Montagne).

Cette porte, du même ordre d'architecture que la porte Sainte-Catherine, a été élevée en 1752 par ordre de Stanislas, en même temps que l'on perçait la rue qui y conduit.

RUE DE LA POISSONNERIE, — (Saint-Jean).

Cette rue a pris son nom du bâtiment de la Poissonnerie, dont nous avons parlé à l'article de la rue Saint-Dizier. Le superbe hôtel, connu aujourd'hui sous le nom d'hôtel de France (d'abord hôtellerie des Dames de France, ensuite hôtel d'Angleterre, puis hôtel Royal) est le plus beau bâtiment qu'elle renferme. C'est là que Charles III voulut d'abord placer l'Hôtel-de-Ville; mais ce projet ne fut pas mis à exécution.

MAISON DES MINIMES ET DE LA VISITATION.

C'est dans ces deux maisons réunies depuis l'an X par la fermeture de la rue qui les séparait, qu'est établi le collége.

Les pères Minimes devaient leur fondation à

Nancy aux libéralités de Christophe de Bassompierre, grand maître-d'hôtel du duc Charles III et chef des finances de Lorraine, et de son épouse, Louise de Radeval (1592). L'église, grande et belle, avait été construite en 1613; démolië sous la révolution, il n'en est resté que le fond du chœur. La voûte, qui avait été peinte par Remy Constant, représentait plusieurs traits de la vie de Saint-François de Paule. Cette église possédait aussi plusieurs tableaux de Bellange et de Claude Charles. On y voyait le magnifique mausolée de ses fondateurs, dessiné par le célèbre Drouin, exécuté par David Chaligny, fondeur, et orné de deux statues sculptées par Bagard. Elle était la sépulture de plusieurs familles distinguées : le fameux Orphée de Gallian, qui avait tracé le plan des fortifications de Marsal et de Nancy, y était inhumé. On y lisait les épitaphes de M. du Bois de Riocourt, intendant des armées de Charles IV; des barons de Mahuet et d'Hoffelize; des Baillivy, des Cueillet, des Rennel, des Voillot de Valleroy, des Villers, des Kiecler, des Cuny, des Bouvet, des Chaligny, des Mathieu de Moulon et des Bourcier de Montureux. Les mausolées de ces deux derniers, remarquables par leur beauté, étaient du ciseau de François Chassel, sculpteur distingué et professeur de l'Académie de peinture de Nancy, où il est mort en 1752.

Les religieuses de la Visitation, instituées par Saint-François de Sales et Mme de Chantal, furent établies à Nancy, en 1638, par le marquis d'Haraucourt, conseiller-d'état, chambellan du duc Charles III et sénéchal de Lorraine. Elles remplacèrent les Madelonettes qui venaient de se réunir aux dames du Refuge. Les religieuses de la Visitation, qui se firent constamment remarquer par leur piété et la pureté de leurs mœurs, comptaient parmi elles des filles de la première noblesse : Les Beauveau, les Custine, les de Ville, les Viray, et surtout Louise-Béatrix baronne de Znékmantel, l'amie de Marie-Thérèse, qui quitta, en 1736, le chapitre de Bouxières pour venir passer ses jours dans l'austérité du cloître, et mourut en 1792. Ces religieuses étaient vouées à l'éducation des jeunes demoiselles et elles tenaient un pensionnat qui jouissait d'une grande réputation. Mme Gérard, sœur du prêteur de Strasbourg, en fut la dernière supérieure. L'église étant très-petite et les parloirs tombant partout en ruines, ces dames résolurent de les rebâtir plus décemment. Elles s'adressèrent à Louis XVI qui leur envoya des secours. Mesdames de France, Adélaïde et Victoire contribuèrent aussi généreusement à cette bonne œuvre. L'église et les parloirs adjacents furent rebâtis, en 1780, comme ils sont aujourd'hui. L'église, fermée en 1792, fut dès lors destinée au Musée, et l'on y recueillit tout ce que Nancy possédait de plus précieux en statues, en tableaux et en monuments ; on y transporta les mausolées de Stanislas et de la reine de Pologne, celui du cardinal de Vaudémont, et le médaillon en marbre de Jean de Porcelet, évêque de Toul. Une inscription, gravée sur le portail, annonçait sa destination. A cette époque, le principal corps-de-logis était occupé par le pensionnat établi près del'Ecole Centrale, sous al direction de M. Jean-François Michel, membre de l'Académie de Nancy, mort en 1808.

Ancien Lycée et collége actuel.

C'est dans le monastère de la Visitation et des Minimes réunis, qu'on a placé le Lycée, substitué par la loi du 11 floréal an X, à l'Ecole Centrale du département. Ce nouvel établissement eut pour premier proviseur Etienne Mollevaut, ancien bâtonnier des avocats au parlement de Nancy, second maire de cette ville, ex-conventionnel, mort en 1815.

Le Lycée a été remplacé, en 1814, par le collége royal ,élevé, il y a quelques années, au rang de collége de seconde classe. Le bâtiment de la Visitation est exclusivement destiné aux pension·naires ; c'est dans l'ancienne maison des Minimes que se font les études et les classes. Ces deux corps-de-logis communiquent, au premier étage, par une galerie en bois, construite à l'endroit où passait la rue des Minimes avant qu'elle n'eût été fermée.

PETITE PLACE DE GRÈVE, — (du Lycée, — Saint-Louis).

Cette place, située entre les rues Stanislas et de la Poissonnerie, n'a rien de remarquable. Sous la restauration, elle avait pris le nom de place Saint-Louis, en mémoire de la rentrée des Bourbons ; la révolution de juillet lui a rendu sa première dénomination.

RUE SAINT-JOSEPH,
(Des Prémontrés, — de la Force, — Saint-François).

Cette rue, qui conduit de la rue de la Poisson·nerie à la place Saint-Jean , était, avant la révo·lution, formée presque entièrement d'un côté par la maison des Prémontrés et celles des Petites·Carmélites. Avant la construction de la maison des Prémontrés, elle s'appelait rue Saint-François.

Maison des Petites-Carmélites.

Le monastère des Petites-Carmélites, fut fondé en 1655. Dans l'origine ce n'était qu'un petit couvent, et une chambre servait de chapelle. En 1716, les religieuses firent agrandir leur maison et construire une assez belle église qui eut Bétcau pour architecte, et dont Provençal peignit la voûte. Les Petites-Carmélites furent supprimées en 1792. L'impasse formé en cet endroit par un rentrant de la rue de la Poissonnerie, s'appelait Cul-de-Sac des Petites-Carmélites.

Ancienne maison des Prémontrés, — Temple protestant.

Les Prémontrés commencèrent à s'établir à Nancy vers 1635. Leur église fut érigée en prieuré en 1661. Cette congrégation a la gloire d'avoir compté parmi ses supérieurs (1700-1713) le savant père Hugo, né en 1667 d'une famille noble de Saint-Mihiel, abbé d'Etival, historiographe et conseiller du duc Léopold, évêque de Ptolémaïde, mort en 1735. En 1759, la nouvelle église fut bâtie telle que nous la voyons aujourd'hui et placée sous l'invocation de Saint-Joseph. Elle était la sépulture des nobles familles de Maul-jean et de Rutant. Le monastère fut vendu pendant la révolution et converti en une manufacture de draps. Enfin, l'église long-temps fermée, fut

destinée à servir au temple protestant qu'un décret impérial venait d'accorder à la ville de Nancy.
Le 12 juillet 1807 eut lieu l'inauguration de la
nouvelle église et l'installation de son premier
pasteur, en présence d'une foule immense qu'une
autre solennité réunissait encore, car ce jour
on célébrait par des actions de grâces la prise
de Dantzick et la mémorable victoire de Friedland.

Le président de l'église consistoriale de Strasbourg était venu recevoir le serment de M.
Boissard, nommé pasteur de l'église de Nancy.
Après la consécration du temple, et l'installation du nouveau pasteur, le président lui
adressa une éloquente allocution, pour lui rappeler la grandeur et la dignité de son ministère,
et les devoirs qu'il impose. « Vous prêcherez, lui
» dit-il, la sainte religion que nous professons,
» autant par votre exemple que par vos discours ;
» vous emploierez votre temps et tous vos moyens
» à éclairer les esprits, à toucher les cœurs et à
» faire aimer la piété et la vérité. Par vos sages
» et pieuses institutions, le pécheur sera ramené
» sur la voie des devoirs et de son propre bon-
» heur ; les préjugés de la superstition et de
» l'incrédulité seront dissipés, la jeunesse sera
» imbue des grandes maximes de Jésus-Christ,
» le faible sera soutenu, l'affligé consolé. » M.

Boissard, après avoir reçu la bénédiction, monta en chaire et prononça un discours plein de tolérance, dans lequel on remarqua ces paroles que les ministres des religions ont trop souvent oubliées : « Qu'un christianisme sincère germe » ici dans les cœurs, et qu'il n'y ait, entre ces » parvis et les tabernacles de nos frères, d'autre » rivalité que la juste émulation des vertus. » L'église protestante de Nancy a eu long-temps pour pasteur M. Cuvier, que son mérite autant que ses vertus, ont fait appeler au consistoire de Paris.

RUE DES MINIMES, — (d'Assas, — Impasse du Lycée).

Cette rue fut supprimée, comme nous l'avons dit, lors de l'établissement du Lycée dans les maisons réunies des Minimes et des Petites-Carmélites. Elle conduisait de la rue Saint-Jean à la petite place de Grève.

CUL-DE-SAC DES MINIMES, — (Ruelle des Artisans).

C'est en cet endroit qu'était la principale maison des Frères de la Doctrine Chrétienne. Cette congrégation avait été appelée et établie à Nancy, par Stanislas, au mois d'août 1749. Elle était chargée de l'instruction gratuite des enfants

20.

pauvres. Toutes les petites écoles, précédemment établies, leur avaient été réunies. Depuis le 1er janvier 1751, les frères habitèrent au-dessus des portes Saint-Georges et Saint-Jean. Leurs écoles étaient sous la surveillance du comte de Bouzey, grand doyen de la Primatiale, qui, de concert avec l'abbé Antoine, grand chantre, et l'abbé de Fervenus, écolâtre de la Primatiale, soutenait cet établissement par ses bienfaits. Lorsque les frères furent supprimés, l'entrepôt des poids publics fut placé dans la maison qu'ils habitaient. A leur réintégration, leur école principale fut transférée dans le cloître des Cordeliers. Souvent suspendue de ses fonctions et menacée de périr, cette congrégation s'est toujours relevée de ses chutes, et aujourd'hui elle est, dans notre ville, peut-être aussi nombreuse que jamais.

Rue de la Visitation, — (*Voltaire*).

L'ancien couvent de la Visitation a laissé son nom à cette rue, sur laquelle elle avait son entrée. Il n'y a rien de remarquable que le portail de la chapelle du collége.

Petite rue de la Visitation, — (*Corneille*).

Cette rue, honorée pendant la révolution, ainsi que la précédente, du nom d'un des plus beaux génies que la France ait vu naître, n'est qu'une ruelle, jadis assez mal famée, conduisant de la rue des Carmes à celle de la Visitation.

Rue des Carmes, — (*Molière*).

Maison des Carmes.

Cette rue, large et belle, tient son nom de l'ancien couvent qui en occupait une partie. Les Pères de Notre-Dame du Mont-Carmel de la congrégation de saint Elie, vulgairement appelés les Carmes déchaussés, s'établirent à Nancy en 1615, avec l'autorisation du duc Henri II. Marguerite de Gonzague, duchesse de Lorraine, posa la première pierre de leur église qui fut bénite le 30 août 1622 et dédiée à Notre-Dame de Lorrette et à Saint-Joseph. La maison des Carmes et l'église de ces religieux avaient été construits sur l'ancienne place de la Licorne, et comprenaient presque toute l'île des bâtiments renfermés entre la grande et la petite rue des Carmes et celle de la Poissonnerie. Le monastère n'avait rien de remarquable, mais l'église était décorée de belles chapelles dues à de pieuses fondations, et enrichies de riches peintures et sculptures. La voûte, représentant plusieurs traits de la Sainte-Vierge, avait été peinte par Claude de Ruet. (1) Plusieurs personnages distingués y reçurent la sépulture, entr'autres Claude de Ruet, dont nous venons de parler; le peintre Charles Herbel, de Nancy, mort en 1703; Antoine Berman, auditeur des comptes de Lorraine, et Chrestienne de Chastenoy, son épouse; le jurisconsulte Claude Thibaut; Jean-Baptiste Collenel, conseiller en la cour souveraine de Lorraine et Barrois, et Anne Thibaut, son épouse. Le monastère et le couvent des Carmes furent vendus et démolis en 92, pour faire place à des maisons de particuliers. Le collége des Jésuites, dont nous avons parlé, occupait la plus grande partie du reste de cette rue, jusqu'à la rue Saint-Georges.

PETITE RUE DES CARMES, — (Franklin).

La petite rue des Carmes, ainsi appelée à cause de la maison des Carmes, qui formait une de ses faces, n'a rien de remarquable.

(1) Ce Claude de Ruet, chevalier fort riche, que quelques historiens font naître à Nancy, d'autres à Châlons-sur-Marne, était un des meilleurs peintres d'histoire de son siècle. Sa fortune égalait son talent. Il fut condisciple de Callot, d'Israël fils et de Bellange, et avait étudié à Rome sous Tempesta et Josepin. A la cour de France, il vécut

RUE SAINT-GEORGES, — *(de la Fédération)*.

RUE DE LA DOUANE, — *(Saint-Jean, — Lepelletier)*.

La rue Saint-Georges, conduisant de la porte Saint-Georges à la porte Saint-Jean, divise la Ville-Neuve en deux parties. La maison à porte cochère, située non loin de la fontaine du Pont-Moujà, était autrefois l'hôtel des ambassadeurs près de la cour de Lorraine.

Depuis le coin de Saint-Roch, la rue dont nous parlons prend le nom de la Douane, à cause de la Douane qui y est établie. « Un vieux bâtiment, dit M. Durival, sur la rue Saint-Jean, appelée Kaphouse ou Cafouse, est la Douane et Poids-le-Roi de Nancy. Il n'a ni l'étendue ni les commodités nécessaires au commerce, et souvent les marchandises qui y sont amenées restent dans la rue. Sous le règne de Stanislas, on avait projeté d'en construire un plus vaste et qui eût orné la

dans une sorte d'intimité avec Louis XIII, qui s'amusa à faire au crayon le portrait de ce peintre sous lequel on écrivit ces vers, trop flatteurs à la fois pour le prince et pour l'artiste :

On sait à quelle gloire Appelle osa prétendre
Par ce fameux portrait qu'il laissa d'Alexandre.
Son pinceau dans la Grèce autrefois adoré ;
Mais quoiqu'on ait écrit, je prise davantage
Cet illustre crayon, où, par un rare ouvrage,
Des mains d'un Alexandre un Appelle est tiré.

rue. Les marchands forains peuvent y venir trois
fois l'année, et vendre pendant huit jours chaque
fois. Les marchands domiciliés dans la ville n'y
peuvent exposer leurs marchandises ; les colpor-
teurs et porte-balles en sont dispensés. C'est là
qu'on pèse ce qui excède le poids de 25 livres. »
C'est dans le même bâtiment qu'étaient établis
les pressoirs et fours banaux où tous les habitants
de la ville, qui n'avaient ni pressoir ni four,
étaient obligés d'envoyer cuire leur pâte et pressurer les marcs de leurs raisins.

Hopital Saint-Charles, — (Lepelletier).

L'emplacement sur lequel est bâti cet hospice
fut long-temps occupé par une manufacture de
cuivre en table, fils de laiton et autres ouvrages,
dont Charles III avait autorisé l'établissement par
lettres patentes du 4 avril 1598. Ce ne fut qu'en
1626 que Charles IV (1) ayant ordonné l'établissement à Nancy d'une maison pour y recueillir

(1) Le texte de l'ordonnance rendue par ce prince renferme un cachet d'actualité, qui nous engage à en reproduire
une partie. On y retrouve, en quelque sorte, l'expression
du vœu général qui réclame aujourd'hui pour Nancy l'établissement d'un dépôt de mendicité.

« .... Comme la collecte de l'aumône volontaire qui se faisait ensuite
des ordonnances des ducs Charles III et Henri, pour la sustentation
et entretien des pauvres, a cessé depuis quelques années, et que
l'ordre porté par lesdites ordonnances a été perverti par la malice

les enfants pauvres, M. de Stainville, grand doyen de la primatiale, offrit de les placer dans cette manufacture, dont les bâtiments lui appartenaient. Marguerite Gennetaire, veuve Metat, et Emmanuel Chauvenel de Xoudail, s'associèrent par leurs offrandes à cette pieuse et philantropique fondation. Outre trois cents jeunes garçons, qui devaient y être entretenus, logés et nourris, on y recueillait encore un grand nombre de malades. En 1628, le duc Charles IV mit une imposition sur tous les vins et bières qui entreraient dans

du temps, le désordre s'est retrouvé si grand partout, même en la ville de Nancy, où l'on voit les rues, les églises et autres lieux publics remplis de pauvres mendiants tant valides qu'invalides qui y viennent de tous endroits, et aux autres villes, bourgs et villages de ses dits pays ; et lesquels mendiants valides aiment mieux vaguer oisivement et *caimander* çà et là que travailler et employer la force de leurs personnes pour gagner leur vie, abusant ainsi de la charité des gens de bien et frustrant des aumônes les pauvres malades et impotents qui ne peuvent plus travailler ; désirant à ce pourvoir par l'établissement d'un bon réglement pour le soulagement des vrais pauvres et le châtiment des *bélitres* fainéants robustes qui, par leurs injustes quêtes, dérobent le fruit de la charité publique à ceux qui en sont dignes ; il ordonne que, conformément aux ordonnances des ducs ses prédécesseurs, et par ampliation à icelles, il ne sera dorénavant loisible à aucun pauvre homme ou femme de quêter, mendier ou demander l'aumône ès églises, rues, maisons et autres endroits de la ville de Nancy, afin d'obvier aux grands maux et inconvénients qui en pourraient arriver, comme corruption d'air, larcins, paillardise, oisiveté et autres maléfices ; et veut que collecte soit faite par chacun an d'une aumône générale et volontaire sur chacun des ecclésiastiques, gentilshommes, nobles, affranchis et gens de roture de la ville de Nancy, sans aucune exception, pour subvenir à la nourriture, entretien et police des pauvres invalides d'icelle, à quoi il veut lui-même contribuer pour montrer exemple à tous ; à l'effet de quoi il sera dressé rôle de tous ceux qui se trou-

Nancy, pour être employée à l'aumône publique;
et, en 1631, il donna cette aumône aux hospices
Saint-Charles et Saint-Julien. Pendant les guerres
qui désolèrent la Lorraine, on y mit les malades
des troupes françaises, et on transféra les enfants
à Saint-Julien, où ils restèrent jusqu'après l'éva-
cuation de Nancy. L'hôpital Saint-Charles, qui
s'enrichit en 1709 par la réunion de l'hôpital
Saint-Roch (*Maudomé*), est desservi par les
sœurs de la Charité. Echappé aux bouleverse-
ments de la révolution, il est aujourd'hui tenu

veront faire résidence en cette ville, pour, par ceux qu'elle commettra, être requis d'élargir du leur pour une si bonne œuvre ; outre
ce, sera aussi dressé un autre rôle des pauvres et mendiants impo-
tens de ladite ville ; pour ceux qui justifieront être natifs d'icelle,
ou qui auront demeuré si long-temps qu'ils auront vraisemblable-
ment perdu l'espérance de toute autre retraite, être admis à l'aumône publique, retirés à part et logés ès lieux qui seront désignés
par les officiers qui en auront charge, tant pour y travailler d'œuvre
manuelle, en tant qu'ils le pourront faire, que pour y être nourris
et entretenus selon qu'il sera à ce pourvu ; moyennant quoi défend
à tous autres quels ils soient, de ses pays ou étrangers, de plus
quêter et mendier en aucun lieu de Nancy, à peine du fouet, et à
tous habitants d'icelle de donner l'aumône ès églises, rues, maisons
et autres endroits, à peine de dix francs par chacune fois, et de les
soutenir dans leurs maisons, à peine de vingt-cinq francs pour la
première fois, de cinquante pour la seconde, et de cent pour la
troisième, applicables à l'aumône de la communauté desdits
pauvres........., Quant aux pauvres étrangers passans, il y aura lieu
désigné pour leur donner l'aumône en passant, ordonnant que
chaque ville, bourg et village de ses pays nourrissent leurs pauvres,
auxquels il défend d'y quêter et de demander l'aumône, ni sur les
chemins, à peine du fouet; permettant seulement aux pauvres étrangers de demander l'aumône par les chemins en passant, sans s'arrêter ès villes, bourgs et villages, pour plus d'un jour et d'une
nuit, si ce n'est en cas de maladie..... »

avec le plus grand soin, et donne, par sa propreté, une idée de l'hospice de la Pitié, de
Paris. Un certain nombre de lits sont de fondation, les autres appartiennent à la ville. On
y reçoit tous les malades, excepté les scrophu-
leux, syphilitiques, dartreux, soriques et can-
céreux. Il y a quatre salles pour les hommes et
trois pour les femmes. La salle Saint-Joseph,
destinée aux blessés, renferme 22 lits; la salle
Saint-Sébastien 17, dont 8 pour les blessés et les
autres pour les fiévreux; enfin les deux salles
Saint-Roch et Saint-Charles, uniquement affec-
tées aux fiévreux, ont, la première 19 et la seconde 14 lits. Les trois salles Notre-Dame, Sainte-
Françoise et Sainte-Anne, possèdent 61 lits tant
pour les blessées que pour les fiévreuses. Les malades sont soignés par un médecin et un aide
de chirurgie, un chirurgien major et un chirurgien adjoint. Deux cliniques, interne et externe,
y sont établies pour les élèves qui suivent les cours
de l'école de médecine, et qui sont chargés du
service de la clinique chirurgicale. A l'hôpital
attient une chapelle dans laquelle fut inhumé M.
de Ponze, envoyé du prince Charles de Lorraine près du duc Léopold, son frère.

Place Saint-Jean, — (*Lepelletier*).

C'est sur la place Saint-Jean, située devant la porte de ce nom, que se trouve l'entrée principale du temple protestant, la caserne de la cavalerie, l'hôpital militaire, le mont-de-piété et la caisse d'épargne.

Caserne Saint-Jean, — (*Lepelletier*).

C'est le duc Léopold qui fit construire (1699), ce vaste bâtiment pour y loger les gardes-du-corps et les chevau-légers de sa garde. C'est pour cette raison qu'il fut appelé hôtel de la Gendarmerie. Cette caserne est loin de pouvoir rivaliser, par son élégance, avec la caserne de l'infanterie; l'extérieur en est sombre et l'insalubrité qui règne, dans une partie des écuries doit, dit-on, déterminer la ville à en faire construire de nouvelles près du temple protestant.

Hopital Militaire.

Le premier hôpital militaire qui fut construit à Nancy (1733) était vis-à-vis le bâtiment de l'Université. En 1768, il fut transféré près de la porte Saint-Jean, à l'endroit où nous le voyons aujourd'hui. Depuis cette époque jusqu'à la révolution, il fut confié aux sœurs de Saint-Charles, qui s'acquittèrent de leur pénible mission avec

zèle et succès. Elles y ont été remplacées par des
infirmiers.

L'espace compris par l'hôpital militaire, une
partie des rues situées derrière la caserne de la
cavalerie, cette caserne elle-même, et la place
Saint-Jean, formaient ce qu'on appelait le faubourg Saint-Thiébaut, avant la construction de
la Ville-Neuve. C'est dans ce faubourg que Charles-
le-Téméraire prit ses logements au second siége de
Nancy. La chapelle attenant à l'hôpital militaire se
trouvait dans le bastion Saint-Thiébaut. C'était,
suivant l'auteur du mémoire manuscrit sur Nancy,
« un petit oratoire ouvert sur le devant, grillé,
» au pied duquel se trouvait une fontaine où les
» fébricitants allaient boire pour la fièvre. Mais
» lorsqu'on fit les boulevards et l'étang avec les
» moulins, tout cela fut ruiné et le moulin en-
» fermé dans les remparts, qu'autrement était
» bien éloigné de la ville. Elisée d'Haraucourt,
» gouverneur de Nancy, le fit bâtir tout à neuf
» et fermer en façon de chapelle l'an 1617, où
» il y a un autel et on y peut dire la messe. »

Les bâtiments occupés aujourd'hui par le mont-
de-piété et la caisse d'épargne, construits sur le
bastion Saint-Thiébaut, servaient jadis à une
manufacture de draps, qui fut long-temps la plus
considérable de Nancy.

Porte Saint-Jean, — (*Lepelletier*).

Après la porte Notre-Dame, la porte Saint-Jean est sans contredit celle qui semble avoir conservé le plus de traces de vétusté. Ses murs noircis, les maisons enfumées qu'elle renferme, tout lui donne cet aspect moyen-âge qui réjouit le cœur de l'antiquaire. Cependant le charme est bientôt détruit lorsqu'on la contemple de près. Cette porte fut construite sous le règne du duc Henri (1608), par Elisée d'Haraucourt, gouverneur de Nancy; elle était décorée des armes du prince et de ce seigneur; mais ces ornements lui ont été enlevés. Avant la construction de la porte Stanislas, elle servait de communication à la route de Paris.

Place du Marché, — (*de la Constitution*).

Avant de donner la description des rues comprises dans le carré formé par la rue Saint-Dizier à droite et la rue Saint-Georges à gauche, nous allons parler de la place du Marché. Cette place, dont le nom indique assez la destination, sert au marché de la ville; la place Saint-Epvre, n'en étant, en quelque sorte, qu'une succursale. Afin de perpétuer la mémoire de Charles III, le duc Henri voulut lui faire élever au milieu de cette place une statue équestre en bronze. Ce travail

fut confié aux Chaligny qui s'en acquittèrent avec
tant de lenteur, que le cheval seul était terminé
lors de l'invasion des Français. Louis XIV se l'ad-
jugea, et l'envoya à Paris; de là le cheval de
bronze fut transféré à Dijon où il servit à porter
la statue de ce prince. Pendant que les Chaligny
travaillaient à la statue de Charles III, on conçut
le projet de lui construire un magnifique piédestal, orné d'une fontaine. Ce projet ne fut pas
mis à exécution, et ce monument si utile manque
encore à la place du Marché, qui n'a, pour lui
en tenir lieu, qu'une espèce de borne-fontaine.
Avant l'établissement de la place de Grève, c'est
sur la place du Marché que se faisaient les exécutions des criminels. Le premier qui y endura le
supplice fut un nommé Clément, coupable d'avoir
attenté aux jours du duc Henri II. Nous avons dit,
en parlant de la place Royale, le dessein qu'a-
vait eu Stanislas d'élever la statue de Louis XV
sur la place du Marché, et pourquoi ce dessein ne
fut pas accompli. Sur le côté méridional, est une
maison sans nulle apparence, et que l'on appelait
jadis l'hôtel des Trois-Princes, parce que, sur
le mur de l'avant-cour étaient les bustes de Charles
III, de Henri II et de Nicolas-François; ils en ont
été enlevés pendant la révolution. Cet hôtel fut
habité aussi par le père du célèbre graveur Saint-

Urbain. Auprès est la maison du Cœur-Enflammé, nom qui lui vient tout prosaïquement de l'enseigne qui la décore. Enfin, à l'angle méridional sur la rue Saint-Dizier, la maison où l'on voit dans une niche une statue de la Viérge, est celle où naquit, d'un simple marchand épicier, le fameux peintre Isabey, dont le frère fut aussi un excellent musicien.

PLACE MENGIN, — *(de l'Héroïsme)*,

Stanislas, par arrêt de son conseil, du 3 octobre 1751, ayant ordonné la démolition de l'Hôtel-de-Ville, (1) qui masquait entièrement l'église Saint-Sébastien, on construisit sur ses ruines la place dont nous parlons, et à laquelle M. Mengin, lieutenant-général du baillage de Nancy, qui y avait

(1) Le bâtiment de l'Hôtel-de-Ville, premièrement construit par Jean Vincent, trésorier-général de Lorraine (1593, 94 et 95) était le plus bel hôtel de la Ville-Neuve. En 1600, il fut acheté par la ville qui y plaça les siéges de justice, « savoir, du bailliage, des échevins, de la prévôté et de la gruerie, avec la conciergerie et le marché, y ajoutant les halles avec la tour et son horloge, ce qui était auparavant à la place des Dames-Prêcheresses de la Ville-Vieille. » Plus tard, Léopold y mit encore la cour souveraine, la chambre des comptes et l'Hôtel-de-Ville. En 1733, on y bâtit des prisons. C'est devant ce palais que se faisaient, du temps de nos anciens ducs, les réjouissances publiques, « *dignes*, dit Lionnais, *d'être transmises à la postérité, et qui prouvent la sincère affection des Lorrains pour leurs souverains.* »

un hôtel , donna son nom , et fit bâtir en même temps les boutiques-Mengin , pour détruire le mauvais effet que produisait le mur latéral de sa maison. On planta des arbres sur la place Mengin, et on y établit la foire annuelle de la ville de Nancy. A l'époque des missions, une énorme croix fut élevée à l'extrémité de cette place , et y subsista jusqu'en 1830. Depuis, les arbres qui restaient encore ont été abattus , et la place Mengin a été occupée par les marchands , qui, tous les jours , dressent, comme des tentes , les magasins qu'ils démolissent le soir.

Eglise Saint-Sébastien.

L'église Saint-Sébastien, .la plus belle et la plus vaste après la Cathédrale , fait le principal ornement de la place dont nous venons de parler. L'église originaire fut bâtie dans le fond de la rue du Moulin (ville-neuve), en 1593, et érigée en paroisse par le concordat du 19 octobre de la même année. Alors elle reçut du duc de Charles III les reliques de son patron. Ce fut en 1603 que l'on commença à y célébrer les offices. Devenué , en 1719, trop petite pour la population , on jeta les fondements de l'église actuelle, dont la première pierre fut posée le 29 juillet 1720. Elle fut achevée, en 1731, et bénite le 15 septembre. Durant cet intervalle, le service se fit à Saint-Roch, comme lors de sa première construction, il s'était fait à Saint-Julien. A la suppression de Saint-Roch et de Saint-Nicolas, la paroisse Saint-Sébastien acquit une importance qu'elle n'avait pas eu jusqu'alors. En 93, elle fut convertie en un magasin de paille et de foin, jusqu'à ce qu'elle ait été rendue au culte catholique. Le portail est décoré de sculptures et de bas-reliefs, du ciseau de Meny. Le sculpteur Bagard, et les peintres Jean Leclerc, et Claude Charles ornèrent l'intérieur. Le plus beau monument que renferme cette église est le mausolée de Girardet (2) que lui élevèrent les artistes lorrains. Le temps, sous la figure d'un vieillard, vient jeter sur le médaillon de Girardet (du ciseau de Shunken) un voile que la Lorraine, sous les traits d'une femme indignée, retient de la main. Au bas, on lit cette inscription :

A Jean Girardet, *premier peintre de S. M. le roi de Pologne*, *duc de Lorraine et de Bar.*

> Par ses rares talents, ses modestes vertus,
> Aux arts ainsi qu'aux mœurs il servit de modèle ;
> Révéré des Lorrains, chéri de leur Titus,
> Cet artiste immortel fut l'émule d'Appelle.

(2) Jean Girardet, d'origine hollandaise, naquit à Lunéville en 1709 et mourut à Nancy en 1778. Avant d'être peintre, il avait servi comme cornette de cavalerie. Cet

Vis-à-vis, dans le collatéral, du côté de l'épître, est le cadre renfermant l'épitaphe de Nicolas Lenoir, fondateur, en 1658, de la Communauté des Prêtres en cette paroisse, et des premières écoles chrétiennes à Nancy. Cette épitaphe, mutilée pendant la révolution, est couverte par un tableau du Christ. Nicolas Lenoir, né à Nancy, y est mort en 1660, après avoir doté sa ville natale d'un grand nombre de pieuses fondations. Parmi ses curés, l'église Saint-Sébastien compte Gérard Marchant, mort en 1618; George Marcaut, résignataire en 1671; David Philpin, résignataire en 1706; François Frotin, mort en 1709; Joseph Charles, en 1724; Jean Remy, résignataire en 1736; Louis Michelet, mort en 1763; Nicolas Barail, en 1770; Charles-Louis Guilbert, nommé chanoine à la Primatiale, résignataire en 1789; Joseph Charlot, déposé en 1791, pour avoir refusé de prêter le serment constitutionnel; Charles-Christophe Poirot, ancien curé de Vandœuvre, nommé à cette cure par M. d'Osmond, évêque de Nancy, le 9 janvier 1803, mort en 1812; Nicolas Claude, son successeur.

artiste célèbre, qui avait été disciple de Claude Charles, fut en même temps le peintre et l'ami de Stanislas. Si son talent a rendu son nom fameux, ses vertus l'ont fait bénir. Girardet a eu un grand nombre d'élèves qui ont illustré leur patrie.

Rue de la Boucherie.

Les boucheries furent établies à Nancy sur l'autorisation du duc Henri II (février 1610), à l'endroit où elles sont encore aujourd'hui. Le premier et le second étage de ce vaste bâtiment étaient occupés par une célèbre manufacture de tapisserie, dont les produits étaient très-renommés. Par ordonnance donnée à Lunéville, le 4 mars 1724, Léopold établit une augmentation d'un sou par livre, pendant le carême seulement, sur les viandes qui se débitaient dans les boucheries de Nancy ; cette augmentation était au profit de l'hôpital Saint-Charles (3).

Rue des Quatre-Eglises, — (de la Révolution).

La belle rue qui conduit de la place du Marché à la rue de la Salpétrière, porte le nom de rue des Quatre-Églises, à cause des quatre maisons religieuses qui y étaient situées ; c'étaient celles des Carmélites et des Tiercelines, des Annonciades et des Dames du Refuge, dont nous allons nous occuper successivement.

(3) L'usage de promener le bœuf gras (bœuf tabouré) par les rues de la ville, le jour du jeudi saint, existait déjà sous le règne de nos ducs ; c'était un privilège accordé aux garçons bouchers. Léopold le leur retira à l'occasion d'un malheur arrivé par leur imprudence, en laissant échapper un bœuf.

MAISON DE SECOURS , — (du Refuge).

La plus importante de ces maisons est celle du Refuge, et c'est la seule qui subsiste encore. Voici ce que dit dom Calmet de son origine et de sa fondatrice : « Élisabeth de Ranfin, née à Remiremont en 1592, épousa M. Dubois, prévôt d'Arches-sur-Moselle. Étant devenue veuve, elle s'établit à Nancy et s'y occupa des exercices de piété. Ayant remarqué sur les remparts de la ville des filles abandonnées au libertinage, elle les retira dans sa maison et se chargea de leur entretien. Le bruit s'en étant répandu dans la ville, plusieurs personnes, aussi engagées dans le désordre et désirant d'en sortir, s'adressèrent à elle. Bientôt elle en rassembla jusqu'à vingt, auxquelles quelques pères jésuites donnèrent des constitutions, sous l'approbation de M. de Maillane, évêque de Toul, et elles reçurent l'habit de religion le 1er juin 1631. » Le 4 décembre 1632, les Madelonnettes, au nombre de neuf, se réunirent aux dames du Refuge. Le pape Urbain VIII approuva leurs constitutions le 13 avril 1634. Le cardinal de Lorraine, évêque de Toul, avait érigé leur maison en monastère, et la première messe y avait été dite le 16 avril 1631. Cette église, peu vaste et très-simple, a servi de sépulture à la fondatrice du Refuge

(1649). On y voyait, à côté de son épitaphe, qui a subsisté jusqu'en 1792, celle de son père, Jean-Léonard de Ranfin (ou Ramfaing), seigneur de Battigny, mort à Nancy en 1638. On y lisait aussi celles de Nicolas Viardin, écolâtre de la Primatiale, et d'Albéric Viardin, son frère, morts, le premier, en 1631, et le second, en 1654 ; d'Antoine d'Allamont, abbé de Beaupré (1661), et de Mathieu de la Reauté (1674), tous bienfaiteurs de cette maison. Le quartier où sont placées les femmes a été rebâti en 1720, et l'église, le chœur des religieuses et l'appartement des pensionnaires construits en 1733, et le corps-de-logis des religieuses, en 1696. La maison du Refuge, appelée aujourd'hui maison de Secours, est un hospice départemental, affecté exclusivement au département de la Meurthe, et dont l'administation est confiée aux sœurs de Saint-Charles. Il y a environ 240 lits ; on y reçoit les hommes, les femmes et les enfants atteints de maladies siphilitiques, dartreuses, cancéreuses et scrophuleuses, ceux dont la position exige une opération, et les femmes à la fin du huitième mois de leur grossesse. Le service médical y est fait par un médecin principal, un adjoint et une maîtresse sage-femme ; un nombre limité d'étudiants en médecine y est reçu. Il s'y fait tous les deux ans un cours d'accouchement pour les élèves sages-femmes du département de la Meurthe.

LES ANNONCIADES, LES CARMÉLITES ET LES TIERCELINES.

Le couvent des Annonciades était situé vis-à-vis la maison du Refuge. Ces religieuses s'étaient etablies à Nancy vers l'an 1616, sous la protection de François de Fresnel, capitaine des gardes de S. A. La première maison qu'elles occupèrent était située dans la rue Saint-Dizier ; elles étaient sous la direction des pères de l'Oratoire. Leur église, qui, comme celles de la plupart des communautés religieuses, n'était qu'une simple chapelle, servait de sépulture à plusieurs personnes de distinction. On y voyait les épitaphes de Marie de Lavaux, morte en 1624 ; de Pierre Breton, chanoine de la Primatiale (1635) ; de Charles Thiriet, médecin (1673) ; de Marie-Françoise Sommier, son épouse (1675) ; de Louis-Antoine Régnard, avocat à la cour souveraine, et substitut des procureurs-généraux (1730) ; de l'écuyer Édouard Warren (1733); de François-Pascal Marcol, conseiller à la cour souveraine (1744) ; de Catherine Alix, épouse de Claude Poirot, écuyer seigneur de Pixerécourt et du fief de Gauviller (1767) ; et de Catherine Poirot, leur fille (1771). Il ne reste aucun vestige de l'ancienne église des Annonciades.

La maison des Tiercelines, séparée de celle des Annonciades par la rue de Grève, avait été fondée en 1620, par Charles Bowet et la dame le Poignant, son épouse. Leur église, fort simple, dédiée à saint François et à Notre-Dame de la Paix, était la sépulture des deux fondateurs du couvent. Charles Bowet avait aussi établi les Capucins de Vic, ordre dont il faisait partie.

Les Grandes-Carmélites, voisines des dames du Refuge, furent installées à Nancy environ vers l'an 1618. Leur église, ayant la forme d'une rotonde, était plus élégante que celles dont nous venons de parler ; Bateau en avait été l'architecte et Provençal en avait peint le dôme. Joseph Rollin (1618), Catherine Rousselot, son épouse (1656), Antoine, avocat (1686), et Floriot, conseiller à la cour souveraine, y avaient reçu la sépulture. Ces trois maisons religieuses ne subsistent plus depuis la révolution.

RUE DE LA SALPÉTRIÈRE.

C'est dans cette rue, le long du mur de clôture élévé sur les fortifications démolies, que fut construite la Salpétrière. Au temps des ducs, il y avait à Nancy un commissaire des poudres, ayant inspection sur les salpêtres de la Lorraine, du Barrois et des Trois-Évêchés. Parmi les hôtels qui décoraient le côté de cette rue opposé à celui de la Salpétrière, étaient ceux de la marquise de Boufflers, mère du poète Boufflers ; du comte de Custine d'Auflance, membre de l'académie de Nancy, et avant-dernier procureur-général de la chambre des comptes de Lorraine ; et de Thimothée Thibaut, magistrat célèbre, académicien très-distingué, qui eut le premier l'idée de donner à Stanislas le surnom de Bienfaisant.

Rue de Grève et du Four.

Ces deux rues, qui n'ont rien de remarquable, communiquent de la rue Saint-Dizier à la rue des Quatre-Eglises ; la première se prolonge jusqu'à la rue du faubourg Saint-Nicolas, et se termine à la rue Saint-François.

Rue de la Hache, — (*Sydney*, — *Décius*).

La rue de la Hache, une des plus longues, mais des moins belles de la Ville-Neuve, est peuplée d'ouvriers et de petits marchands, dont les magasins n'ont, pour la plupart, rien de l'élégance qui distingue ceux des autres parties de la ville. La fontaine qui fait angle à la rue des Quatre-Eglises, a conservé jusqu'à présent le nom de fontaine des Brandons. Sous la révolution, cette rue, vu sa longeur, avait été divisée en deux portions qui avaient deux noms différents.

Rue des Ponts.

L'abbaye de Saint-Léopold, l'une des plus célèbres de la Lorraine, occupait une partie de cette rue. L'origine de cette maison religieuse remonte au règne du bon duc Henri, qui obtint du pape Paul V, l'érection d'une abbaye de Bénédictins dans la Ville-Neuve de Nancy (1616). La première pierre de l'église fut posée en 1626. Mais ce n'est, à proprement parler, que du règne de Léopold que date sa véritable existence. Pour reconnaître les bienfaits de ce prince, les Bénédictins placèrent leur maison sous l'invocation de Saint-Léopold. Les fondements de la nouvelle église furent jetés en 1701, et M. Begon, évêque de Toul, la consacra en 1734. Cette église était la plus belle de Nancy, après la Primatiale. La maison a été presque entièrement démolie, et il n'est resté de l'église que le fond du chœur, servant de chapelle à quelques religieuses de la Visitation à qui on a permis d'y vivre dans l'austérité du cloître. Pendant la révolution, la maison de Saint-Léopold avait été vendue comme propriété nationale et on y avait établi une faïencerie. Le célèbre dom Calmet est mort dans ce couvent dont l'église a servi de sépulture au comte de Gondrecourt,

premier président de la cour souveraine; mort
en 1735; au comte Dupuy (1742), au baron
de Malvoisin, président à la cour souveraine
(1756), et à François-Nicolas George, avocat à
la cour souveraine (1761). C'est dans cette rue
des Ponts qu'était la maison du graveur Henriet
Israël, père d'Israël Sylvestre et de Sylvestre Israël,
le premier peintre et le second graveur, qui furent tous deux célèbres dans leur art.

Rue des Augustins,
(*Brutus*, — *Petite rue de la Boucherie*).

Cette rue, vulgairement appelée petite rue de
la Boucherie renfermait autrefois le couvent des
Augustins qui s'étaient établis à Nancy vers l'an
1662. Cette maison religieuse, dont l'église ou
plutôt la chapelle était sous l'invocation de Saint-
Charles, fut démolie pendant la révolution et
transformée en une maison de roulage. Trois
hommes célèbres y avaient été inhumés : Nicolas Renard, sculpteur, mort en 1720; le
procureur-général de Lorraine, Toussaint de
Viray (1757), et enfin Marcelin Cupers,
académicien, président du collége royal de
médecine de Nancy, mort en 1775. Du côté
opposé à celui des Augustins étaient plusieurs
de ces fours banaux dont nous avons parlé à

l'article de la Ville-Vieille. A l'angle de cette rue et de celle de la Douane, se trouvait le jeu de paume (1).

Rue Notre-Dame, — (*Caton*).

Cul-de-Sac des Bénédictins.

La rue Notre-Dame, située derrière l'église Saint-Sébastien et terminée par un impasse formé par l'ancienne maison de Saint-Léopold, appelé pour cette raison cul-de-sac des Bénédictins, n'a rien de remarquable, quoiqu'elle soit la plus belle des rues comprises dans le quartier communément

---

(1) Le jeu de paume est un carré long, enfermé de murailles peintes en noir et pavé de pierres, où jouent deux ou plusieurs personnes, chassant et se renvoyant une balle avec une raquette ou une battoir. Il y en avait de couverts et de découverts, comme il y en avait qu'on appelait jeux de courte-paume et de longue-paume, c'est-à-dire dans des terrains ouverts de tous côtés. Sous le règne de Charles IV, ils étaient fréquentés par une foule de seigneurs, avec lesquels le duc lui-même ne dédaignait pas de venir joûter. Dans l'origine, on ne se servait, pour renvoyer la balle, que de la paume de la main, ce qui a fait appeler ce jeu jeu de paume. Lionnais dit que celui de Nancy passait pour un des plus beaux et des meilleurs de l'Europe, et que des étrangers y venaient disputer le prix à des joueurs de notre ville.

Le jeu de mail se tenait dans un terrain assez considérable, souvent environné d'arbres. Deux ou plusieurs personnes, armées d'une espèce de petite masse de bois garnie de fer par les deux bouts et ayant un manche pliant, poussaient une boule de buis dans des trous qu'un autre joueur défendait. Ce jeu est encore en usage parmi les écoliers.

appelé quartier des Artisans. C'est dans cette rue qu'est mort en 1771, le fameux serrurier Jean Lamour, qui a fait les grilles de la place Royale.

RUE DE LA COMMUNAUTÉ-DES-PRÊTRES, — (*Fénélon*).

La communauté des Prêtres fut fondée à Nancy par Nicolas Lenoir, homme aussi religieux que bienfaisant. Deux ecclésiastiques, entretenus à ses frais, étaient chargés d'aider le curé de Saint-Sébastien dans l'exercice de son ministère, à l'époque des fléaux qui accablaient la Lorraine sous le régne de Charles IV. Plus tard le nombre de ces prêtres fut porté jusqu'à huit. Ce fut ce Nicolas Lenoir qui se chargea, en 1658, de porter à Notre-Dame de Lorrette le vœu de la ville de de Nancy pour la cessation de la guerre et la mise en liberté de Charles IV, alors prisonnier en Espagne. Ce généreux citoyen, dont le nom mérite d'être transmis à la postérité, voulut continuer jusqu'à sa mort, arrivée en 1660, la mission philantropique qu'il s'était imposée. Par son testament, il légua diverses sommes pour marier de pauvres filles d'honnêtes bourgeois de Nancy, pour secourir les pauvres honteux, aveugles et estropiés. La maison de la communauté des Prêtres a été aliénée sous la révolution.

Rue Saint-Sébastien, — (*Scévola*).

Ce n'est qu'une ruelle étroite conduisant de la place Mengin à la rue Notre-Dame.

Rue des Artisans, — (*Des Sœurs*, — *Saint-Charles*).

La rue des Artisans, l'une des plus peuplées de la ville, n'a que des maisons fort étroites, la plupart n'ayant que dix, douze ou treize pieds de face, ainsi qu'elles furent divisées dans l'établissement de la Ville-Neuve. L'extrémité supérieure de cette rue s'appelle cul-de-sac du Tabac, parce que c'est là que fut établie la manufacture de tabac (2). La portion parallèle à la rue de la Communauté-des-Prêtres s'appellait rue des Sœurs, à cause de son voisinage de la maison des Sœurs de Saint-Charles; on l'appelle indifféremment

(2) Le duc Charles IV, par ordonnance du 12 février 1628, défendit de planter des tabacs en pleine campagne, où ils commençaient à être très-communs. Louis XIV, pendant qu'il occupa la Lorraine, imposa le tabac comme il l'était dans ses états, ce qui fut continué par Léopold à son avènement. Par un arrêt de la cour souveraine, il fut défendu d'en planter dans les forêts et les places vagues. A l'exposition de l'industrie française au Louvre, en 1806, les produits de la manufacture de Nancy furent distingués de tous les autres. C'est la Restauration qui a enlevé à notre ville cette branche d'industrie qui faisait une partie de sa richesse, en occupant un grand nombre d'ouvriers. On ne nous a plus laissé qu'un entrepôt de tabac des manufactures royales.

aujourd'hui rue Saint-Charles ou rue des Artisans. C'est dans cette rue que demeuraient Alexandre Vallée , graveur de Charles IV , et Jean Racle, graveur des monnaies de Charles III , et grand-père dn peintre Léopold Racle.

Rue Saint-François et de l'Équitation ,
(*Du Rempart , — des Pénitents , — de la Tabagie , des Juifs , — des Écuries , — du Manége*).

Comme on voit , le nom de cette rue a subi de nombreuses tranformations. Construite sur les ruines des remparts, elle s'appela rue *du Rempart* dans une de ses parties et fut nommée rue des Pénitents dans l'autre, à cause de la chapelle de ces religieux. Le duc Léopold y ayant établi la manufacture de Tabac , elle fut nommée rue de la Tabagie , depuis la rue de la Hache jusqu'à son extrémité ; puis elle devint rue des Juifs à l'établissement de la synagogue, après avoir été rue du Manége et rue des Écuries , à cause de la caserne de cavalerie qui la termine du côté de la place Saint-Jean , et du Manége couvert qui y avait été construit. Dans la partie supérieure de cette rue, aujourd'hui rue Saint-François , est la prison appelée prison du Tabac, parce qu'elle a été construite sur l'emplacement de l'ancienne manufac-

ture, dont le conseil-général vota l'achat en 1819.
Plus bas est la synagogue des Juifs.

Rue du Moulin.

Un moulin, long-temps appelé moulin de Ville
et alimenté par les eaux de la fameuse fontaine
Saint-Thiébaut, a fait donner son nom à cette
rue. A l'angle de la rue des Juifs, était, depuis
1732, une chapelle appartenant à une congrégation de pénitents blancs abolie en 92, et qui avait
été le premier emplacement de la paroisse Saint-
Sébastien. Sous le règne du duc Léopold, et
par les soins de ce prince, on avait construit,
en 1702, près du moulin Saint-Thiébaut, la
première brasserie qu'ait possédée la ville de Nancy,
brasserie qui subsiste encore aujorud'hui. De
plus il y avait dans cette rue une manufacture
considérable de drap et un vaste pressoir banal.

Avant de tracer la description des faubourgs de
la Ville-Neuve, nous donnons un extrait de la
délibération du conseil-général de la Commune,
du 7 septembre 1791, relatif aux changements de
noms des rues de la ville de Nancy (1) :

« La rue Saint-Dizier, la plus belle et la plus

(1) La première partie de cette délibération a été donnée
à l'article de la Ville-Vieille.

grande, changera son nom pour celui de la Constitution; la rue des Carmes s'appellera rue de Franklin, illustre savant, l'un des fondateurs de la liberté américaine; la petite rue des Carmes, rue de Molière, un des plus beaux génies que la France ait produits, et le peintre le plus habile des mœurs; la rue de la Visitation sera appelée rue de Voltaire, esprit universel, le second qui ait obtenu dans le Panthéon français les honneurs dus aux grands hommes; la petite rue de la Visitation, rue de Corneille, père du théâtre français, qui donna tant de sublimité à la fierté des anciens républicains.

» La rue des Minimes aura le nom de rue d'Assas, héros français qui, pour sa patrie, se dévoua à la mort; le cul-de-sac des Minimes celui d'Impasse des Ecoles; la rue des Augustins celui du Jeu-de-paume; la rue des Pénitents reprendra le nom de Saint-François, qu'elle avait auparavant; le cul-de-sac du Tabac sera l'Impasse des Artisants, et celui des Bénédictins l'Impasse de Notre-Dame. La rue des Quatre-Eglises sera appelée la rue de la Révolution, et la rue de la Communauté-des-Prêtres, rue de Fénélon, prélat vertueux, qui a écrit avec le ton de la persuasion d'utiles leçons de morale et de politique. La rue Neuve Saint-Nicolas ou des Dominicains prendra le nom de Jean-Jacques Rousseau, philosophe éloquent, instituteur des peuples, que la nation française s'est empressée de mettre au rang des grands hommes; la rue Neuve-Sainte-Catherine aura celui des Volontaires nationaux qui s'y sont rassemblés; la rue de la Congrégation, celui des Etats-Unis; et la rue Saint-Georges celui de la Fédération, parce qu'elle en est le passage.

» La rue du Manége prendra le nom de Châteaufort, magistrat qui demeurait dans cette rue, et qui soutint, malgré l'oppression, les droits du peuple contre le despotisme religieux et civil. La rue de la Paille-Maille s'appellera rue des Fabriques; la première rue des Chanoines, du côté du Levant, rue de Mably, écrivain si célèbre, et qui prêcha avec tant de succès le patriotisme et la liberté; la seconde rue des Chanoines, rue de l'Abbé de Saint-Pierre, qu'on appelait aussi le Bon Abbé, homme de bien, à qui l'amour du genre humain a dicté des écrits sur la paix universelle, sur le bonheur de tous les hommes et de tous les pays. La rue de la Vieille-Primatiale sera appellée rue de Montesquieu, génie profond, qui a fait apercevoir les droits des peuples et les devoirs des princes. La petite rue de la Primatiale s'appellera rue de la Cathédrale. La rue des Tiercelins, rue de Mirabeau, l'un des auteurs les plus intrépides de notre liberté, et le premier pour lequel la première assemblée nationale ait fait ouvrir la sépulture des grands hommes. Enfin, la rue de la Hache étant d'une étendue quelquefois embarrassante, conservera son nom depuis la rue Saint-François jusqu'à la rue de la Constitution ; mais depuis cette dernière jusqu'à l'autre extrémité, c'est-à-dire jusqu'à la rue Sainte-Anne, la rue de la Hache sera appelée rue de Sydney, Anglais qui soutint, il y a plus d'un siècle, que les peuples ne dépendaient que des lois, et qui devint la victime du courage avec lequel il défendit la liberté.

Faubourgs de la Ville-Neuve.

Si nous n'avons eu que bien peu de poétiques souvenirs à mêler à la statistique aride de la Ville-Neuve de Nancy, c'est aux portes de la ville, dans les faubourgs qui la prolongent, que s'élèvent les monuments historiques qui nous rappellent les fastes d'un autre âge, et le glorieux temps de la souveraineté lorraine. Nous ne ferons parcourir à nos lecteurs, ni le faubourg Saint-Georges (*de la Fédération*), ni celui de Sainte-Catherine (*des Volontaires nationaux*) ; l'antiquaire n'a rien à moissonner sur cette terre classique, où s'élèvent

22.

lés Tanneries, au milieu des eaux fétides qui les
traversent pour aller se jeter dans la Meurthe.
Au-delà de la porte Stanislas, dans le faubourg
qui, sous la révolution, portait le nom de faubourg de la *Montagne*, se trouve la plus belle
institution de notre ville, le collége des sourds-
muets, dirigé avec zèle et talent par M. Piroux.
Mais descendons dans le faubourg Saint-Jean
(*Lepelletier*), le moins élégant de notre élégante
cité ; car là, la gloire passée s'unit à la gloire présente. Arrêtons-nous, pour y déposer une couronne devant cette maison de si modeste apparence : quel est celui d'entre nous qui ignore le
nom de son propriétaire ; nom inscrit avec éclat
dans les merveilleux bulletins de l'empire, nom
révéré devant lequel s'inclinait celui qui ne s'in-
clina devant personne. C'est dans cette humble
demeure que, couché sur ses lauriers, le Nestor de
la grande armée, le plus sage de nos guerriers,
embellit ses derniers jours, en répandant autour
de lui des bienfaits, et conquiert ainsi une double
immortalité. A la porte, on lit ces mots :
GÉNÉRAL DROUOT. De cette gloire vivante,
passons au monument des gloires qui ne sont
plus. Voyez, au milieu de ces jardins pilotés
sur l'étang Saint-Jean cette simple colonne,
eh bien ! c'est la colonne triomphale de nos aïeux,

c'est le trophée de Nancy moyen-âge; c'est touté l'histoire de son courage et de son dévoûment; c'est le mausolée de Charles de Bourgogne, de cet intrépide et aventureux soldat qui, non content de faire trembler sur son trône le roi de France lui-même, voulait faire de notre province un fief de ses états et ajouter à la croix de son écusson la double croix de Lorraine (1). Plus loin, à l'extrémité du faubourg, sur le chemin qui conduit au bas de la côte de Toul, s'élève, mutilée et rajeunie, l'antique commanderie de Saint-Jean de Virlay ou du Vieil-Aitre (2), ancienne propriété de l'ordre de Malte, et dépendant des chevaliers du Temple, dont les biens furent donnés aux Hospitaliers, lorsqu'on les abolit au commencement du 14e siècle. Cette commanderie avait

(1) Cette colonne porte l'inscription suivante :
      En l'an de l'Incarnation,
      Mil quatre cents septante six,
      Veille de l'Apparution,
      Fut le duc de Bourgogne occis,
      Et en bataille ici transis,
      Où croix fut mise pour mémoire,
      René, duc de Lorraine, mercy
      Rendant à Dieu pour la Victoire.

(2) On prétend qu'elle tire son nom de Vieil-Aitre de ce qu'elle a été bâtie dans l'ancien cimetière de Nancy, *Atrium* en latin et *Laitrie* en lorrain, signifiant un cimetière qui est ordinairement au parvis de la paroisse.

une chapelle, placée sous l'invocation de Saint-Jean, et dans le sanctuaire de laquelle on lisait sur une pierre incrustée dans le mur, cette épitaphe en lettres gothiques : *Épitaphe de feu Charles d'Aumale, en son vivant seigneur de Nancy, et gidon de la compagnie de monseigneur d'Aumale, qui mourut à la rencontre dudit seigneur et du marquis Albert*, 1552. Et plus bas, au-dessous d'un écu gravé avec son casque et ses lambrequins, on voyait les vers suivants :

> Entre ces mort gentis-homes Francoys
> Doit et repose auprès de ceste pierre
> Charles d'Aumale. O passant, qui que soyt,
> Regarde et pense aux hazards de la guerre ;
> Au combat vint pour bruit et los acquerre,
> Où fort bien scit ; mais tué fut à l'heure,
> Tant eut de coups ! O Son corps gist en terre,
> Et son esperit au cyel prinst sa demeure (3).

Tout près de la porte Saint-Jean est le cimetière de ce nom, décoré d'un grand nombre de jolis mausolées. Parmi les hommes remarquables qui y ont reçu la sépulture, sont M. Poirot, ancien

---

(3) Cette épitaphe rappelle un des plus beaux faits d'armes qui aient eu lieu en Lorraine, dit l'abbé Lionnais ; c'est la rencontre, du duc d'Aumale avec Albert, marquis de Brandebourg. Ce dernier qui trahissait à la fois l'empereur d'Allemagne et le roi de France, ligués contre Charles V, parcourait la Lorraine, pillant et brûlant les monastères. Mais le duc d'Aumale ayant découvert qu'il cherchait à se réconcilier avec l'empereur, en donna avis à Henri II,

curé de Vandœuvre et de Saint-Sébastien , prêtre modeste , dont les vertus ont rendu le nom populaire parmi nous ; Claude Fachot, avocat, membre de l'académie et conservateur de la bibliothèque ; Lallemand , maire de Nancy, docteur en médecine et membre de plusieurs sociétés savantes ; Léopold-Sigisbert Lefèvre, ancien conseiller au parlement de Nancy, et Jacques Mancion , peintre distingué , etc.

De tous les faubourgs de Nancy, le faubourg Saint-Pierre (*de la Constitution*), est le plus remarquable par son étendue. A droite, en entrant dans le faubourg, est le chemin qui conduit à la Garenne, ancienne promenade , très-fréquentée ,

qui envoya contre lui des troupes qui le chassèrent des terres de l'évêché de Toul. Il prit sa route vers Neufchâteau , et arriva à Saint-Nicolas , où il acheva de se réconcilier avec l'ennemi de la France. Le duc d'Aumale courut à sa rencontre et l'atteignit sur la montagne nommée la Croix-du-Moutier. Le combat fut acharné, mais le nombre l'emporta sur le courage : le duc d'Aumale fut fait prisonnier, malgré des prodiges de valeur. Deux cents gentilshommes, dont quelques-uns des plus nobles familles de France, périrent dans cette rencontre et furent inhumés dans la chapelle de la Commanderie de Saint-Jean.

On a retrouvé aussi dans les ruines du Vieil-Aitre, l'épitaphe d'un chevalier de Saint-Jean de Jérusalem, commandeur de Saint-Jean-le-Vieil-Astre-les-Nancy, mort en 1716. Nul doute qu'en creusant la terre on ne retrouve quelque débris, car il est probable que plus d'une tombe est encore intacte et renferme quelque précieuse relique du moyen-âge.

le bois de Boulogne de Nancy, qui ne subsiste plus; plus loin, du côté opposé, est une rue conduisant au cimetière Saint-Nicolas, dans lequel reposent plusieurs hommes qui ont illustré leur patrie par leurs talents ou par leurs vertus : Michel Leclerc, garde-des-sceaux de la chancellerie près le parlement de Metz, mort en 1778 ; Charles-François de Bourgogne, célèbre avocat consultant (1801); le peintre paysagiste Charles Claudot (1805); Joseph-François Coster, premier commis des finances sous le ministre Necker, académicien distingué, né à Nancy en 1729 et mort en 1813 ; Mandel, doyen des pharmaciens et membre de l'académie (1820); François – Philippe de Rosières, gentilhomme de Laveline, ancien substitut du procureur-général près la cour des comptes de Lorraine, et son épouse, morte en odeur de sainteté ; Jean-Baptiste Lafitte, docteur en médecine et membre de l'académie de Nancy (1808); Jean – François Michel, directeur de l'école secondaire et membre de l'académie (1808) ; le père Doré, jésuite, auteur des cantiques spirituels, mort en odeur de sainteté; enfin, l'évêque Nicolas, auquel la reconnaissance des Nanceïens et leur admiration pour ses vertus fit élever un superbe mausolée, sur lequel on grava le plus bel éloge que l'on puisse faire d'un homme ;

éloge qui répond à toutes les accusations qui furent dirigées contre ce prélat.

En suivant le faubourg Saint-Pierre, on rencontre à droite la maison des Missions royales, le séminaire et l'église Saint-Pierre. Cette église, érigée en paroisse et en cure (1762), par M. Drouas, évêque de Toul, et supprimée en 1790, est commune au faubourg et au séminaire, comme elle l'était aux jésuites et, après eux, aux lazaristes et aux chanoines réguliers, qui habitèrent, depuis 1739 jusqu'à la révolution, la maison des missions royales. Cette église a été construite par Jennesson, architecte nancéïen. Le séminaire, établi depuis 1801, est un vaste bâtiment, entre la maison des missions et l'église Saint-Pierre. Dans le cimetière qui l'avoisine ont été inhumés le chevalier de Solignac, secrétaire du cabinet et ami de Stanislas ; le savant père Leslie, supérieur de la maison des missions et écrivain distingué ; enfin, Eugène de Ligneville, descendant de cette illustre famille. Les missions royales doivent leur fondation à Stanislas. Par lettres patentées du 21 mai 1739, ce prince établit, à perpétuité, dans la maison du noviciat des jésuites, huit missionnaires de cette compagnie, chargés de prêcher une mission chaque année, dans les lieux indiqués par l'évêque. Stanislas dota cette maison de 62,600 francs, et plus tard, lui concéda encore un grand nombre de terrains. Les lettres patentes du roi de Pologne furent confirmées par Louis XV, en 1740. Cinq ans après, le général des jésuites, François Retz, érigea la maison des missions en séminaire royal des missions, sous l'invocation de saint François Régis, et, avec l'autorisation du roi, la déclara indépendante de celle du noviciat des jésuites et de toutes les autres maisons de la compagnie de Jésus. Lorsque le choléra vint porter ses ravages au sein de notre ville la maison des missions, devenue, depuis 1830, propriété nationale, fut transformée en une ambulance ou hôpital pour les malheureux atteints de la fatale épidémie.

Enfin, nous touchons au terme de notre pélerinage : voici Bonsecours, la gracieuse église, un des plus beaux monuments que nous ait légués Stanislas : ici, l'histoire et la poésie peuvent trouver toutes deux des inspirations : car Bonsecours n'est pas une prosaïque église sur laquelle se soit promenée la brosse de la renaissance, en lui enlevant tous ses ornements d'autrefois ; elle n'a pas, comme la chapelle des Cordeliers, perdu cette physionomie antique qui prête tant de charmes et de majesté aux édifices religieux ; et puis, c'est que sur Bonsecours sont réunis les souvenirs du moyen-âge et ceux d'un temps plus rapproché de nous ;

c'est que Bonsecours rappelle à la fois la mémoire de deux règnes, l'un glorieux, l'autre fortuné; c'est que Bonsecours sert en même temps de sépulture à Stanislas et de trophée de gloire à René II.

L'origine de cette église remonte à l'année 1498. René, après l'éclatante victoire qui lui rendit la couronne, fit élever une chapelle à l'endroit même où s'était donnée la bataille, dans laquelle succomba Charles-le-Téméraire, et où périrent quatre mille soldats bourguignons; il la plaça sous l'invocation de la Vierge, et la dédia à Notre-Dame de la Victoire et des Rois. Mais le peuple la baptisa du nom de chapelle des Bourguignons, à cause du cimetière qui l'avoisinait. Dès la construction, cette chapelle fut en grande vénération. De nombreux miracles opérés par l'intercession de la Vierge, sa patronne, la rendirent célèbre. Des aveugles recouvrèrent la lumière; des paralytiques furent guéris, et bientôt le chœur fut garni de bras et de jambes d'argent, et des cierges brûlèrent sans relâche devant l'image de Notre-Dame de Bonsecours. Charles V suspendit à la voûte six étendards, qu'il avait pris aux Turcs; Charles-François de Lorraine, prince de Commercy, et un autre prince de Lorraine, y firent hommage à la Vierge de la Victoire, de deux drapeaux enlevés aux ennemis; et enfin, François III, décora aussi

Bonsecours des dépouilles glorieuses qu'il avait ravies aux Infidèles pendant la guerre de Hongrie. Ces trophées de guerre étaient accompagnés de grands tableaux représentant les princes qui les avaient conquis et qui en faisaient hommage à la Vierge. Ces tableaux furent en grande partie transportés dans la maison des Minimes, dont ils ornaient les corridors, et les étendards furent placés avec ceux des gardes du corps du roi de Pologne, dans la bibliothèque de ces religieux. Bonsecours n'a conservé que quatre de ces drapeaux.

A l'avénement de Stanislas au trône de Lorraine, ce prince ayant trouvé Bonsecours dans un état de vétusté qui en faisait présager la ruine prochaine, résolut de le réédifier sur un plus beau plan, de l'enrichir par ses bienfaits, d'y placer sa sépulture et celle de son épouse, et d'y fonder plusieurs aumônes, prières et autres exercices de piété. Pour accomplir ce projet, il destina à la réédification de l'église la démolition du château de la Malgrange, qui n'avait pas été entièrement achevé sous le règne de Léopold. Il en posa lui-même la première pierre, en présence des évêques de Toul et de Chartres.

Alors on vit s'élever cette superbe église, la plus belle que Nancy possède encore aujourd'hui, et elle fut peinte et décorée avec une magnificence

vraiment royale. Après avoir fait transporter de
l'ancienne chapelle dans la nouvelle église l'image
de la Vierge, Stanislas fit aussitôt construire, à
côté, le couvent des Minimes. Ces religieux étaient
destinés principalement à accomplir des vœux de
dévotion.

L'église de Bonsecours, sans être très-vaste, est
d'une belle proportion. Les murs sont couverts
d'une composition qui a le poli, le froid et la
dureté du marbre, inventée par Louis et Nicolas
Manciaux, dits Chevalier, lorrains nés à Ceintrey.
Au-dessus de l'ordre d'architecture en pilastres,
qui ornent toute l'église, règne une belle galerie
de fer, avec ornements et dorure, faite par le
fameux Lamour. Le plafond, qui représente divers
traits de la vie de la Sainte-Vierge, a été peint,
dans toute son étendue, par Provençal. Le sanctuaire, moins large que la nef, en est séparé par
une jolie balustrade en fer, qui sert de table de
communion. On y voit, derrière l'autel, qui est
d'une rare beauté, une belle image de la Vierge.

C'est dans ce sanctuaire que sont placés les
tombeaux du roi et de la reine de Pologne. Du
côté de l'évangile est celui de cette princesse,
morte le 19 mars 1747, et inhumée dans les caveaux de l'église. Ce superbe mausolée, du ciseau

de Sébastien Adam (1), remplit toute la partie orientale du sanctuaire. La reine y est représentée à genoux sur son tombeau. Un ange vient lui annoncer que le temps de ses épreuves touche à son terme, et qu'elle va recevoir enfin la récompense de ses vertus. Sa foi et son zèle lui font écouter et recevoir avec joie ce qui faisait depuis long-temps l'objet de ses désirs. Elle a déjà déposé les marques de sa grandeur et de son rang : le sceptre et la couronne sont sur son tombeau devant le coussin qui la soutient. Derrière elle s'élève une pyramide, symbole de la gloire des princes, cou-ronnée par une urne funèbre, d'où pendent des festons de cyprès, qui enveloppent l'écusson de ses armes. Au bas de la pyramide sont deux casso-lettes fumantes, qui répandent au loin l'odeur de ses vertus. L'aigle de Pologne, sortant de dessous son tombeau, paraît vouloir s'envoler avec elle. Ce tombeau est surmonté de deux médaillons, représentant la religion et la charité. Sur le socle qui porte le tombeau, est gravée une inscription,

(1) Nicolas-Sébastien Adam, second fils de Jacob Adam, naquit à Nancy le 22 mars 1707. Il apprit de son père les principes de la peinture et de la sculpture, puis alla travail-ler trois ans à Paris sous différents maîtres. Il alla à Rome en 1726, et dix-huit mois après, il remporta le prix de première classe de l'Académie de Saint-Luc. Il a légué à Paris un grand nombre de beaux ouvrages.

qui rappelle les vertus de la reine , son courage dans l'adversité , et sa bonté sur le trône.

Au côté occidental du même sanctuaire , est placé le mausolée de Stanislas , commencé par Vassé , et achevé par Félix le Comte , son élève , et qui est loin de pouvoir rivaliser, par la beauté et l'élégance , avec celui de la reine. Le fond est également une pyramide qui a plus de base. Aux deux tiers, sur un socle , est la figure de Stanislas, vêtu à la polonaise. Plus bas , sur d'autres socles , à droite, la Lorraine à genoux, le fixant avec douleur, et tenant les tables où sont inscrits ses bienfaits ; à gauche , la Charité , étendue sans force , pleure amèrement la mort de son protecteur. Entre ces deux figures , le globe de la terre , voilé en partie , indique le deuil que la perte du bon Roi a causé à une partie de l'univers , on y lit une inscription , que nous traduisons en français :

Exposé aux différentes vicissitudes de la nature humaine sans en être abattu , Roi en exil , partout il fut un grand spectacle aux yeux de l'univers. Né pour faire en tous lieux le bonheur des peuples , il fut accueilli par Louis qui entra dans sa famille souveraine de Lorraine ; il la gouverna plus en père qu'en maître et la rendit heureuse et florissante. Les pauvres qu'il nourrit , les villes qu'il embellit , la religion qu'il maintint par ses exemples , par ses institutions , par ses écrits , pleureront à jamais sa mort , arrivée le 23 février 1766 , dans la 88.ᵉ année de son âge.

Tel est le mausolée, que la Lorraine reconnais-
sante éleva au prince qu'elle avait reçu d'abord
comme un tyran imposé par la France, qu'ensuite
elle aima comme le meilleur de ses ducs, et auquel
elle devait élever, long-temps après sa mort, un
de ces monuments, qui ne témoignent ni de la ser-
vilité, ni de la flatterie, mais d'un attachement
véritable. L'ombre du bon roi a dû tressaillir dans
sa tombe, en voyant élever sa statue au centre des
édifices dont il a décoré notre ville.

Dans l'angle du sanctuaire, du côté de l'épître,
est placé, sur une console, un petit tombeau de
marbre dans lequel est renfermé le cœur de la
fille de Stanislas et de Catherine Opalinska.

Près du maître-autel, on lit cette inscription :

En mémoire de S. A. R. Charles-Philippe de France,
Monsieur, traversant le royaume sans autre garde que
sa grandeur et l'amour des vrais Français, venant ici,
le 19 mars 1814, attendre dans nos murs l'exécution
des desseins de la Providence et offrir sur le tombeau
de son aïeul Stanislas-le-Bienfaisant, à la reine des
cieux, la France que doit pacifier son auguste frère.

Le 11 juin 1814, le cœur du petit-fils du duc
Charles III a été transféré de la paroisse Saint-
Pierre à l'église de Bonsecours, et déposé près du
mausolée du roi Stanislas. Ce cœur est renfermé

dans une petite boîte de plomb, couverte d'une couronne d'immortelles.

Dans le milieu de l'église, au côté droit, en entrant, est placé le vœu de la ville de Nancy, que ses magistrats ont fait reconstruire, en 1742, pour remplacer celui qui, dans le temps que la peste, la guerre et la famine désolaient cette capitale, avait été mis dans l'ancienne chapelle, comme un gage de son dévoûment à la Sainte-Vierge, de la protection de laquelle elle avait plus d'une fois ressenti les effets (1). Ce vœu était placé sous un espèce de monument formé des trois images de la Vierge, de la Lorraine et de Nancy.

(1) *Vœu de la ville de Nancy à la Vierge des Vierges.*

O puissante mère de Dieu, Moi, Ville de Nancy, pour accomplir mon vœu, j'ai fait élever ce monument éternel de ma reconnaissance envers vous, pour les bienfaits dont vous m'avez comblée. Ayant depuis long-temps ressenti les effets de votre puissante protection, je m'étais engagée a votre service ; mais, depuis ces derniers jours, j'ai voulu, comme je le devais, m'y consacrer encore plus fortement par un vœu solennel, afin que quand la justice divine, que rien ne peut arrêter, fait tomber du ciel sur nous, pour se venger de nos crimes, le terrible fléau de la peste, vous en arrêtiez le cours, et qu'après avoir appaisé votre divin fils, (vous seule usez ordinairement en ce cas des droits que vous donne sur lui la qualité de sa mère), vous désarmiez son bras vengeur. Pour cela, je ferai monter chaque semaine, à votre autel, un ministre pour vous supplier d'agréer les vœux de mes citoyens, et qui, le lendemain de votre glorieuse assomption dans le ciel, priera, dans un service funèbre, pour ceux que la contagion aura effacés de la liste de mes habitants.

O Vierge Sainte, qui pouvez faire cesser tous les maux, daignez écouter ma prière et recevoir favorablement mon vœu.

Enfin, au côté gauche de la porte de cette église, est la chapelle du duc Maximilien de Tenezin-Osolinski, grand-maître de la maison du roi de Pologne et chevalier des ordres du roi de France.

Le chapitre des dames chanoinesses de Bouxières, fondé au sommet de cette montagne, par saint Gauzelin, évêque de Toul, en 935, ne s'y trouvant plus commodément, ces dames avaient sollicité et obtenu la permission de venir s'installer à Nancy; elles devaient être transférées à Bonsecours, tous les bâtiments et l'église étaient prêts à les recevoir lorsque survint la révolution. A cette époque, Bonsecours faillit devenir la proie du vandalisme; mais heureusement qu'on sauva ses plus beaux monuments de la destruction, et elle peut encore maintenant nous donner une idée de ce qu'elle était autrefois.

Voici, en résumé, les noms des églises et des maisons religieuses que Nancy renfermait à l'époque de la révolution : Notre-Dame, Saint-Èpvre, les Prêcheresses, les Cordeliers, les Pénitents, Saint-Fiacre, la Cathédrale, Saint-Sébastien, Saint-Roch, Saint-Nicolas, Saint-Pierre, Saint-Léopold, l'abbaye de Bénédictins, les Augustins, les Tiercelins, les Carmes, les Minimes (deux maisons), les Prémontrés, les Dominicains, les Capucins, les Chanoines réguliers, les Frères de Saint-Jean de

Dieu, les Frères de la Charité chrétienne, Saint-Charles, la Visitation, deux couvents de Carmélites, la Congrégation de Notre-Dame, Saint-Julien, les Orphelins, les Dames de Sainte-Élisabeth (sœurs grises), les Bénédictines (dames du Saint-Sacrement), les Annonciades, les dames du Refuge, les Tiercelines, Notre-Dame de Bonsecours et la Commanderie de Saint-Jean.

La révolution accomplit une réforme salutaire, en diminuant le nombre des églises, et en replaçant au milieu de la société, pour en être des membres actifs et y accomplir leur mission, cette population de moines et de religieuses, qui furent loin de donner toujours l'exemple des vertus. Saint-Roch fut vendu comme propriété nationale, le 8 novembre 1792; le couvent de Sainte-Élisabeth, le 12 mai 1793; celui des Pénitents de la Ville-Vieille, dans le courant de la même année; la maison des Annonciades, le 24 pluviôse an II; une partie de celle des Missions, le 18 frimaire an IV; celle des Dames-Prêcheresses, le 23 prairial an IV; celle des Dominicains, le 26 août, et celle des Augustins, le 19 septembre 1791; l'église des Carmes fut aussi vendue le 12 juin 1791. Une seule chose fut à regretter dans cette révolution des édifices religieux, ce fut la perte d'un grand nombre

23.

de chefs-d'œuvre, tableaux ou statues, qui décoraient ces églises et ces couvents.

Maintenant que nous avons terminé la statistique de la Ville-Vieille et de la Ville-Neuve de Nancy, il nous reste à tracer une courte biographie des hommes marquants que cette ville a vu naître, et qui, dans les sciences ou dans les arts, ont acquis quelque célébrité.

Disons-le avec un noble sentiment d'orgueil, notre cité est une de celles qui comptent le plus d'illustrations. Les arts, surtout, ont eu chez elle de si nombreux et de si dignes représentants, qu'elle semble avoir été privilégiée du ciel ; aussi la cour des ducs de Lorraine put-elle long-temps rivaliser, sous ce rapport, avec la cour des rois de France, et la capitale du royaume fut plus d'une fois jalouse de la simple capitale d'une province.

Dans la peinture d'abord, c'est Bellange (1594), le compagnon de Callot, dont les tableaux respirent une si grande force d'expression, et qui décora Saint-Epvre d'une superbe Assomption.— Louis de Bermann (1621), le digne élève de Claude Gelée et de Jean Leclerc. — Jacques Durand (1699), qui décora l'église des jésuites de Pont-à-Mousson d'un grand nombre de tableaux.—Charles Herbel (1656), célèbre peintre d'histoire, qui accompagnait Charles V pour peindre ses batailles, et dont les toiles servirent de modèle pour les belles tapisseries du château de Lunéville faites aux Gobelins, et détruites dans l'incendie de 1719.—Georges Lallemand (1600), qui fit, en 1630, pour des orfèvres de Paris, le Saint-Pierre et le Saint-Jean, qui sont à Notre-Dame.—Claude Jacquart (1685), qui, après avoir été couronné à Rome, vint peindre la coupole de notre Cathédrale.—Paul Legrand (1611), qui excellait surtout dans le portrait.—Louis-Joseph Maurice (1730), à qui ses talents valurent, en Russie, le titre de premier peintre de l'impératrice Élisabeth. — Jean Nocret (1612), qui fut peintre du duc d'Orléans et recteur de l'académie royale de peinture.—Nicolas Pérignon (1626), paysagiste distingué et membre de l'académie de peinture de Paris. — Charles Provençal, qui peignit la salle d'opéra que le duc Léopold avait fait construire à Nancy.—Claude Spierre (1640), qui périt, dit-on, victime d'une basse jalousie.—Remy Constant, dont presque toutes les églises de Nancy possédaient des tableaux.—Joseph Ducreux (1737), miniaturiste très-distingué, que l'académie de Vienne voulut compter parmi ses membres. — George Allemand (1700), dont les tableaux se voient dans plusieurs églises de Paris.—Charles Capechon, un des artistes qui brillèrent à la cour de Charles IV.—Le paysagiste Claudot enfin, qui, quoique né à ailleurs qu'à Nancy, n'en est pas moins une de ses gloires. Que de noms distingués dans la peinture, que de nobles aïeux pour les Isabey, les Singry, les Mancion, etc.

Dans la gravure, c'est l'immortel Callot, nom glorieux et européen ; Callot, qui, s'il n'a pas légué son burin à Granville, l'a fait hériter du moins de ses crayons et de son esprit. — Jean-Baptiste Collignon (1609), digne élève du grand maître.— Hardy (1669), graveur des médailles de Charles IV, et qui eut son fils pour successeur. — Jean et Étienne Râcle, aussi graveurs de médailles.—Jean-Charles François (1717), qui fut, pour le dessin, l'élève de Claude Charles, et grava les dessins du cabinet du roi, collection précieuse et très-recherchée.—François Spierre, fils d'un simple cordonnier (1643), et qui passa pur un des premiers graveurs de l'Europe. — Claude-François Nicole, qui eut pour maître le célèbre Saint-Urbain (1654), aussi notre compatriote ; immortel comme Callot, et dont l'Italie divinisa les œuvres.

Dans la sculpture, enfin : Florent et Nicolas Drouin (1599), dont les ouvrages ornent encore plusieurs monuments de Nancy.—Jacques Bachot (1600), qui a fait le saint sépulcre de Saint-Nicolas. —César Bagard (1639), surnommé le Grand-César, qui a décoré l'arc-de-triomphe de la place Royale.

Toussaint Bagard, son fils et son émule.—Jacob-Sigisbert Adam (1670), élève de César Bagard, et dont les trois fils continuèrent dignement la gloire de leur père.—Qui nommer encore ? Louis Vassé, qui a travaillé au monument de Stanislas. Charles Chassel (1706), si connu pour ses statuettes animées.—Claude-Michel Clodion (1745), sculpteur d'un assez grand mérite.—Bordenave, enfin, qui fut professeur de l'académie de peinture et de sculpture, fondée par Léopold.

N'oublions pas non plus les Chaligny, famille de fondeurs, qui vint s'établir à Nancy vers 1540, et introduisirent dans cette ville l'art qu'ils poussèrent à un si haut degré de perfection. — Les Cuny (1700), qui furent leurs élèves et leurs rivaux.—L'horloger Barbe.—Le serrurier Lamour, et les frères Guillot, qui, sans maître, inventèrent l'art de mouler en cire les portraits au naturel. Pourquoi oublierions-nous, dans la nomenclature des hommes populaires, nés dans notre ville , le populaire Audinot , artiste et auteur dramatique, qui après avoir débuté, en 1764, sur le théâtre italien, (1) fut le directeur d'un théâtre de marion-

---

(1) Audinot a composé pour ce théâtre un opéra-comique en un acte, intitulé le *Tonnelier.*

Lorsque son théâtre était encore occupé par des enfants, il avait fait tracer sur le rideau cette inscription , en forme

nettes, à la foire de Saint-Germain, puis fonda,
en 1770, la salle de l'Ambigu-Comique, substitua
des enfants à ses poupées, et ouvrit le premier son
théâtre au Mélodrame (1772), dont M. de Pixerécourt, cet autre de nos compatriotes, devait être
le défenseur et l'appui. — Le célèbre Fleury (1754),
une des gloires de Comédie-Française, qui débuta
sur notre théâtre, où il eut, depuis, si peu d'imi-
tateurs. — Et, enfin, tout profane qu'ait été
son talent, Gabriel Gardet, auteur d'un grand
nombre de ballets-pantomimes.

Dans les sciences : les architectes Bétaut, Jennesson, Claude et Joseph Mique; les médecins
Bagard, Cachet, les Harmand et les célèbres Le
Pois; les pharmaciens Mandel et Willemet. Dans
la magistrature : les Guinet, les Antoine, les de
Serre, les Mollevaut, le savant Jean l'Hoste, à la
fois mathématicien et jurisconsulte. Dans les let-
trés : le Père Adrien, auteur de plusieurs ouvrages
de philosophie; de Bermann, qui a publié une
dissertation savante et curieuse sur le tribunal des
assises de Lorraine; Bernard de Villemin, chanoine de la primatiale de Nancy (1702), renommé

de calembourg : *Sicut infantes audi nos*, que le peuple
traduisit sans hésiter par ces mots : Ce sont les enfants
d'Audinot.

(*Biographie de la Lorraine*).

pour ses connaissances en histoire de Lorraine; Andreu de Bilistein, auteur d'un essai sur la ville de Nancy; l'avocat Aubert, qui a écrit une vie de Stanislas et de Marie Leczinski, reine de France; l'abbé Laugier, poëte, qui composa plusieurs odes (1703); le fameux Chevrier (1675), connu par sa verve satirique; le journaliste Hoffmann (1760), dont les critiques spirituelles enrichirent le journal de l'Empire; le père Mainbourg (1610), auteur d'un grand nombre d'histoires; le spirituel auteur du *Génie* et des *Lettres péruviennes*, Mme de Graffigny (1697), fille de la petite nièce de Callot; Mlle de Sivry; le chantre des *Tombeaux* et de la *Conversation*; l'abbé Lionnais, enfin, savant aussi modeste que distingué (1730), auquel Nancy doit la plus complète de ses statistiques.

Nous n'en finirions pas, si nous voulions nommer tous les hommes d'épée dont Nancy s'honore d'être la patrie, les Fabvier, les Jacopin, etc, et qui ont pour premier et glorieux représentant le sage, le vertueux, l'immortel Drouot !

Mais, arrêtons-nous; la louange pour les vivants peut passer pour de la flatterie et donner à l'écrivain un ridicule dont ne le sauve pas même la vérité. Aussi, quoique aujourd'hui Nancy possède des noms célèbres en tout genre, nous n'en dirons aucun; leurs œuvres de chaque jour les font assez connaître, pour que nous puissions les passer sous silence. Et, d'ailleurs, que feraient nos éloges à ceux dont la renommée est à jamais conquise, et dont la place est prête dans notre Panthéon.

Nous avons essayé de décrire les grands événements qui ont marqué l'existence de Nancy ancien; nous l'avons montré défendant avec acharnement ses murailles contre les armes de Charles-le-Téméraire, et sortant vainqueur de cette lutte terrible pour arriver jusqu'aux règnes heureux de Léopold et de Stanislas. Son histoire moderne est bien froide et bien peu poétique auprès de cette chevaleresque histoire de son moyen-âge. Il y a long-temps que son épée, tant de fois victorieuse, dort dans le fourreau, et ses murs paisibles n'ont, depuis des années, retenti ni du bruit des armes ni du choc des combattants. Depuis sa réunion à la France, réunion qu'avait préparée le pacifique Stanislas, Nancy n'a été qu'une fois le théâtre d'un bruyant événement, une fois seulement, il s'est éveillé de son tranquille sommeil, et c'était pour assister à un des sanglants épisodes de la révolution. Nous voulons parler de l'affaire du 31 août 1790, émeute ou insurrection militaire, qui fut différemment interprétée, et dont les causes véritables ne sont pas encore bien connues. La garnison de Metz avait donné le signal de la sédition, en s'emparant des drapeaux et des caisses, et en voulant même faire contribuer la municipalité. Appaisée à Metz par les soins du général Bouillé, la sédition se montra bientôt à Nancy. Des régiments suisses se mêlèrent aux rebelles, excités par des meneurs inconnus, agents secrets de tous les troubles. Sourds aux remontrances qui leur furent faites à différentes reprises, les soldats se portèrent à plusieurs excès contre leurs chefs. Dans cette circonstance, Bouillé reçut, de l'assemblée constituante, l'ordre de marcher sur Nancy. Le général, arrivé aux portes de la ville, employa d'abord la persuasion et la douceur pour faire rentrer les rebelles dans le devoir, et il allait même réussir, lorsque des coups de fusil furent tirés on ne sait de quel côté. Dèslors l'engagement devint général ; les troupes de Bouillé se croyant trahies, combattirent avec la plus grande ardeur, et elles ne pénétrèrent dans la ville que pas à pas, à travers un feu meurtrier (1).

(1) Cette malheureuse affaire, dont tous ceux qui l'ont vue gardent un triste souvenir, fut illustrée par deux traits de dévoûment et d'héroïsme que l'histoire ne doit pas passer sous silence : Au moment où le général Bouillé, arrivé aux portes de Nancy, faisait aux soldats révoltés des propositions de paix, ceux-ci, refusant d'écouter les paroles du

Ici ne s'arrête pas encore notre histoire : après la description des monuments, après la biographie des hommes célèbres que Nancy a vu naître, il nous reste à jeter un regard sur son existence actuelle, sur ses mœurs, son caractère, sur les progrès que les arts et l'industrie y ont faits. Plus que jamais nous sentons combien notre tâche est pénible et combien nous sommes faible pour arriver au but que nous nous sommes fixé. Certes, si nous étions poëte, la ville élégante et coquette nous serait facile à décrire, car nous ne nous ar-

général, braquèrent, pour toute réponse, leurs canons contre les assiégeants. Alors, le jeune Désilles, officier au régiment des chasseurs du roi, se jette sur les pièces chargées à mitraille, se saisit des mèches allumées et parvient à suspendre l'explosion pendant quelques instants : il exhorte, il supplie, et, pour dernière tentative, il se précipite au-devant de la bouche d'un canon et reste couché sur la lumière. Mais c'est en vain, des soldats furieux le percent de leurs baïonnettes. Un officier de la garde nationale de Champigneulles, M. Hæner, vole à son secours, arrive à travers une grêle de balles et enlève le généreux Désilles, malgré les obstacles qu'on lui oppose et les balles qui sifflent autour de lui. Désilles, nouveau d'Assas, ne survécut pas à ses blessures ; son buste orna la salle de l'assemblée constituante et son portrait décora long-temps la galerie de Versailles. M. Hæner, pour prix de son dévoûment, fut nommé officier d'un régiment de chasseurs à cheval et chevalier de Saint-Louis.

(Biographie de Lorraine (1).

(1) Presque toutes les biographies que nous avons données plus haut en résumé ont aussi été empruntées à cet ouvrage.

rêterions qu'à la superficie des choses, et nous ne trouverions que des sujets de louange et d'admiration. Mais l'écrivain fidèle et qui désire être consciencieux doit éloigner de ses yeux le prisme trompeur qui dore et embellit tous les objets ; il doit chercher à pénétrer dans la vie intérieure, dépouiller, si je puis m'exprimer ainsi, la ville de sa brillante enveloppe, de ses vêtements élégants, pour la voir à nu, et telle qu'elle est réellement. Celui qui parcourt nos rues si régulières, qui contemple nos édifices grandioses, véritablement dignes d'une capitale ; celui qui s'arrête devant les étalages somptueux et les devantures dorées de nos riches magasins, qui s'extasie devant les toilettes des promeneurs qu'il rencontre, Nancy est tout d'abord une ville de luxe. C'est la première pensée qui lui vient, puis il se demande si ce luxe ne cache pas la pauvreté, s'il n'y a pas quelques haillons sous ce manteau de soie, d'or et de velours. Le luxe, s'il fait la richesse des grandes cités, fait souvent la misère des petites villes. Je ne veux pas dire qu'il en soit tout-à-fait ainsi pour Nancy ; mais, comme je n'appelle pas seulement misère la pauvreté matérielle, mais la dépravation des mœurs, qui est bien une misère morale, je soutiens que Nancy est loin d'être réellement ce qu'il semble à la première vue.

D'abord, il est certain que ce faste déployé dans les moindres choses, entraîne des dépenses excessives, et qu'il faut des gains considérables au commerçant qui sacrifie une partie de ses bénéfices à venir, au luxe de la toilette de son magasin. Si quelqu'un m'accusait d'exagérer les choses, je me contenterais de citer des exemples, et certes ils ne me manqueraient malheureusement pas. En second lieu, je disais que ce luxe entraînait la misère morale, c'est-à-dire, la corruption des mœurs. Je parle ici du luxe de la mise, qui est porté chez nous au plus haut degré de raffinement. Je tairai les pauvretés matérielles qui couvrent cette élégance, je ne tracerai pas le triste tableau de ces indigences inconnues, de ces souffrances endurées par orgueil; je ne vous ferai pas pénétrer dans ces réduits où souvent manque le nécessaire, et dont les habitants ont toutes les apparences de l'aisance et quelquefois même de la fortune; ce sont des choses qui répugnent à dire, et qui ne sont que trop vraies cependant; c'est une gangrène qui ronge un corps frais et rosé. Mais si j'arrive à la pauvreté morale, ce sera bien pis encore, car là est toute l'histoire de la corruptiou de la société, de ses vices et de ses crimes. Demandez aux maisons de prostitution quelles sont les filles qu'elles renferment? Demandez à l'opulence libertine où elle va chercher des aliments à ses passions? demandez à l'immoralité où elle règne en souveraine, et une seule voix s'élevera pour vous dire que c'est dans les rangs de ceux dont l'indigence est impuissante à satisfaire le luxe. Je sais que partout il en est ainsi, mais ces exemples sont plus nombreux dans les villes qui, comme la nôtre, se sont fait un besoin, une nécessité de ces habits somptueux qui ne devraient être que la propriété du riche. Aussi, et je le dis à regret, chaque jour on voit s'éteindre les vieilles habitudes patriarchales des villes de province; les membres d'une même famille ne sont plus frères, parce que les uns sont riches et les autres pauvres; parce que l'élégance de ceux-ci rougirait de se trouver en contact avec la simplicité de ceux-là; parce qu'enfin l'orgueil, la vanité, l'égoïsme, deviennent des passions inhérentes aux villes de luxe, et détruit chez elles la douce union formée par les liens de la parenté ou de l'amitié.

Je ne crois pas avoir exagéré les suites d'un vice auquel nous nous abandonnons sans crainte, d'un vice qui, dans quelques occasions, devient nécessaire pour avoir accès au milieu du monde; d'un vice qui ronge le cœur de la société et en arrache par lambeaux tous les bons sentiments. Mais je m'arrête, car je ne veux pas être accusé d'un rigorisme excessif, je renvoie les incrédules aux registres de l'état civil, où sont inscrits les suicides et les patentes accordées à la prostitution ; je les renvoie aux greffes des tribunaux de commerce, de police correction-nelles et des cours d'assises.

La population de Nancy se divise en trois classes principales, qui ont chacune des mœurs particuliè-res : l'aristocratie, la finance et la bourgeoisie. Je n'essaierai pas de montrer les traits caractéristiques qui les distinguent, ce que je dirais des uns sem-blerait de la flatterie, ce que je dirais des autres, de la jalousie ou peut-être de la méchanceté. Les ridicules, tant qu'ils ne dégénèrent pas en vices, n'appartiennent pas à l'histoire, mais au feuilleton. Cependant je ne puis m'empêcher de dire qu'il existe au milieu de nous une intolérante pruderie, un *excès de sentiments vertueux*, si cela peut s'appeler ainsi, qui nous mène bien souvent à l'injustice. Sous ce rapport, Nancy est petite ville dans toute la force du terme, elle qui se fait gloire de rivaliser avec la capitale, elle qui a du gaz, du bitume et des concerts Musard. La médisance est aussi un des points qui nous donne de la res-semblance avec ces petites villes que, dans notre amour-propre, nous appelons la banlieue du dé-partement. Oui, Nancy, cette orgueilleuse métro-pole, fière de tant de siècles de gloire, est enclin à ce méchant défaut qui nous porte à descendre dans la vie intime des autres pour y trouver des ridicules et des vices, afin de les livrer au grand jour. Oui, les cancans sont la joie de notre société bourgeoise, ce sont les aliments de sa conversation, de son esprit, c'est la mode enfin qui, chez elle, a le plus de sectateurs.

Mais, pour effacer toutes ces taches vénielles, disons que notre ville est amie des arts, qu'elle les accueille avec bonté, les protège généreusement. Disons mieux : Nancy est éminemment artiste. C'est un héritage qui lui a été transmis de père en fils, et qu'il conserve précieusement. Cela vient de son goût naturel pour tout ce qui est beau.

Hâtons-nous d'en finir avec toutes ces remarques futiles. Laissons sous silence une multitude de petits ridicules que nous pourrions signaler, mais qu'il est prudent de taire. Laissons notre aristocratie se complaire dans la vie à part qu'elle s'est faite au milieu de notre population ; laissons-la avec la gloire de ses blasons féodaux, regretter le temps qui n'est plus, laissons-la avec ses nobles plaisirs, ses bals, ses fêtes dans les salons où elle réunit ses privilégiés ; laissons-la, car, à côté de ses idées exclusives, il y a en elle des pensées généreuses et philantropiques ; c'est à elle surtout que les artistes doivent la protection dont ils jouissent. Ne parlons pas non plus de l'autre aristocratie, qui est la finance, elle a bien sa morgue, sa vanité, ses sentiments étroits, son amour-propre désordonné; mais il y a dans ses rangs des hommes qui savent s'affranchir des mauvaises passions de la masse; il y en a qui comprennent que la fortune ne doit être dans leurs mains qu'un instrument utile et profitable à tous; il y en a qui sont animés par de nobles pensées, et qui savent, eux aussi, tendre la main à ceux qui leur demandent aide et protection. D'ailleurs, ces financiers, aujourd'hui si opulents, ont commencé par être, pour la plupart, de petits commerçants et, s'ils ont été les artisans de leur fortune, ils ont droit d'en être fiers. Dirons-nous enfin, que notre bourgeoisie, riche ou pauvre, voulant rivaliser de luxe avec la finance et l'aristocratie, de bonne et simple personne qu'elle devrait être, devient souvent aussi ridicule que ceux dont elle envie les titres et la fortune. Je m'arrête, car ce que je dis est l'histoire de toutes les villes, et ce que je ne dis pas, chacun, en s'interrogeant lui-même et en regardant autour de lui, peut l'ajouter facilement.

Mais nous avons autre chose à mentionner que les petits ridicules de notre société; levons les yeux sur un théâtre plus digne de nos observations et voyons quels progrès immenses l'industrie a fait, depuis quelques années, parmi nous. L'exposition de 1838 nous les a trop clairement révélés, pour que nous les passions sous silence ; car, Nancy actuel, dépouillé du prestige de sa gloire passée, est encore gloieux, entre toutes les villes, par la puissance de son commerce, puissance qui va s'agrandir encore, lorsque les projets de canalisation auront reçu leur exécution, en attendant que les chemins de fer aient sillonné la France de rivières de glace, sur lesquelles on glissera d'une ville à une autre.

Nancy, à l'époque de sa réunion à la France, n'avait d'autres branches de commerce que la tapisserie et la fabrication des chandelles. Ces deux industries, qui lui avaient valu quelque réputation, étaient, avec sa manufacture de tabac, les seuls éléments de sa richesse intérieure. Aujourd'hui, aucune d'elles n'existent plus ; mais elles ont été remplacées par d'autres industries dont les produits ont conquis une bien plus grande célébrité. La broderie, d'abord, naguère enfant au berceau et qui est devenue une géante aux mille bras ; la broderie, qui fait vivre tant de familles, et dont les chefs-d'œuvre, après s'être répandus dans toute la France, dans toute l'Europe, passent les mers pour aller faire l'admiration des habitants du Nouveau-Monde. La broderie, c'est notre propriété,

24.

notre richesse, notre orgueil! C'est le pain quotidien de milliers d'ouvriers de la ville et des campagnes. La broderie seule rendrait Nancy commerçant, s'il n'avait encore à ajouter à cette grande industrie ses manufactures de mousselines de coton et de laine, ses filatures de coton, ses fabriques de draps, presque toutes nées d'hier, et qui vont s'accroître chaque jour, en sorte que nos marchands ne seront plus forcés de recourir à Tarare et à Elbœuf pour garnir leurs magasins. Puis, vient l'imprimerie, qui, après avoir laissé trop long-temps la capitale jouir d'un riche monopole, descend dans l'arène pour lutter avec elle. En 1711, sur l'invitation du duc Léopold, Cusson, d'abord avocat, puis imprimeur, vint s'établir à Nancy, et l'on vit sortir de ses presses plusieurs ouvrages renommés dans la bibliographie d'alors, et parmi lesquels était l'*Histoire de Lorraine*, de Dom Calmet. Cusson poussa l'imprimerie à son plus haut degré de perfection ; quelques-unes de ses éditions purent rivaliser avec celles des Plantin et des Elzevirs, et il fut regardé comme le plus savant imprimeur de l'Europe. Depuis ce temps, l'imprimerie nancéïenne, quoique remarquable par le grand nombre de ses productions, cessa de jouir de la réputation que son fondateur lui avait donnée. Eh bien! l'imprimerie s'est relevée plus forte que jamais, et, sortant de l'ornière où elle avait si long-temps marché, elle s'est avancée dans la voie des perfectionnements. Les presses en bois disparaissent de ses ateliers et sont remplacées par des presses anglaises, auxquelles vient en aide, pour enfanter des ouvrages par milliers, la presse mécanique, grande et magnifique invention, puissant et rapide auxiliaire de la pensée, qui semble attendre les inspirations du génie pour les jeter aussitôt à la publicité. Et ce n'est pas sans intention que nous nous arrêtons à parler de l'imprimerie; la presse, c'est le moteur de la civilisation moderne, c'est la roue tournant sans cesse pour jeter à tous et toujours, et sans relâche, les idées d'art, de science, de progrès; la presse, c'est le grand soleil dont les rayons ne sont jamais cachés par des nuages; c'est une manne profane et céleste à la fois, qui nourrit tous les hommes; la presse des provinces, c'est le plus implacable et le plus rude adversaire de la centralisation parisienne; la presse, en un mot, c'est la civilisation. Nancy, ville de luxe et aimant les arts, devait posséder des genres d'industrie analogues à ses goûts. Aussi, elle a des fabriques d'instruments de musique, des ateliers de tapisserie, de menuiserie, d'ébénisterie, de passementerie, dont les productions sont remarquables par la richesse et la bonté du travail. Nancy, ville peuplée de jolies femmes, devait avoir des ateliers consacrés au culte de la mode ; aussi, que de modistes, de lingères, de couturières, de fleuristes, etc., et de toutes ces industries qui parent les unes et font vivre les autres. Nancy possède aussi des fabriques renommées de vermicellerie ; il a des mécaniciens, des opticiens, des armuriers... Que vous dire enfin ?... Parcourez nos rues : de quelque côté que vous regardiez, vous verrez partout les traces d'une industrieuse activité. Aussi, notre ville, appelée si long-temps l'élégante et la coquette, sera bientôt aussi la ville commerçante par excellence. Ce sera là sa troisième révolution, mais sa révolution la plus heureuse. Voyez-la : des murailles l'entourent, elle retentit du bruit des armes, des chants de la victoire, c'est la ville guerrière : cette foule de femmes parées, de brillants dandys, que vous regardez aux loges du théâtre, sur une promenade ou dans un bal, c'est la ville élégante : ces métiers qui s'agitent, ces marteaux qui frappent, ces presses qui bondissent sur elles-mêmes, ces aiguilles qui vont et viennent avec tant d'agilité et parsèment de fleurs cette mousseline, tout-à-l'heure encore sans prix, c'est la ville industrieuse.

Voilà donc Nancy ancien et Nancy moderne ; Nancy lorrain et Nancy français ; la cité glorieuse et la ville commerçante; voilà Nancy capitale d'un quasi-royaume et Nancy simple chef-lieu d'un département !... Son âge poétique a passé pour faire place à un âge positif. Lequel des deux vaut le mieux ?... Que l'antiquaire et le poëte gémissent sur les ruines des châteaux et des monastères détruits, qu'ils regrettent la chevaleresque histoire du moyen-âge féodal, cela se conçoit; car les siècles passés ont été pour eux une mine inépuisable d'où ils ont tiré à pleines mains des vers et de romantiques inspirations; mais, tout en donnant un souvenir aux temps qui ne sont plus, tout en déposant une couronne sur l'urne où sont les cendres de nos pères, tout en regrettant la destruction des monuments, œuvres de leurs mains et témoins de leur gloire, c'est avec joie, avec orgueil, que nous jetons un regard sur le siècle où nous vivons. Il y a dans les annales des villes autre chose à inscrire que des combats et des victoires; il y a dans leur histoire autre chose à voir que leur puissance et leurs conquêtes, il y a le bonheur de leurs habitants. Les lauriers pacifiques que moissonne la civilisation valent mieux que des lauriers teints de sang. L'existence d'une ville n'est pas tout entière dans celle de quelques castes privilégiées, elle est dans la vie de tous. Les cités ne sont riches que de la richesse de tous leurs

enfants, heureuses que de leur félicité commune.
C'est quelque chose de beau que la puissance des
grandes familles princières d'autrefois, de ces
grandes familles qui étaient les villes, les provinces,
quelquefois le royaume ; mais où sont les priviléges
du peuple, où est sa puissance à côté de celle de
ces seigneurs suzerains dont il ne fut si long-temps
que le vassal ? Gardons au passé son auréole de
gloire, mais ne blasphémons pas le présent. Autres
temps, autres mœurs. Nous préférons au poétique
esclavage d'autrefois notre prosaïque liberté d'aujourd'hui.

Laissons de côté d'inutiles regrets, et ne nous
faisons pas les apôtres des utopies irréalisables
de la décentralisation des provinces ; ne pleurons
pas sur le passé, mais regardons vers l'avenir. In-
dustriels ou prolétaires, artistes ou savants, pauvres ou riches, nobles ou enfants du peuple,
donnons-nous tous là main pour marcher du même
pas dans la voie de tous les progrès. Laissons quelques rêveurs proclamer le règne futur d'*un parti
protégé par Dieu :* Dieu nous protégera tous,
quelles que soient nos croyances, quelle que soit
notre religion. Proscrivons le mot d'intolérance.
La Lorraine n'est plus ; rallions-nous à la mère-
patrie, assez belle, assez glorieuse, je crois, pour
qu'on soit fier de lui appartenir.

Adieu, capitale des René, des Charles III, des
Stanislas ; dors couchée sur les lauriers que tu as
si noblement conquis ; nous te rendrons, nous
aussi, riche et puissante, si riche et si puissante
que tu seras encore une des premières entre toutes
les villes.

ERRATA.

Plusieurs erreurs, que nous devons rectifier, se sont glissées dans le cours de cet ouvrage. A l'article de la caserne Sainte-Catherine (7.e ligne du dernier alinéa), au lieu de ces mots : *Légion de la Meurthe*, lisez : LES BATAILLONS DE LA MEURTHE.

Enfin nous nous sommes trompé dans la topographie des maisons de la rue des Dominicains : celle qu'habita l'horloger Ransonnet est celle qui appartient aujourd'hui à M. Cautry.

𝔓𝔲𝔟𝔩𝔦𝔠𝔞𝔱𝔦𝔬𝔫 𝔡𝔲 𝔏𝔦𝔱𝔱é𝔯𝔞𝔱𝔢𝔲𝔯 𝔏𝔬𝔯𝔯𝔞𝔦𝔫.

𝕷𝕬𝕹 𝕯𝕰 𝕹𝕬𝕹𝕮𝖄.

𝔙𝔦𝔩𝔩𝔢-𝔑𝔢𝔲𝔳𝔢.

es Boucheries.	VV	Rue Saint-Georges.
aison de Secours.	XX	Rue Girardet.
es Carmélites.	YY	Rue des Champs.
es Annonciades.	ZZ	Rue d'Alliance.
es Tiercelines.	AA	Rue neuve Sainte-Catherine.
es Augustins.	BB	Passage Royal.
bbaye de Saint-Léopold.	CC	Rue Stanislas.
ommunauté-des-Prêtres.	DD	Rue de la Poissonnerie.
ncien bureau de tabac.	EE	Rue de la Vénerie.
hapelle des Pénitents.	FF	Place Saint-Jean.
anèges.	GG	Place Mengin.
ynagogue.	HH	Place Stanislas.
rison du Tabac.	II	Place d'Alliance.
ue Saint-François.	JJ	Place Saint-Georges.
ue de l'Equitation.	KK	Place de la Cathédrale.
ue Saint-Joseph.	LL	Petite place de Grève.
npasse du Tabac.	MM	Place du Marché.
ue des Artisans.	NN	Rue de l'hôpital Saint-Julien.

NANCY, IMPRIMERIE DE HINZELIN ET Cie,
Rue Saint-Dizier, N° 67.

Lightning Source UK Ltd.
Milton Keynes UK
UKHW031433280921
391322UK00007B/1353